Das Leben von Jolanda Spiess-Hegglin, damals frisch gewählte grüne Kantonsrätin, verändert sich im Dezember 2014 auf einen Schlag: Am Morgen nach der Zuger Landammannfeier erwacht sie mit einem unerklärbaren Filmriss und Unterleibsschmerzen. Nach einer Abklärung im Spital werden Strafuntersuchungen eingeleitet, in ihrem Intimbereich wird die DNA zweier Männer gefunden. Obwohl die Politikerin nachweislich niemanden beschuldigte, veröffentlichte der Blick zwei Tage später unter der Schlagzeile «Hat er sie geschändet?» Namen und Bilder Spiess-Hegglins und eines SVP-Politikers.

Es folgten eine mediale Hetzjagd mit Hunderten von persönlichkeitsverletzenden und diffamierenden Artikeln in verschiedenen Medien und eine anhaltende Welle von Hass im Netz. Medienkonzerne haben mit der persönlichkeitsverletzenden Berichterstattung viel Geld verdient. Spiess-Hegglin wehrt sich gegen dieses Geschäftsmodell, zieht fehlerhafte Medienschaffende vor Gericht – und gewinnt. Bisher haben stets andere ihre Geschichte erzählt. In diesem Buch erzählt Jolanda Spiess-Hegglin sie erstmals selbst.

Jolanda Spiess-Hegglin

Meistgeklickt

Limmat Verlag
Zürich

für meine Familie

Vorwort

Unsere Gesellschaft ist es gewohnt, dass insbesondere Frauen sich unsichtbar machen oder unsichtbar gemacht werden, sobald es brenzlig und unangenehm wird – auch wenn ihnen Unrecht geschieht. Wehren sie sich trotzdem, wird ihnen Geltungsdrang oder Provokation unterstellt. Diesen Mechanismus wollte ich durchbrechen. Und die Gerichte gaben mir recht. Dieses Recht zu bekommen, hat mich unendlich viel Kraft gekostet.

Noch ist die Schweiz für Profiteure widerrechtlicher, persönlichkeitsverletzender Boulevard-Kampagnen ein Paradies. Menschen medial zu zerstören, hat in den meisten Fällen kaum finanzielle Konsequenzen. Das liegt daran, dass auch bei gröbsten Verfehlungen keine Wiedergutmachung gezahlt werden muss. Bei persönlichkeitsverletzenden Boulevard-Kampagnen ist besonders stoßend, dass sogar die damit erwirtschafteten Gewinne bis heute in der Tasche der Medienkonzerne bleiben. Medienopfer speist man seit eh und je mit einem «Trinkgeld» ab. Gleichzeitig verhinderten Medienverlage bislang mit aller Kraft ein Urteil, das die Herausgabe der Gewinne regeln würde. Denn es leuchtet ein: Muss das mit unfairen und persönlichkeitsverletzenden Kampagnen illegal erwirtschaftete Geld zurückgegeben werden, funktioniert das Modell der Boulevard-Kampagnen nicht mehr. Es ist ein Geschäftsmodell, für das Menschen gejagt werden und bei dem am Schluss die Verleger mit einem Achselzucken reagieren können, sich meist nicht einmal öffentlich entschuldigen. Ein äußerst lukratives, menschenverachtendes Geschäftsmodell, das sich bis jetzt oft erfolgreich hinter so wichtigen Errungenschaften wie dem Journalismus oder

der Meinungsäußerungsfreiheit verstecken konnte. Vielleicht kennen Sie den Roman «Die verlorene Ehre der Katharina Blum» von Heinrich Böll (1974). Ich möchte in meinem Buch auch darlegen, was sich bisher an den Umständen, die Böll in seinem Roman beschreibt, im Vergleich zu heute verändert hat. Einen Paradigmenwechsel kann es erst dann geben, wenn mit Persönlichkeitsverletzungen kein Geld mehr verdient werden kann.

Zwei rechtskräftige gerichtliche Grundsatzentscheide zur Gewinn-herausgabe gibt es in der Schweiz bereits. Doch es fehlt noch immer das dritte und entscheidende Urteil mit der Berechnungsmethode für un-rechtmäßige Gewinne.

Es ist nun zehn Jahre her, seit sich mein Leben von einem Tag auf den anderen vollständig verändert hat. Von der berühmten und millionen-fach diskutierten Nacht der Zuger Landammannfeier 2014 ist mir nur ein bis heute nicht erklärter Filmriss geblieben. Meine achtstündige Erinnerungslücke und diejenige eines anderen neu gewählten Zuger Kantonsrats wurden von anderen gefüllt – und werden es bis heute. In Medienschlagzeilen, in Hassblogs, an virtuellen Stammtischen. Ich wur-de damals innert Kürze von einer unbedeutenden Zuger Lokalpolitikerin zur meistgeklickten Frau der Schweiz. Mein Leben, das sich bis dahin pri-mär rund um meine Familie und meine Arbeit abgespielt hatte, wurde zu einem öffentlich debattierten Schlachtfeld. Ich wurde zu einer Zielschei-be verschiedenster Interessen und zu einer Projektionsfläche für alles Mögliche. Ich wurde auf der Straße erkannt, ging bald nur noch mit Son-nenbrille einkaufen, mied Veranstaltungen, an denen Journalist:innen anzutreffen waren. Doch es war schwer, mich zu verstecken. Medien-schaffende konstruierten täglich abenteuerliche Geschichten über mei-ne Familie und mich, gossen laufend Wasser auf die Mühlen der von ihnen selbst unterstützen Hassgemeinde und befeuerten die virtuellen Fackelzüge auf Social Media und somit die Real-Time-Klickzähler, vor denen sie in ihren Redaktionsbüros saßen.

Zehn Jahre nach dem Ereignis und tausende Artikel, Schmähschrif-ten, Drohbriefe, Hassbotschaften, aber auch ein paar Entschuldigungen von Journalist:innen und dem Zuspruch unzähliger Zeitgenoss:innen später, habe ich einen gewissen Abstand zu den Vorkommnissen gewonnen. Dank diverser Gerichtsprozesse, inzwischen vorliegender Akten und vor allem dank der heilenden Kraft der Zeit kann ich die Angriffe auf mich, die sich zum Teil längst zu regelrechten Glaubensfragen entwickelt und in Hassgemeinschaften verselbständigt haben, inzwischen mit der nötigen Distanz betrachten. Obwohl die direkten Folgen noch immer meinen Alltag mit bestimmen, konnte ich vieles hinter mir lassen. Regelmäßig auf Social Media oder per Briefpost mit dem Hass von Menschen konfrontiert zu werden, lässt mich zwar nicht kalt, doch ich kann darauf mit einer gewissen Gelassenheit reagieren, seit ich verstehe, wie dieser Hass gegen mich entsteht. Zu wissen, dass ein Teil der mächtigen Schweizer Medienkonzerne noch immer am Narrativ der «bösen Täterin» arbeitet und dass ein großer anderer Teil es weiterhin unterlässt, die fehlerhafte Berichterstattung der Konkurrenz zu kritisieren, gibt mir zwar zu denken, macht mich aber nicht mehr nervös. Ich habe gelernt zu unterscheiden, wann eine Reaktion angebracht ist, weil sie juristisch relevant ist, und wann ich all das, was sich täglich an Provokationen und Verletzungen über mir entleert, einfach ignorieren muss. Und ich habe nach zehn Jahren verstanden, welche Mechanismen der Medien wann greifen; zuerst, um maximale Aufmerksamkeit zu generieren, und später, um keinerlei Verantwortung – inhaltlicher oder finanzieller Art – dafür zu übernehmen.

Ich möchte aufzeigen, wie man trotz so einer permanenten emotionalen Belagerung nicht den Kompass verliert. Auch wenn die Nadel zeitweise in alle Richtungen gleichzeitig ausschlägt. Dass mein Vertrauen in unsere Gesellschaft und unser Land intakt geblieben ist, liegt auch an unserem funktionierenden Rechtssystem. Und noch viel mehr an der Solidarität, die mir aus vielen Bevölkerungskreisen entgegengebracht wurde und wird.

Zwei Dinge sind über all die Jahre immer gleich geblieben: die Liebe zu meiner Familie und mein Sinn für Gerechtigkeit. Sie waren vom ersten Tag an die treibenden Kräfte für mein Handeln. Dass ich zu all den Diffamierungen, die über mich als Privatperson geschrieben und gesagt wurden, nicht geschwiegen habe und nicht kommentarlos ver-

schwunden bin, wird auch angetrieben von einem ausgeprägten Schutz-
bedürfnis unseren Kindern gegenüber. Mein Mann Reto und ich sind
beide der Meinung, dass unsere Kinder nicht in einer Welt aufwachsen
sollen, in der man solche Ungerechtigkeiten einfach akzeptieren muss.
Dass die Ungerechtigkeiten von vermeintlich übermächtigen Gegner:in-
nen begangen werden, heißt nicht, dass man resignieren muss. Dafür
kämpfen wir. Und selbstverständlich auch für meine eigene Würde.

Reto und ich haben vor Jahren beschlossen, alles dafür zu tun, dass
solche medialen Hetzkampagnen, wie sie gegen mich veranstaltet wurden, kein Geschäftsmodell mehr sein können. Als ich diesen Entschluss
nach der Verurteilung und dem netten, aber folgenlosen «Sorry, Jolanda
Spiess-Hegglin» durch den CEO von Ringier öffentlich machte, brach
eine erneute, bis heute andauernde Welle von Falschanschuldigungen,
Verleumdungen und Angriffen über mich herein. Ich sehe diese Angriffe inzwischen allesamt als Versuche, mich und meine Familie doch noch
irgendwie zum Aufgeben zu bewegen und das für die Medienbranche
entscheidende Urteil zur Gewinnberechnung zu verhindern. Aber dieses Urteil wird kommen und es wird hoffentlich im Sinne zahlreicher
ehemaliger und zukünftiger Opfer von Schmutzkampagnen sein. Es
wird auch im Sinne des Qualitätsjournalismus sein, wenn es in Zukunft
finanzielle Folgen hat, Menschen für ein paar Millionen Klicks in Kampagnen zu verleumden und gegen sie zu hetzen.

Dass ich nach fast zehn Jahren alles aufgeschrieben habe, was in
dieser Zeit geschehen ist, hat einen Grund. Die Autorin und Bürger-
rechtlerin Maya Angelou sagte einmal: «Es gibt keine größere Qual, als
eine nicht erzählte Geschichte in sich zu tragen». Meine Geschichte seit
der Landammannfeier im Dezember 2014 wurde fast ausschließlich von
anderen erzählt. Meistens von denen, die ein unmittelbares Interesse
daran haben, meine Glaubwürdigkeit zu untergraben und mich als ver-
kommene Person darzustellen. «Nicht erzählte Geschichten trennen
uns», geht Elif Shafak in ihrem Essay «Hört einander zu!» noch weiter
als Maya Angelou: «Wer seine eigene Geschichte nicht erzählen darf,
zum Schweigen gebracht und ausgeschlossen wird, den beraubt man
seiner Menschlichkeit. Das trifft die gesamte Existenz. Der eigene Ver-

stand, die Gültigkeit der eigenen Interpretation von Ereignissen, wird infrage gestellt, und eine tiefe, existenzielle Angst wird geschürt. Wenn wir die eigene Stimme verlieren, stirbt etwas in uns.»

Ich möchte gleich vorwegnehmen: Dieses Buch ist kein Rachebuch. Ich möchte darin Vorgefallenes analysieren, erläutern, einordnen und daraus Lehren ziehen. Es ist mir bewusst, dass ich nach zehn Jahren das in vielen Köpfen gefestigte Bild über mich kaum noch ändern kann. Dennoch ist es mir wichtig, diesen Abschnitt, der nicht nur mein eigenes Leben, sondern auch einige andere veränderte, aus meiner Perspektive darzustellen und zu reflektieren. Sei es als Dokumentation für meine Kinder oder als Zeugnis für alle Menschen, denen die Geschichten hinter den Schlagzeilen wichtiger sind und die bereit sind, sich selbst in ihren Meinungsbildungsprozessen zu hinterfragen. Aber auch als Beispiel für all jene, die sich in Zukunft gegen Persönlichkeitsverletzungen durch Falschmeldungen in den Medien und politisch motivierte Verdrehungen und Hassnachrichten auf Social Media wehren möchten.

Sie fragen sich vielleicht, wie mein Mann Reto die letzte Dekade erlebt hat und welche Gedanken ihn während dieser Zeit umgetrieben haben. Im Jahr 2017 hat er sein einziges Interview gegeben. Ausgewählte Antworten aus dem Gespräch finden sich über dieses Buch verteilt zwischen den Kapiteln. Sie sind bis heute gültig. Interviewt wurde Reto vom damaligen Chefredaktor von *Watson*, Hansi Voigt. Dieser schildert in seinem Text die Vorgänge von damals, als in Zug die Boulevard-Hölle losbrach, aus seiner Perspektive. In der Chronologie am Ende dieses Buches sind die Meilensteine und wichtigsten Ereignisse der letzten zehn Jahre nachzulesen, die dem Verständnis meiner Geschichte dienen.

Die vergangenen Monate veränderten meine Perspektive auf die letzten zehn Jahre und klärten das einst aufgewirbelte, trübe Wasser. Auch, weil ich dazu gezwungen wurde, mich nochmals mit meinem Ich von vor zehn Jahren auseinanderzusetzen. Zum Glück, kann ich inzwischen sagen.

Jolanda Spiess-Hegglin, Oberwil bei Zug, im Herbst 2024

Herr Spiess, Ihre Frau ist als die bekannteste ertappte Fremd-geherin in die Schweizer Mediengeschichte eingegangen und Sie als der «Gehörnte» («Blick»), der seine mediengeile Frau nicht im Griff hat. Was sagen Sie dazu?

Wer sich in gewissen Medien ein Bild von uns gemacht hat, kann das denken. Stimmen tut es deshalb nicht. Es sagt aber mindestens so viel über die Leute aus, wie über die Medien, die sie konsumieren.

Reto Spiess gegenüber Hansi Voigt im Watson-Interview, 2017

Zieleinlauf

Irgendwann hörte ich auf, mitzuschreiben. Bei den vielen Zahlen und Prozentwerten, Formeln und Anteilen kam ich beim besten Willen nicht mehr mit. Der Richter war schon beim dritten Artikel, doch ich hatte noch immer nicht erfasst, was er zum ersten alles aufgezählt hatte. Ich klappte den Laptop zu und konzentrierte mich darauf, wenigstens einigermaßen entspannt zu wirken. Es dürfte mir kaum gelungen sein. Ich blickte zu Rena Zulauf, meiner Anwältin, die neben mir saß. Sie versuchte noch hastig, mit ihrem Kugelschreiber alles auf Papier zu bringen, unterbrach kurz und schaute mich an. Genau so lacht sie jeweils, wenn es gute Nachrichten gibt.

Der Richter sprach noch immer von Zahlen in seinem Ostschweizer Dialekt. In diesem Moment realisierte ich, was in diesem kalten Gerichtssaal in Zug kurz vor Ostern 2024 gerade passierte. Und was das für mich, Reto, meine Familie, die drei Gutachter, die Schweizer Medien, künftige Medienopfer und die Nachwelt bedeuten könnte.

Der Gegenanwalt des mächtigen Ringier-Medienkonzerns, der während des Schriftenwechsels die vier vom Gericht längst als persönlichkeitsverletzend beurteilten *Blick*-Artikel vehement für durchschnittlich geklickt und nicht gewinnbringend erklärte, schrieb schon länger nicht mehr mit und wippte unter dem Tisch nervös mit seinem Bein. Neben seinem Laptop lag ein ausführliches Gegengutachten von PricewaterhouseCoopers, das Ringier in seine Duplik, also in die Klageerwiderung, eingebaut hatte. Der Anwalt hielt die Arme verschränkt und wirkte niedergeschlagen. Er holte tief Luft, während der Richter weiter vorrechnete und begründete.

Es ging in diesem kargen Raum im Zuger Gerichtsgebäude um die Gewinnherausgabe von vier nachweislich falschen, sexistischen und hochgradig persönlichkeitsverletzenden *Blick*-Artikeln über mich. Die Besprechung war nicht öffentlich. Sie sollte allen Beteiligten eine Stoßrichtung vorgeben, wie das Gericht das zu erwartende Urteil ausgestalten würde.

Mir fiel auf, dass der Richter, der sich seit einigen Jahren im Rahmen dieses Zivilprozesses mit jeder einzelnen Ziffer und jedem Satz der unfassbaren Masse von Dokumenten, Rechnungen, Herleitungen und Gutachten auseinandersetzen musste, den dritten *Blick*-Artikel nur «Jolanda Heggli» nannte. Ich fand das einfühlsam und im positiven Sinn bezeichnend. Eigentlich hieß der Artikel «Jolanda Heggli zeigt ihr Weggli». *Blick am Abend* berichtete darin im Februar 2015 von der Zuger Fasnacht. Geschrieben wurde über johlende Fasnächtler, die sich mit unzähligen von Traktoren durch die Straßen gezogenen Fasnachtswagen mit meinem mehr schlecht als recht nachgebauten riesengroßen Konterfei und Schnitzelbänken über das mutmaßliche Sexualdelikt nach der Landammannfeier 2014 lustig gemacht hatten. Der Artikel an und für sich ist gar nicht so wichtig. Aber er ist ein beispielhaftes Zeugnis dessen, was passiert, wenn man täglich in der Zeitung zum Abschuss freigegeben wird und sich alle Lesenden einen buchstäblichen Reim darauf machen dürfen.

«Jolanda Heggli zeigt ihr Weggli» ist noch aus einem anderen Grund beispielhaft. Eine solche Überschrift wäre heute, zehn Jahre später und vor allem nach #MeToo, undenkbar. Nicht mal mehr in der größten Boulevardzeitung der Schweiz kommt so etwas vor. Mir wurde wieder bewusst, wie viel Zeit seither vergangen ist. Und wie grundlegend sich der gesellschaftliche und mediale Umgang gerade mit mutmaßlichen Sexualdelikten seither verändert hat. Der bürgerliche Richter mit der strengen Brille brachte den vollständigen Titel dieses *Blick*-Artikels von 2015 einfach nicht über seine Lippen.

Mit der im Moment noch unpräjudiziellen Einschätzung des Gerichts, einer Prognose also, die uns und der Gegenseite betreffend die vier eingeklagten und bereits rechtskräftig als persönlichkeitsverletzend festgemachten *Blick*-Artikel als Richtwert dienen sollte, entließ uns der Richter in Vergleichsgespräche, für die er uns eine Frist von ein paar Wochen setzte. Sollten wir uns mit Ringier nicht einigen können, würde der Richter noch dieses Jahr ein Urteil innerhalb der soeben ausgeführten Leitplanken fällen.

Ich blickte nach hinten zu Reto. Er machte ein furchtbar ernstes Gesicht. Doch das war eine Tarnung. Er macht das immer dann, wenn er sich sehr darauf konzentrieren muss, dass man ihm keinesfalls anmerkt, was er denkt. Sein Blick nach oben aus dem Fenster und seine zu einem Giebeldach geformten Augenbrauen haben ihn für Kennerinnen wie mich aber verraten. Reto wich nicht erst in den letzten zehn Jahren nie von meiner Seite. Er war und ist während jedes Sturms mein sicherster Hafen. Hätte ich ihn nicht gehabt, wäre ich heute nicht mehr hier.

Wer eine Tankstelle überfällt, wird dafür bestraft. Zusätzlich zur Buße muss das Deliktsgut retourniert werden. Den entwendeten Vodka und die erbeuteten Zigaretten darf kein Delinquent für sich behalten. Logisch. Bei persönlichkeitsverletzenden Medienkampagnen gilt dasselbe Prinzip, der Ertrag steht dem Opfer zu. Juristisch nennt man das ziemlich trocken «Geschäftsführung ohne Auftrag». Der Gewinn kann abgeschöpft werden, falls geklagt wird, was aber so gut wie nie passiert. Willy Schnyder, der Vater der Tennisspielerin Patty Schnyder, den der *Blick* als «Tennis-Taliban» bezeichnet hatte, hat vor bald zwanzig Jahren ein Bundesgerichtsurteil mit dem Grundsatzentscheid erkämpft, dass fehlbare und verurteilte Medien ihren Ertrag nach Abzug der direkten Kosten der betroffenen Person erstatten müssen. Zu Ende geklagt hat aber auch Schnyder nicht. Es kam zu einem außergerichtlichen Vergleich mit dem Ringier-Konzern, also einem Rückzug der Klage gegen eine angemessene Zahlung, ohne ein rechtsgültiges Urteil über die höchst komplizierte Gewinnherleitung. Bis heute kamen Boulevardmedien stets mit einem dem Opfer gezahlten «Trinkgeld» in Form einer außergerichtlichen Einigung davon. Zurück blieb eine ganze Reihe von Medienopfern: der «Tennis-Taliban» Schnyder mit seinen angeblich krummen Geschäften, die in Wirklichkeit nicht krumm waren; der Hinterbliebene nach dem Vierfachmord in Rupperswil, der die vier liebsten

Menschen seines Lebens verloren hatte und zu Unrecht als Täter verdächtigt wurde; der angebliche Betreiber eines «Folter-Camps» in Spanien, der im Nachhinein nichts falsch gemacht hatte; der Millionenerbe Carl Hirschmann, angezeigt von einer Frau, die später einräumte, aufgrund medialen Drucks falsch ausgesagt zu haben; der zum Vergewaltiger gestempelte Jörg Kachelmann, dessen Ex-Geliebte rechtsgültig wegen Falschbeschuldigung verurteilt wurde. Oder das «Monster im Sondersetting» mit dem Decknamen Carlos. Oder der Badener Stadtammann mit seinen Nacktfotos, die eigentlich nur eines sind: privat und ganz sicher nicht öffentlichkeitsrelevant. Oder der Schweizer Botschafter in Berlin mit der Geliebten, die vom *SonntagsBlick* für ihre Falschaussagen ordentlich bezahlt wurde, wie sich später herausstellte.

Begründet werden diese medialen Hetzjagden mit angeblich öffentlichem Interesse. Dieses wird von den Gerichten aber im Nachhinein meistens als nicht öffentlich eingestuft und das Medienhaus dementsprechend verurteilt. Nur nimmt die Leser:innenschaft von den Urteilen, die Jahre später folgen, kaum noch Kenntnis. Die Namen der Menschen, die widerrechtlich von den Medien fertiggemacht wurden, gingen im besten Fall nach einer Weile wieder vergessen. Wirklich rehabilitiert wurden sie in der Öffentlichkeit nie.

Bei krassem Missbrauch der Medienmacht wie in meinem Fall bleibt es für die Opfer kaum je bei nur einer einzelnen Persönlichkeitsverletzung. Wenn es läuft und klickt, geht man in Serie. Aber wer klagt schon mehrere Artikel einzeln durch? Inzwischen hat das Bundesgericht das wegweisende Urteil «Hirschmann II» gefällt, das Folgendes besagt: Wenn mehrere einzelne Artikel grundsätzlich persönlichkeitsverletzend waren, so ist die ganze Kampagne entsprechend einzuschätzen. Das bedeutet nichts anderes, als dass die betroffene Person den unrechtmäßig erzielten Gewinn der gesamten unlauteren Kampagne zurückfordern kann. Und auf notorisch persönlichkeitsverletzenden Kampagnen beruht letztlich ein großer Teil des bis heute höchst lukrativen Businessmodells der großen Boulevardmedien weltweit.

Was nach Schnyder und Hirschmann juristisch noch fehlt, ist das dritte und entscheidende Stück des Puzzles: die Herleitung, die eigentliche Formel, mit der man die Höhe des herauszugebenden Gewinns berechnen kann.

Führt man sich einmal die möglichen Auswirkungen für klickgetriebene Titel vor Augen, wird klar, weshalb gerade die Medienhäuser, die neben Qualitätsmedien auch Boulevardblätter herausgeben, dieses Thema nicht anfassen wollen und es tunlichst vermeiden, darüber zu schreiben. In der Schweiz äußerte sich einzig Eric Gujer, Chefredaktor der in puncto Boulevard-Mechanismen unverdächtigen *NZZ* dazu: Habe meine Klage Erfolg, wäre das ein «scharfes Schwert»[1] für die Branche respektive deren Opfer. Ich habe das erst verstanden, als ich mich näher mit den Klick- und Ertragszahlen auseinandergesetzt habe.

Auch aus der Sicht einer Betroffenen war mir lange nicht klar, weshalb noch nie jemand ein Gewinnherausgabe-Urteil nach persönlichkeitsverletzenden Presseartikeln erkämpft hat, schließlich war ich ja nicht das erste Medienopfer der Welt. Die Antwort ist so simpel wie ernüchternd: Betroffene von illegalen, vernichtenden Medienkampagnen sind machtlos, weil es lange Zeit kaum zu beweisen war, wie viel Gewinn mit ihrem Namen unrechtmäßig erzielt wurde. Die Verlagshäuser konnten sich bei fehlbaren Zeitungsartikeln immer hinter der plausiblen Behauptung verstecken, man wisse nicht, wie viele Exemplare des Blattes am Kiosk wegen eines einzelnen Artikels verkauft wurden. Somit sei eine Gewinnabschöpfung für einen einzelnen Artikel gar nicht möglich. Da solche Zivilprozesse Jahre dauern und ein Vermögen kosten, war das Risiko, am Ende komplett ruiniert zu sein, für Betroffene schlicht zu groß.

Doch heute, in der digitalen Welt, in der alles messbar ist, stimmt das nicht mehr. Online werden die Aufrufe jedes einzelnen Artikels registriert. Diese Klicks dienen den Redaktionen als Anhaltspunkt für das Leser:inneninteresse. Im Umfeld dieser Artikel wird Werbung ausgespielt. Und diese Werbung wird dann, wieder über die gemessene Anzahl Einblendungen, den Werbekunden verrechnet.

Die Klickzahlen, die Anzahl Werbeflächen im Umfeld der Artikel und deren Verkaufspreise haben wir gerichtlich von *Blick* herausgeklagt. Die entsprechenden Daten wurden uns letztes Jahr ausgehändigt. So konnten wir den Online-Ertrag berechnen. Und dank eines exzellenten Teams aus Branchenkenner:innen konnte hergeleitet werden, wie sich der Online-Gewinn für den einzelnen Artikel wiederum anteilsmäßig auf den Erlös von gedruckten Zeitungen adaptieren lässt. Es ist ein Glücksfall, dass wir so kompetente Unterstützung von Menschen gefunden haben, die sich in diesem Zahlendschungel zurechtfinden. Ein Glücksfall war dabei auch der CEO von Ringier. Er bestätigte die Herleitungen der Gutachter, indem er sich in einem Interview im Branchenmagazin *Schweizer Journalist:in* öffentlich erinnerte, dass im Jahr 2015, als die Kampagne gegen mich auf Hochtouren lief, bei *Blick* «die digitalen Werbeumsätze erstmals höher waren als alle Werbeumsätze zusammen im Print»[2].

Mit der Etablierung eines Herleitungsmechanismus über die Abrufzahlen einzelner Artikel wird es einfacher, widerrechtliche Gewinne zurückzufordern. Das ist wichtig für alle zukünftigen Betroffenen. Noch wichtiger ist aber, dass es sich für Boulevardmedien wohl bald nicht mehr lohnen wird, für Klicks Menschen fertigzumachen. Jeder Journalist, jede Journalistin wird sich Gedanken machen müssen, ob einerseits stimmt und andererseits relevant ist, was er oder sie verbreitet, oder ob am Schluss der Gewinn an das Opfer einer Kampagne retourniert werden muss. Journalist:innen sind der handwerklichen Präzision verpflichtet, der journalistischen Verantwortung, der Berufsethik, nicht den Klicks, die man braucht, um möglichst viel Geld zu verdienen. Die neue Möglichkeit zur Ermittlung der Gewinnherausgabe hat nichts mit dem Einschränken von Pressefreiheit zu tun, im Gegenteil. Falsche, unglaubwürdige und justiziable Artikel braucht niemand, sie sind sogar gefährlich. Sie schaden dem Ansehen der gesamten Branche und der Glaubwürdigkeit der vierten Gewalt und letztendlich auch der Demokratie.

Und jetzt, zehn Jahre nach den ersten Artikeln, die über mich erschienen sind, wird es gefällt. Das Urteil, das die Branche verändern wird und – wenn man den *Blick* von heute mit dem *Blick* von damals vergleicht – bereits verändert hat.

Wie oft haben Sie Ihrer Frau schon gesagt, dass sie jetzt endlich mal Ruhe geben soll, damit Gras über die Sache wächst?

Ich finde keineswegs, dass man Gras über die Sache wachsen lassen sollte. Über eine Sache zu reden ist im Interesse der Opfer. Wir gehen vielleicht unterschiedlich vor, aber wir kämpfen beide. Jolanda vielleicht etwas laut in den Medien, ich leise und direkt.

Reto Spiess gegenüber Hansi Voigt im Watson-Interview, 2017

«Hat er sie geschändet?»

Krippenspiel & Karaoke

Es war Heiligabend 2014. Ich stand vormittags am Küchentisch mit dem iPad in der Hand, mein Mobiltelefon war noch bei der Polizei in der Forensik. Den Link zum *Blick*-Artikel bekam ich von Freund:innen und Bekannten, aber auch von wildfremden Menschen aus der ganzen Schweiz über Messenger oder per E-Mail zugeschickt. Immer und immer wieder.

Die Schlagzeile «Hat er sie geschändet?» auf der Frontseite des *Blick*s schlug am Morgen des 24. Dezembers 2014 mit einer gewaltigen Wucht in unser Leben ein und löste ein heftiges Erdbeben aus, dem höchstens Gebirgszüge aus Granit standhalten würden. Und nach dieser Schlagzeile würde nichts mehr sein wie zuvor.

Neben der Schlagzeile «Hat er sie geschändet?» waren sowohl mein Gesicht als auch dasjenige eines Zuger SVP-Politikers abgebildet. In dem Artikel wurde wild spekuliert über die Ereignisse an der Landammannfeier, die vier Tage zuvor stattgefunden hatte. Es stand ein mutmaßliches Sexualdelikt im Raum, was der *Blick* durch seine Berichterstattung öffentlich machte.

Ich glaube, ich starrte den Artikel minutenlang an. Nach wiederholtem Lesen der ersten Abschnitte des Artikels – ich schaffte es nicht bis zum Schluss – scrollte ich nach unten und sah die bereits nicht mehr zählbaren negativen, ja wütenden Reaktionen. Über tausend Mal war bereits auf den Daumen-runter-Button geklickt worden. Dann sah ich die vielen Leser:innenkommentare und quälte mich Wort für Wort durch die Kommentarspalte. Dort machte man sich abwechselnd über mich lustig, beschimpfte mich oder äußerte sexualisierte Fantasien. Der geballte Hass traf mich wie ein Dolchstoß.

Ich überwand mich dazu, weiterzulesen. Schon bald stockte ich wieder. Immer wieder wurde über eine «Captains Lounge» gewitzelt. Da soll es passiert sein. Wo diese Lounge war, stand nirgends. Ich wusste nicht, wo ich nach Mitternacht gewesen war. Aber anscheinend wusste es die ganze Schweiz. Und nicht nur das: An den Stammtischen dieses Landes schienen die Meinungen zu meiner Person bereits gemacht.

Noch am selben Tag deckten wir unsere Fenster und die Tür mit Bettlaken ab, damit die Reporter:innen, die um unser Haus schlichen, nicht in die Wohnung blicken konnten. Nachdem erste Morddrohungen eingegangen waren, platzierte sich auch die Polizei im Quartier. Zum Glück waren die Kinder bei meinen Eltern. Ich war verängstigt, und wir erhielten von verschiedenen Seiten den dringlichen Rat, die Festtage an einem anderen Ort zu verbringen. Aber wir wollten an unseren Weihnachtsplänen festhalten. Es war uns wegen der Kinder wichtig, das Fest wie immer zu feiern. Ihnen gegenüber schien es uns das einzig Richtige, so zu tun, als sei alles normal.

Am späten Nachmittag brachen wir zur Weihnachtsfeier in der Kirche auf, wo sich wie jedes Jahr die ganze Familie traf. Es ist ein fixes Ritual, das uns sehr viel bedeutet. So stand es für mich an diesem Abend außer Frage, dass wir den Gottesdienst um 17 Uhr besuchen würden, zumal unser Ältester, der sieben Jahre alt war, im Krippenspiel den Josef spielte. Alle waren bereits in der Kirche, während ich draußen auf dem Kirchplatz stand und mit einem befreundeten PR-Profi, den ich beruflich kannte, telefonierte und die Situation besprach. Seine faire, aber dezidierte Art im Umgang mit Problemen hatte mir immer zugesagt, sodass ich ihn nun in meiner Not kontaktierte. Er unterstützte mich für einen Facebook-Post, in dem stand, dass ich über die Festtage etwas Ruhe brauche, und er empfahl mir, einen Kommunikationsberater zu engagieren.

Als ich die Kirche betrat, drehten sich alle nach mir um: Eltern von Schulkolleg:innen unserer Kinder, Nachbarn. Ich sah Entsetzen in ihren Augen. Der Gemeindeleiter sprach in seiner Predigt von Zusammenhalt und dass wir zueinander Sorge tragen sollten. Irgendwie bezog ich das auf mich. Es gab mir Kraft, und ich spürte in der Pfarrkirche dieser Zuger

Vorortgemeinde mit den weitherum bekannten Fresken von Ferdinand Gehr eine wärmende, eindrückliche Solidarität.

Das Aufrechterhalten der Normalität war uns sehr wichtig. So anstrengend es auch war, diese Strategie erwies sich als entscheidend und richtig für all das, was noch auf uns zukommen würde. Nach dem Gottesdienst in der Kirche kamen wie jedes Jahr meine Eltern zu Besuch, und wir feierten zusammen mit einem prachtvollen Weihnachtsbaum, Geschenken und einem Fünfgangmenü, das Reto über Tage vorbereitet hatte. Als meine Eltern nach der Feier gegangen waren, realisierten Reto und ich erstmals, dass wir uns in einer Art Schockstarre befanden. Wir funktionierten mechanisch, konnten uns aber tatsächlich kaum bewegen.

Die Polizei befand sich vor dem Haus, ebenso die *Blick*-Reporter:innen, die uns permanent telefonisch zu erreichen versuchten. Wir konnten kaum schlafen und blieben am Morgen des Weihnachtstages länger im Bett liegen, während die Kinder mit ihren Geschenken spielten. Unsere Tochter hatte sich ein Mikrofon mit einem Verstärker gewünscht, in das sie Weihnachtslieder aus dem Kindergarten trällerte. Ich höre sie aus ihrem Zimmer singen, als ob es gestern gewesen wäre. Unser Zweijähriger kurvte euphorisch mit seinem neuen, blauen Trettraktor im Wohnzimmer herum, und unser Ältester regelte in seinem Ordnungssinn als Polizist mithilfe einer neuen, metergroßen Plastikampel den Verkehr. Von diesem Weihnachtsmorgen, dem 25. Dezember 2014, gibt es selbst gefilmte Videoaufnahmen von den Kindern: Freudig spielen sie mit ihren Geschenken, man hört den siebenjährigen Ordnungshüter feststellen: «S wär grün!», der Zweijährige am Steuer tritt mit seiner fünfjährigen Schwester im Traktoranhänger kräftig in die Pedale, während mein Mann und ich hinter verschlossener Zimmertüre vor Verzweiflung fast sterben.

Wenn ich diese Bilder heute sehe, bricht es mir das Herz, gleichzeitig bin ich unendlich erleichtert zu sehen, wie wir die Kinder offenbar vor diesem Unwetter schützen konnten, das über unsere Familie hereingebrochen war.

Kann man die Kinder schützen?

Wir mussten den Kindern erzählen, dass etwas Schlimmes passiert ist und dass sie nicht glauben sollen, was in der Zeitung steht. Dem Ältesten haben wir eingeschärft, dass er keine Artikel lesen soll, die über seine Mama geschrieben werden. Wenn er etwa im Bus sieht, dass in «20 Minuten» etwas geschrieben wurde, soll er es zu uns bringen und dann schauen wir es gemeinsam an.

Was passiert an der Schule? Was erzählen andere Kinder?

Wir haben mit den Lehrpersonen ein Vorgehen definiert. Ich glaube wir würden hören, wenn es zu Vorfällen oder Mobbing käme.

Würden Sie sich, nach der gemachten Medienerfahrung, freuen, wenn eines Ihrer Kinder Journalist werden will?

Das wäre sicher ein sehr verantwortungsvoller Beruf. Aber so wenig, wie ich meiner Frau vorschreibe, was sie anziehen soll, sage ich meinen Kindern, was sie werden sollen. Das ergibt sich. Hauptsache, sie werden glücklich.

Reto Spiess gegenüber Hansi Voigt im Watson-Interview, 2017

Am Anschlag

In den Wochen und Monaten nach der Landammannfeier ging es für mich ums Überleben. Ich schwebte wie in Watte gepackt durch die Tage. Draußen war ich selten, höchstens, um den Müll runterzutragen, die Post ließ ich im Briefkasten, bis sich irgendwann der Hauswart erkundigte, ob alles in Ordnung sei. Es war gar nichts in Ordnung. Ich war müde, konnte aber nicht schlafen. Ich hatte mein Zeitgefühl verloren, vergaß tagelang, etwas zu essen, verlor innerhalb von drei Wochen zehn Kilogramm Gewicht. Es war eine Zeit zum Vergessen. Wenn da nicht die Kinder gewesen wären. Einerseits haben sie mich am Leben erhalten. Andererseits war ich für sie inexistent. So gerne ich mich der Ohnmacht widerstandslos ergeben hätte, Reto ging es gleich wie mir. Schon am zweiten Weihnachtstag trafen wir eine Abmachung. Ein Tag er, ein Tag ich, aber nie gleichzeitig. Wenn er sich im schwarzen Loch befand, musste ich funktionieren. Das klappte gut, ich musste mich einfach dazu zwingen, nicht nachzudenken. Für die Koordination der Kinderbetreuung oder für minimale Unterhaltungsselbstläufer der drei Kinder reichte es gerade. Und jeden zweiten Tag konnte ich mich komatös verhalten. An diesen Tagen verließ ich meist nicht mal das Bett. Und wenn, dann gab es Beruhigungsmittel zum Frühstück.

Ich geriet in diesen Strudel der Ereignisse, ohne auch nur im Geringsten zu ahnen, wie mir geschah, ohne sein Ausmaß und die Dynamik abschätzen zu können. So blieb ich vorerst im Glauben, dass ich das selbst wieder in Ordnung bringen könne. Nach der Schockstarre wechselte ich in den Kampfmodus und war der festen Überzeugung, dass irgendwann der Kippmoment eintreten und alle realisieren würden, was hier schieflief. Ich dachte, ich müsse mich nur vehement genug wehren, indem ich durchhalte und alles richtigstelle. Daran hielt ich mich fest. Es war der Antrieb für all meine Aktivitäten.

Schweigen war für mich nie eine Option, obwohl mir fast alle dazu rieten: «Wandere aus, zieh dich zurück, schweig», lauteten gut gemeinte Ratschläge. «Halte dich einfach still, dann wird diese Geschichte verebben und niemand wird sich daran erinnern», teilte man mir ungefragt mit. Aber das wollte ich nicht: Mich nicht zu wehren, hätte für mich bedeutet, mich aufzugeben und all jenen recht zu geben, die falsche Behauptungen über mich in die Welt setzten. Außerdem war mir aufgrund meiner langjährigen Tätigkeit als Journalistin bewusst, dass sich eine falsch erzählte Geschichte so festigen kann, dass sie am Schluss unverrückbar bleibt.

All das hätte mir erspart bleiben müssen. Es wäre die Pflicht eines jeden Medienschaffenden gewesen, gründlich zu recherchieren oder die Ergebnisse der Untersuchungen abzuwarten, anstatt die mediale Jagd auf mich weiter anzutreiben. Insbesondere rechtspolitischen Kreisen kamen die vielen journalistischen Unterlassungen gerade recht. Gebetsmühlenartig wurde wiederholt, ich hätte den SVP-Politiker bewusst verführt und dann falsch beschuldigt, um meine Ehe zu retten.

Das Jahr war noch nicht um, doch ich war am Ende. Ich konnte nicht mehr klar denken. Der Kommunikationsprofi konnte immerhin den größten Mist abfedern. Fortan war er über Wochen damit beschäftigt, Behauptungen richtigzustellen und Gerüchte zu dementieren. Für mich war es zu dieser Zeit überlebenswichtig, dass mir jemand die aggressiven Schreibkräfte vom Leib hielt, denn sie waren überall. Als ich dachte, restlos alle Telefonnummern der *Blick*-Redaktion blockiert zu haben, tauchte wieder eine neue auf. Wie magische Kerzen auf einer Geburtstagstorte, die sich einfach nicht ausblasen lassen. Ich drückte alle Anrufe auf meinem Handy genervt weg, das Festnetztelefon war längst vom Strom getrennt und ich war nur für den Familien- und Freundeskreis und die Partei erreichbar. Ich konnte meine Selbstverteidigung recht konkret auf den *Blick* ausrichten, denn die *Zuger Zeitung* hat nie angerufen, soweit ich mich erinnere. Sie dachten wahrscheinlich: Das schaffen wir auch ohne nachzufragen.

Sieben Tage nach der Landammannfeier konnte ich mit der Unterstützung meines Schwagers einen Anwalt ausfindig machen, der nicht im Kanton Zug tätig war, das war mir wichtig. Zudem schien er unabhängig und nicht politisch vorbelastet zu sein. Und er hatte über den Jahreswechsel Zeit. So erzählte ich dem empathischen Rechtsvertreter, der mir und meinem Mann an diesem Samstagmittag in seinem Büro in einem Luzerner Außenquartier gegenübersaß, alles, woran ich mich erinnern konnte, jedes kleinste Detail. Es muss für ihn und für Reto sehr anstrengend gewesen sein, mir zuzuhören. Ich war total durch den Wind, steigerte mich ins Geschehene hinein, und meine Gedanken fuhren in atemberaubendem Tempo Slalom. Ich erzählte und schilderte und war froh, alles abladen zu können. Es stand ein mutmaßliches Sexualdelikt im Raum, jede noch so scheinbar nebensächliche Beobachtung hätte zur Klärung beitragen können.

Das Strafrecht war für mich damals eine große Unbekannte, und ich bin heute so froh, habe ich jedes noch so kleine Detail für wichtig genommen und den Behörden gegenüber stets in einer fast naiven Offenheit kommuniziert. Auch wenn später immer wieder versucht wurde, meine Aussagen dekontextualisiert gegen mich zu verwenden. Jahre später erklärte mir anlässlich eines Auftritts bei einem Podium ein schweizweit bekannter Strafverteidiger, dass er seine Klienten – die Beschuldigten, also die mutmaßlichen Täter – jeweils dazu anweise, zu schweigen und ihm über den Tathergang nichts zu erzählen. Nur dann habe er alle Möglichkeiten und den größtmöglichen Spielraum, die Geschichte zugunsten seiner Klienten zu konstruieren. Nur so könne er Mörder und Vergewaltiger bestmöglich verteidigen. Es war etwas vom Verstörendsten, was mir in dieser Zeit zu Ohren kam.

Zum ersten Mal in meinem Leben brauchte ich einen Strafrechtsanwalt. Die zuständige Staatsanwältin hatte mir empfohlen, einen zu suchen. Sie ahnte wohl, dass wir uns kurz vor der Detonation befanden. Ich kannte sie aus dem Dorf, in dem ich aufgewachsen war, und ich mochte sie nicht. Und doch gab sie mir anlässlich meiner Erstaussage bei der Polizei zwei Tage nach der Landammannfeier das Gefühl, gut aufgehoben zu sein und ernst genommen zu werden. Während meiner Vernehmung fragte sie mich zwar, ob ich in meiner Beziehung schon mal fremdgegangen sei. Diese Frage hätte mich vielleicht alarmieren sollen. Ich muss nicht weiter ausführen, dass selbst eine offene Beziehung kein solches Delikt, wie es im Raum stand, rechtfertigen würde. In diesem Moment fiel mir nicht auf, wie deplatziert die Frage war, ich war vor allem froh, sie gleich verneinen zu können. Ich erinnere mich aber

auch daran, wie die Staatsanwältin mir, als ich aufgrund meiner Selbst-
zweifel fast durchdrehte, sagte: Auch wenn du dich an nichts erinnern
kannst und selbst wenn du sturzbetrunken gewesen wärst, was man da
mit dir gemacht hat, geht nicht.

Die Staatsanwältin empfahl mir in diesem kargen Büro im Zuger
Polizeigebäude, mich bereits jetzt als Privatklägerin am Untersuchungs-
verfahren dieses Offizialdelikts zu beteiligen. Zuerst musste sie mir erklären, was das überhaupt bedeutet. Dass ich nur als Privatklägerin
meine Akten anschauen durfte, ergab für mich Sinn, und so setzte ich
auf einem vorgedruckten Formular ein Kreuzchen und unterschrieb. In
den kommenden Jahren würde mir immer wieder vorgeworfen werden,
ich hätte den SVP-Politiker zielstrebig und vorsätzlich angezeigt, um
ihm Probleme zu verursachen – doch das stimmt nicht. Es wäre auch
ohne ein Kreuzchen meinerseits ermittelt worden, da man seine DNA
in meinem Körper gefunden hat und der Fall deshalb als Offizialdelikt
von Amts wegen verfolgt werden *muss*.

Ich gab mein Mobiltelefon in die Forensik und verabschiedete mich
von der Staatsanwältin. Nun sollte ich einen Anwalt oder eine Anwältin
kontaktieren, und diese Person könne dann alle Dokumente verlangen.
Ich dachte, das eile noch nicht. Der damalige Beschuldigte musste sich
der herausfordernden Suche nach einer Rechtsvertretung über die
Weihnachtstage nicht stellen, da ihm ein Pflichtverteidiger zur Seite
gestellt wurde, ein Anwalt, der bis kurz vor dem damaligen Ereignis für
die CVP im Zuger Kantonsrat gesessen hatte. Es war tatsächlich so: Da
hatte sich möglicherweise ein Sexualdelikt ereignet, die involvierten
Personen polarisierten und politisierten beide im Kantonsrat, und die
Staatsanwältin bot einen ehemaligen Kollegen aus der politischen Mit-
te für die Pflichtverteidigung auf. Erst viel später erzählte mir ein anderer Anwalt einer bürgerlichen Partei aus Zug, dass auch er von der
Staatsanwältin angefragt worden sei, die Pflichtverteidigung für den
SVP-Mann zu übernehmen, was er irritiert abgelehnt habe. Sie habe – so
die Schilderung dieses Mannes – «einen politischen Anwalt» gesucht.
Weshalb die Staatsanwältin einen «politischen Anwalt» für einen ohnehin politisch aufgeladenen Fall suchte, weiß ich bis heute nicht. Am

besten hätte man wohl damals den ganzen Fall sofort nach Zürich aus-
gelagert, um dort ohne Druck und mit offenem Visier ermitteln zu können. Hier im kleinen Kanton Zug kannten sich alle. Wenn man nicht
verwandt oder verschwägert war, so mindestens nachbarschaftlich, beruflich oder durch Freizeitaktivitäten verbunden oder einander irgendwie verpflichtet. Neutral und unabhängig war hier längst niemand
mehr. Ich selbst war lange vor meiner politischen Tätigkeit mit fast dem
ganzen Establishment per Du. Das ist hier einfach normal.

Der damalige Beschuldigte – auch er war wie ich per Du mit der
Staatsanwältin – tauschte seinen Verteidiger einen Tag später aus. Neu
war ein empathieloser Hardliner an seiner Seite, der das Handwerk des
Victim Blaming beherrschte wie kein anderer. Doch davon später mehr.

Die Abklärung im Krankenhaus war für mich traumatisierend. Am
Morgen nach der Feier, etwa gegen 9 Uhr, sagte man mir am Telefon, man
sei nicht dafür eingerichtet, Blut- oder Urintests aufgrund eines Dro-
genverdachts durchzuführen. Ich verstand nicht recht und ging dennoch ins Krankenhaus. Das war in meiner Orientierungslosigkeit an
diesem Morgen das Naheliegendste. Dann war es aber wirklich so: Statt
so bald wie möglich nach meinem Eintreffen im Krankenhaus die Blut-
und Urinprobe zu veranlassen, stellte die Frau am Empfang erst mal
fest, dass ich dafür ohnehin zu spät dran sei. Mögliche Partydrogen, sei
es GHB oder eine andere Art von K.-o.-Tropfen, seien lediglich vier Stunden nach Verabreichen noch nachweisbar, und diese Zeit sei ja offensichtlich verstrichen. Ich wurde angewiesen, im Wartebereich Platz zu
nehmen. Dass diese Information falsch war und solche Stoffe bis zwölf
Stunden nach Verabreichung nachweisbar sind, wusste ich damals
nicht. Ich war noch nie aufgrund vermuteter Drogeneinnahme im Spital
gewesen.

Eine ganze Weile später brachte man mich in die spitalinterne Not-
fallpraxis, wo mich der Pikett-Hausarzt detailliert ausfragte. Ich erzählte von meinen unerklärbaren Unterleibsschmerzen, der großen Erinnerungslücke und auch, dass ich keinen Kater hatte. Ich hatte nicht zu viel
getrunken. Es war inzwischen Mittag. Der Arzt wies mich an, nach Hause zu gehen, alle Kleider in einen ungebrauchten Plastiksack zu packen

und damit wiederzukommen. Er melde mich derweil bei der gynäkologischen Abteilung für einen Untersuch an. Ich fragte nochmals nach einem Bluttest. Wieder hieß es, man sei dafür nicht eingerichtet.

Wieder zu Hause, packte ich die Kleider in einen Sack und beschloss, ein sauberes Kunststoffbehältnis für eine Urinprobe zu verwenden. Mit der Probe und den abgepackten Kleidern begab ich mich zum Schalter der gynäkologischen Abteilung. Man bat mich, im Wartebereich Platz zu nehmen. Es verging wiederum unendlich viel Zeit.

Ich war verzweifelt und weinte. Der Chefarzt eilte mehrmals an mir vorbei, verlangsamte seinen hektischen Schritt aber nicht. Irgendwann bat mich die Assistenzärztin zu sich ins Untersuchungszimmer. Sie habe heute ihren zweiten Arbeitstag, kenne daher die Abläufe noch nicht gut. Auch sie wollte keinen Bluttest machen und fand meine Idee mit der mitgebrachten Urinprobe schlecht. Sie könne sie nicht brauchen, ich hätte die Probe ja theoretisch zu Hause präparieren oder austauschen können. Stimmt, das hätte ich wohl machen können.

Sie kippte den Inhalt des Bechers weg. Auf ihrer Checkliste sei vermerkt, sie müsse zuerst die gynäkologische Untersuchung machen, erst danach kämen die Proben. Ich kannte die Gründe für diese Reihenfolge nicht. Die Untersuchung schmerzte wie die Hölle, und währenddessen klingelte immer wieder ihr am Gürtel befestigtes Telefon. Mehrere Male verließ sie hektisch das Zimmer, und ich wartete unendlich lange. Einmal ließ sie während ihrer Abwesenheit das Spekulum aus Edelstahl stecken, so eilig hatte sie es. Sie tat mir leid. Und so ging das immer weiter, bis in den Abend hinein. Sie setzte die Untersuchung fort, das Telefon klingelte, ich wartete. Irgendwann, nachdem sie die Bedienungsanleitung des Fotoapparats studiert hatte, fotografierte sie die Wunde am Bein, die aussah wie ein Biss. Dass dabei keine Speicherkarte im Apparat war, fiel der Ärztin nicht auf. Zwei Mal mussten wir runter zum Notfall: Impfungen, Spritzen, Starrkrampf, Hepatitis-Vorsorge, von allem eine Ladung. Auf dem Weg verliefen wir uns zweimal und irrten durch die Gänge des Krankenhauses. Etwa so, wie es Mani Matter in seinem Lied «Är isch vom Amt ufbotte gsy» beschreibt. Da waren so viele Gänge, Türen, gleich gekleidete Menschen. Nach mehreren Stunden Wartezeit –

mein Handyakku war längst tot und ich kurz vor einem Nervenzusammenbruch – drangen wir endlich zur Blutabnahme und Urinprobe vor. Es war 18:45 Uhr. Fast zehn Stunden waren vergangen, seit ich das Krankenhaus an diesem Morgen zum ersten Mal betreten hatte. Nun werde sie die Proben nach Zürich schicken, sagte die Assistenzärztin. Wir einigten uns darauf, dass ich keine Anzeige erstatten würde, außer es würde wider Erwarten und trotz der langen Wartezeit ein Drogennachweis gefunden. Nach den Abnahmen musste ich nochmals zum Notfall für eine HIV-Prophylaxe. Das war zu viel. Mich überkam ein Weinkrampf, und ich rannte zur nächsten Tür in Richtung Ausgang, raus aus dem Krankenhaus. Ich nahm den nächsten Bus nach Hause. Es war nach 22 Uhr und ich am Ende.

Aufgrund einer Reihe von Fehlern in der Asservierung von Proben wurde ich am Folgetag nochmals von einer Oberärztin ins Spital bestellt. Sie teilte mir beiläufig mit, dass sich die Polizei noch melden würde. Sie habe es bereits bei den Behörden abgeklärt: Was vorletzte Nacht passiert sei, falle in die Kategorie Offizialdelikt, und darüber müsse die Polizei informiert werden. Sie hatte es also einfach gemeldet. Ich stutzte. Und fragte, weshalb ich das nicht selbst hatte entscheiden dürfen, ich hätte es doch so mit der Assistenzärztin vorbesprochen. Die Oberärztin verstand und schob nach, dass sie die Meldung eventuell wieder rückgängig machen könne, falls ich in großer Gefahr sei. Sie habe noch keinen Namen genannt. Da ich mich – in meiner Wahrnehmung – nicht in großer Gefahr befand, akzeptierte ich die Situation. Ich verstand nicht, was die Ärztin mit der Gefahr gemeint hatte.

Dass mich das Krankenhaus durch die voreilige Meldung bei den Behörden in ein Strafverfahren ohne Beweise geschickt hatte, ahnte ich zu diesem Zeitpunkt noch nicht. Überhaupt lernte ich in den darauffolgenden Jahren unendlich viel über meine Rechte. Ich wollte mich wehren können. Mein Schwiegervater, der seit Jahrzehnten als Hausarzt in einer Zuger Gemeinde tätig ist, begleitete mich ein paar Wochen später zu einer Besprechung mit der Krankenhausleitung. Ich wollte wissen, weshalb man mir nicht als Erstes Blut abgenommen hatte, sondern erst zwanzig Stunden nach dem mutmaßlichen Vorfall. Der Spitalchef sagte nicht viel und ließ den Leiter der Gynäkologie antworten: Man müsse sich eben entscheiden, ob man nun Opfer eines Sexualdelikts oder mit Drogen betäubt worden sei, führte er aus. Bei einem Drogenverdacht, wie ich ihn geäußert hatte, hätte ich als Erstes die Polizei informieren müssen. Bei einem Verdacht auf ein Sexualdelikt sei ich bei ihnen an der richtigen Adresse gewesen, sie hätten also alles nach Schema erledigt und richtig gemacht, erklärte er.

Und bei beidem gleichzeitig? Oder dann, wenn man sich ehrlicherweise an nichts erinnern kann? Als ich diese Krankenhaus-Odyssee Monate später doch noch verstehen wollte, bestellte ich beim Krankenhaus alle Untersuchungsprotokolle, in denen die Vorgänge und Entscheidungen meines Aufenthalts hätten dokumentiert sein sollen. Der Erstkontakt am Empfang und die Besprechung mit dem Pikett-Hausarzt waren in den erhaltenen Unterlagen allerdings weder protokolliert noch dokumentiert, erst mein Eintritt in die gynäkologische Abteilung irgendwann am Nachmittag war in den Unterlagen vermerkt.

Die Hoffnung, der Bluttest würde neue Erkenntnisse darüber liefern, was in jener Nacht passiert war, war inexistent. Als die Ergebnisse eintrafen, wurde die Staatsanwältin telefonisch vom Institut für Rechtsmedizin (IRM) informiert. In meinen Akten fand sich eine Notiz vom 5. Januar 2015, in der die Staatsanwältin festhielt:

> *«Telefon Frau (…), IRM*
>
> *Frau (…) meldet, dass der Nachweis von KO Tropfen nicht erbracht werden konnte. Dies sei aber wenig erstaunlich, nachdem GHB grundsätzlich nur 8 Stunden im Blut und rund 12 Stunden im Urin nachzuweisen sei. Beides sei ja rund 20 Stunden nach dem Ereignis genommen worden. Auch Alkohol konnte nicht nachgewiesen werden.*
>
> *Es sei das gesamte Screening gemacht worden und habe nichts nennenswertes ergeben.*
>
> *Wir sollten in 2–3 Wochen nochmals Haare nehmen. Es sei zwar nichts zu erwarten, aber ein Versuch sei es allemal wert.»*
>
> Aktennotiz Staatsanwaltschaft Zug, 5. Januar 2015

Gleichentags verschickte die Staatsanwaltschaft eine Medienmitteilung:

> «*Zug: Keine Substanzen nachweisbar*
>
> *Im Blut und Urin der 34-jährigen Zuger Politikerin konnten keine Spuren von sogenannten K.-o.-Tropfen nachgewiesen werden. Die Untersuchung dauert an.*
>
> *Analysen der Blut- und Urinproben am Institut für Rechtsmedizin der Universität Zürich zeigten keine Spuren von narkotisierend wirkenden Stoffen wie* GHB *oder Betäubungsmittel. Es konnten keine entsprechenden Substanzen nachgewiesen werden.*
>
> *Die Strafuntersuchung der Staatsanwaltschaft des Kantons Zug wegen Delikten gegen die sexuelle Integrität dauert nach wie vor an. In den kommenden Tagen folgen Befragungen und verschiedene Abklärungen.*
>
> *Der zu untersuchende Vorfall ereignete sich in der Nacht auf Sonntag, 21. Dezember 2014, im Nachgang der Feier zur Wahl des Landammanns in der Stadt Zug. Was sich genau zugetragen hat, ist Gegenstand der laufenden Untersuchung.*»

Medienmitteilung Zuger Strafverfolgungsbehörde, 5. Januar 2015

Die Zuger Behörden erwähnten die zwanzig Stunden Wartezeit, die verzögerte Blutabnahme, dass die infrage kommenden Substanzen bei der Abnahme längst abgebaut gewesen wären und somit ein positives Drogen-Ergebnis praktisch ausgeschlossen war, mit keinem Wort. Weder wurde dieser Kontext in der Medienmitteilung der Untersuchungsbehörden hergestellt noch in der Berichterstattung berücksichtigt, die auf die Medienmitteilung folgte. Obwohl die Staatsanwaltschaft vom Institut für Rechtsmedizin Zürich darauf hingewiesen worden war und die Information zur kurzen Nachweiszeit von GHB in der Aktennotiz den größten Platz einnahm. Die Öffentlichkeit hatte zu diesem Zeitpunkt also keine Kenntnis über die zu spät erfolgte Blutabnahme im Krankenhaus. Man konnte keine Substanzen in meinem Blut nachweisen, was – wie die Aktennotiz der Staatsanwaltschaft nach dem Telefonat mit dem Institut eigentlich verdeutlicht – nicht heißt, dass keine eingesetzt worden waren.

In den Zeitungen kam, was kommen musste: «Keine K.O.-Tropfen im Spiel», titelte die *NZZ* am 5. Januar 2015, ebenso *Blick* und der *Bote der Urschweiz*: «Keine K.O.-Tropfen!». Noch deutlicher wurde man in den Kommentarspalten der Onlinemedien: Man war sich einig, dass es eine einvernehmliche Geschichte war, und tat die Vermutung, dass ihr möglicherweise Drogen verabreicht worden waren, als faule Ausrede der beteiligten Frau ab.

Ich verstand nicht, wie so was passieren konnte. Deshalb entschied ich mich an jenem Januarnachmittag, erstmals zu Medienanfragen Stellung zu nehmen. Ich wollte diesen Kontext hergestellt haben, weil ich ihn für sehr wichtig hielt. Es war für lange Zeit das letzte Mal, dass ich mit Medienschaffenden sprach. Obwohl sich das Stellungnehmen befreiend auf meine Psyche auswirkte, beschloss ich, es vorerst nicht mehr zu tun. Ich muss mir heute eingestehen, dass ich meine tiefe Verletztheit mit zu viel Kampfgeist zu überdecken versucht habe. Ich musste mich unglaublich überwinden und meine Statements über zwei Stunden lang einüben, weil ich eigentlich keine Kraft dazu hatte und neben den Schuhen stand. Ich übte die Sätze so lange, bis ich zu souverän auftrat. Das war auch wieder nicht recht: Dass ich alles aufarbeiten wollte, interpretierte man als eine Art politische Agenda. Dabei versuchte ich nur, zu überleben. Wahrscheinlich verhielt ich mich wie ein angeschossenes Tier, das zum Gegenangriff ansetzen wollte und dabei die ihm zugefügten Verletzungen verdrängte. Wäre ich zu meinen Wunden und Unsicherheiten gestanden, hätte man mir vielleicht eher zugehört und mich vielleicht sogar in Ruhe gelassen.

Nach meiner Stellungnahme gegenüber den Medien, die ich für nötig hielt, weil ich die Kommunikation der Staatsanwaltschaft als Desinformation empfand, wies mich die Staatsanwältin zurecht. Ich solle mich zurückhalten. Sie könne so unmöglich unabhängig ermitteln. Es vergingen Monate, bis ich alle Akten beisammenhatte. Die Staatsanwältin verhängte schon zu Beginn des Jahres eine Informationssperre, deshalb wusste ich lange nicht, auf welchem Stand die Ermittlungsbehörden waren oder welche Zeug:innen befragt worden waren. Die Informationssperre war die Konsequenz aus der unübersichtlichen Situation mit den Medien und der Weitergabe von Verfahrensunterlagen an die Medien durch den Beschuldigten. Von mir hat während des gesamten Strafverfahrens niemand ein Aktenstück erhalten. Uns war klar, dass das Strafverfahren an einem seidenen Faden hing und jede Form von Öffentlichkeit das Verfahren gefährden konnte.

Die ganze Angelegenheit stellte sich ohnehin enorm unübersichtlich dar. Als ich endlich einen ersten Stapel Akten unter die Augen bekam, las ich mir komplett unbekannte Geschichten. Es war wie eine humorlose Variante der versteckten Kamera. Die Zeug:innenprotokolle waren ein Graus.

Ich wurde schließlich gebeten, eine Haarprobe abzugeben. Das begrüßte ich grundsätzlich sehr, bis ich mich näher mit dem Thema und entsprechender Literatur auseinandersetzte. Die Staatsanwältin war im Rahmen des negativen Bluttests bereits vom Institut für Rechtsmedizin vorinformiert worden, dass von einer Haarprobe zwar nichts zu erwarten war, es aber grundsätzlich einen Versuch wert sei. Informationen suchte ich auf vertrauenswürdigen Websites wie jener der FTC München, eines bekannten deutschen Instituts, das sich als Ansprechpartner für forensisch-toxikologische Untersuchungen, darunter auch Haaranalysen, beschreibt. Dort fand ich folgenden Hinweis:

> «Eine einmalige Aufnahme/Gabe von y-Hydroxybuttersäure (GHB; Liquid Ecstasy) ist an Haaren kaum zu belegen, da es sich auch um eine endogene Substanz handelt und eine Abgrenzung von endogen zu endogen plus einmalig exogen kaum zu bewerkstelligen ist. Mehrmalige Aufnahme/Gaben sind dagegen nachzuweisen.»

> Ärzteblatt ftc-muenchen.de, Websitesicherung 2015

Ich verstand nicht, was die Staatsanwältin vorhatte, war beunruhigt und stellte zu mehreren Rechtsmedizinern einen Kontakt her. Ich telefonierte die wichtigsten Institute in der Schweiz ab, alle außer Zürich, damit niemand behaupten konnte, ich wolle jemanden beeinflussen, der in meinen Fall involviert war. Ich wollte einfach mehr zum Thema und zum Umgang damit wissen, weil ich mir inzwischen nicht mehr sicher war, ob in Zug wirklich alles für eine Klärung der Vorfälle nach der Landammannfeier getan wurde oder ob es nicht vielmehr darum ging, eine These bestätigen zu lassen. Die angefragten Rechtsmediziner waren allesamt erstaunt über die mediale Ankündigung aus Zug. Denn entgegen der Vorinformation des IRM Zürich stellte die Zuger Staatsanwaltschaft den Medien in Aussicht, dass die Haaranalyse Klarheit schaffen würde. Die Rechtsmediziner, mit denen ich über Haaranalysen sprechen konnte, vertraten aber ausnahmslos die Meinung, ein Nachweis in den Haaren nach einem einmaligen Vorfall sei unwahrscheinlich bis unmöglich und das Ergebnis daher vorhersehbar. Einer sagte mir direkt: Ein positives Resultat würde auf eine Drogenabhängigkeit meinerseits hinweisen. Man gab mir den Tipp auf den Weg, ich solle schauen, dass mir nicht ungeschulte Dorfpolizisten mit einem Küchenmesser Haarbüschel abschneiden, und wünschte mir viel Glück.

Ich schrieb an die Staatsanwältin:

> «Betreff: Haarprobe
>
> Liebe (...)
> Ich soll ja morgen nach dem Mittag für die Entnahme der Haarprobe zu euch kommen. Eben habe ich mit (...) telefoniert. Er ist ehemaliger Leiter des Rechtsmedizinischen Instituts in (...). Er stutzte ein wenig, als ich ihm sagte, dass ich die Probe in Zug bei der Polizei abgeben müsse. Er empfiehlt mir dringend, die Probe direkt in Zürich vom mit der Analyse betrauten Labor entnehmen zu lassen. So können mögliche Fehlerquellen eliminiert und der fragliche Zeitraum im Haar präziser lokalisiert werden. Ist dies möglich?
>
> Danke fürs Abklären und lieber Gruss
> Jolanda»

E-Mail an die Staatsanwältin, 19. Januar 2015

Tags darauf kam die Antwort:

> *«Betreff: AW: Haarprobe*
>
> *Geschätzte Jolanda*
>
> *Mach Dir keine Sorgen, wir haben alles im Griff. Die Probe ist bei uns abzugeben. Gruess, (...)»*
>
> E-Mail der Staatsanwaltschaft Zug, 20. Januar 2015

Anfang März 2015 traf das negative Resultat der Haarprobe ein. Die Staatsanwaltschaft kommunizierte wiederum proaktiv:

> *«In der am Institut für Rechtsmedizin der Universität Zürich ausgewerteten Haarprobe sind keine Spuren von GHB (Gamma-Hydroxybuttersäure) nachweisbar.*
>
> *Es liegen demzufolge keine Anhaltspunkte vor, wonach die 34-jährige Frau mit solchen Substanzen betäubt worden war.»*
>
> Staatsanwaltschaft Zug, 2. März 2015

In der *Zuger Zeitung* ließ sich der Sprecher der Staatsanwaltschaft am darauffolgenden Tag wie folgt zitieren:

> *«Es ist mit sehr hoher Wahrscheinlichkeit auszuschliessen, dass K.-o.-Tropfen verabreicht wurden.»*
>
> Zuger Zeitung, 3. März 2015

Der Fall schien gelöst. Ich störte mich am Wort «Anhaltspunkte» in der Medienmitteilung. Hätte es keine Anhaltspunkte gegeben, hätte man keine Untersuchungen eingeleitet und auch nicht zwanzig Zeug:innen befragt. In derselben Ausgabe der *Zuger Zeitung* ließ sich auch der Rechtsanwalt des Beschuldigten zitieren. Er hielt fest, dank der Haarprobenanalyse stehe nun fest, dass weder ich noch sein Mandant von einer Drittperson in irgendeiner Weise betäubt worden seien. Die Berichterstattung fiel entsprechend katastrophal aus, mir schlugen Spott und Hohn entgegen, auf den Redaktionen gab es kein Halten mehr.

Drei Erinnerungsfetzen der Nacht der Landammannfeier holten mich ein und ließen mich hilflos zurück. Zwei Endlosschlaufenbilder und eine sogenannte Out-of-Body-Experience. Auf keine der Erinnerungen kann ich mir einen Reim machen, ich bringe sie auch nicht richtig zusammen. Es ist, als ob ich nie selbst an den Orten dieser Erinnerungsfragmente gewesen bin. Zeug:innen widersprechen sich in diesem Fall grundsätzlich. Ein SVP-Zeuge gab zu Protokoll, er habe mich und den damaligen Beschuldigten schon um 18 Uhr fröhlich beim Glühweintrinken gesehen. Doch es gab an der Feier keinen Glühwein und ich traf erst um etwa 21:30 Uhr auf meinen SVP-Gesprächspartner. Wir hätten «engumschlungen getanzt», behauptete ein Rechtsaußen-Politiker, er korrigierte seine Aussage später zu «getanzt». Auch das stimmt nicht, sagte ein FDP-Regierungsrat aus, der SVP-Politiker und ich seien uns nicht näher gekommen, sondern hätten lediglich diskutiert, wie man das normalerweise mache. Sachliche Gespräche mit ernster Mimik, keinerlei Annäherung, sagte wiederum ein anderes Regierungsmitglied aus. Die Widersprüche in den Erzählungen der Zeug:innen müssen den Behörden aufgefallen sein. Die Staatsanwältin flocht derweil immer wieder dieselbe Suggestivfrage in die Befragungsrunde ein:

> *«Jolanda ist bekanntlich verheiratet, hat Kinder und hat soeben ihre politische Karriere gestartet. Mit grosser Wahrscheinlichkeit ist sie in jener Nacht nach der Landammannfeier fremdgegangen (gewollt oder ungewollt). Es wäre ja rein theoretisch auch möglich, dass Jolanda nun nur nach einer guten Ausrede für ihren Ausrutscher sucht.*
>
> *Was halten Sie davon?»*
>
> *Mehrmals gestellte Standardfrage aus den Zeug:innenbefragungen*

Es ist mir nicht klar, wie man «ungewollt fremdgehen» kann. Geleitet von dieser seltsamen Fragetaktik, ließen sich damals mehrere Zeuginnen und Zeugen zu der Aussage hinreißen, sie hielten es für plausibel, dass ich die Geschichte mit den K.-o.-Tropfen nur erfunden habe, um einen Seitensprung zu vertuschen. Es zieme sich nicht, was wir beide da getan hätten, wurde mehrmals ausgesagt. Keine der Damen und keiner der Herren Kantonsräte kannten mich näher. Aber alle wussten offenbar, wie es gewesen sein musste.

Reto wurde auch befragt respektive von einem aggressiven Polizisten in alle Einzelteile zerlegt, wie man es aus Hollywoodfilmen kennt. Der Polizeiwachtmeister sagte, er selbst hätte sich am Tag nach den Geschehnissen mit solchen Antworten seiner Frau nicht zufriedengegeben. Würde er seiner Frau eine solche Geschichte auftischen, bekäme er eine Ohrfeige. Reto wurden 92 oft suggestive und teilweise absolut distanzlose Fragen gestellt. Die Ehefrau des Beschuldigten wurde nicht befragt. Wir stellten nach Retos Einvernahme einen entsprechenden Antrag, dieser wurde abgelehnt.

Bei den Befragungen der ersten und wichtigsten Zeug:innen war der Beschuldigte mit seinem Rechtsvertreter im selben Raum anwesend und stellte zusätzliche Fragen, während ich weder über die Befragungen informiert worden war noch anwesend sein konnte. Ich hatte zu diesem Zeitpunkt noch nicht einmal einen Rechtsvertreter.

Es wurden auch Zeug:innen befragt, die nicht werteten, sondern einfach schilderten und somit die Stimmung an diesem Abend am ehesten abbilden konnten. So fanden auch Fragmente ihren Weg in die Protokolle, die noch heute schwer zu lesen sind. Ein Zeuge berichtet zum Beispiel über einen Dialog unter Kantonsräten an der Bar:

> «Ich ging wieder runter und die beiden waren das Thema Nummer eins in der Bar. Ich weiss noch wie zwei, drei Typen an der Bar standen und sich darüber amüsiert haben, dass sie bei Jolanda auch ‹drüber würden›. Ich war völlig schockiert.»

> Schilderung aus einem Zeugenprotokoll

Anschließend hat man beobachtet, wie ich mit dem damaligen Beschuldigten in ein Taxi gestiegen bin. Die Fahrt zu mir nach Hause hätte normalerweise maximal fünf Minuten beansprucht. Dort kam ich aber erst eineinhalb Stunden später an. Mein Mann sagte aus, mein Make-up sei verschmiert gewesen, als hätte ich geweint. So bemühte sich die Polizei, den Taxifahrer dieser Nacht ausfindig zu machen, und ich hoffte, dass diese Befragung etwas Klarheit bringen würde.

Ein Polizist lieferte daraufhin einen Hinweis, dass sich seine Nachbarin in der Taxiszene auskenne und man dort möglicherweise wisse, wer diese Fahrt gemacht habe. Die Polizei befragte den entsprechenden Taxifahrer. Er sagte aus, vom Fall Landammannfeier noch nie etwas gehört zu haben. Man zeigte ihm ein Bild von mir. Er gab zu Protokoll, er habe mich noch nie gesehen. Er sagte, er konsumiere nur serbische Medien. Er wisse nicht, ob er die Fahrt tatsächlich gemacht habe. Die Staatsanwaltschaft gab sich mit dieser Antwort zufrieden.

Ein weiterer SVP-Kantonsrat – ein Fraktionskollege des Beschuldigten – hatte beruflich mit dem Taxiwesen zu tun. Er meldete sich im Kontext der Suche nach dem Taxifahrer und regte an, dass man den Fahrtenschreiber nicht auswerten müsse, da der Fahrtenschreiber möglicherweise ohnehin vom Taxifahrer manipuliert worden sei, schon mehrmals sei dieser deswegen verzeigt worden. Der Fahrtenschreiber wurde also nie ausgewertet. Man kann sich fragen, weshalb die lokale Taxiszene einerseits so genau zu wissen schien, wer die Fahrt gemacht haben soll, der angebliche Fahrer selbst sich aber nicht mehr an die Fahrt erinnern konnte. Man kann sich auch fragen, was wohl die Auswertung des Fahrtenschreibers ergeben hätte. Oder wem es zuträglich gewesen war, dass der Taxifahrer nichts gehört oder gesehen hatte und seinen Fahrtenschreiber nicht offenlegen musste. Es bleibt bis heute ein Geheimnis.

Fast drei Jahre vergingen, bis ich mich dazu überwinden konnte, den Taxifahrer anzurufen. Die Nummer hatte die ganze Zeit in den Akten gestanden, aber ich hatte immer darüber hinweggeblättert. Ich fühlte mich endlich stark genug für dieses Gespräch. Der Taxifahrer war ein wichtiger Zeuge. Vielleicht der Einzige, der wirklich etwas sagen konnte. Im Beisein einer Zeugin wählte ich die Nummer. Am anderen Ende meldete sich eine Frau, die gebrochen deutsch sprach und denselben

Nachnamen hatte wie der Fahrer. Ich fragte sie, ob ihr Mann zu sprechen sei. Am anderen Ende wurde es still. Sie erzählte, ihr Mann sei vor einem Jahr an einem Tumor gestorben. Ich musste mich wahnsinnig zusammenreißen, fand es von mir selbst unangebracht, diese Frau zu belästigen. Doch ich wollte sie noch fragen, ob sie den SVP-Fraktionskollegen des Beschuldigten kannte, der beruflich in der Taxibranche tätig war. Mit dieser Frage konnte ich ihr etwas Heiterkeit entlocken. «Guter Mann!», schwärmte sie, bevor ich ihr alles Gute wünschte und mit noch mehr Fragen im Kopf als vorher das Telefonat beendete.

Nach meiner Erstbefragung durch die Staatsanwaltschaft zwei Tage nach der Feier wurde nicht nur gegen einen Mann ein Verfahren eröffnet, sondern noch gegen einen weiteren SVP-Kantonsrat. Sein Strafverteidiger war ein weiterer Kollege aus der SVP-Fraktion. Von diesem zweiten Verfahren erfuhr ich erst im April, in jenem Schreiben, mit dem die Staatsanwaltschaft seine Einstellung ankündigte. Als ich später Akteneinsicht bekam, entnahm ich den Dokumenten, dass die Staatsanwaltschaft am 23. Dezember 2014 bei diesem zweiten Mann eine Hausdurchsuchung und eine Analyse seiner technischen Geräte angeordnet hatte. Beides wurde gemäß den Akten nie durchgeführt. Man weiß nicht, mit wem er in diesen Tagen telefonierte. In diesem zweiten Verfahren wurde eine einzige Zeugin befragt. Ihre Aussage, sie habe im fraglichen Zeitraum mit diesem Mann getanzt und nicht beobachtet, dass er mal zur Toilette ging, genügte, um die Sache gleich als erledigt zu betrachten. Die Zeugin war die Gerichtspräsidentin.

Ich bekam nie die Gelegenheit, diesem zweiten Mann Fragen zu stellen. Als ein paar Monate später, nach der Weitergabe von Ermittlungsakten durch den Beschuldigten, in der Presse der Name des zweiten Mannes zu lesen war, gab dieser tags darauf seinen Rücktritt aus dem Kantonsrat bekannt und tauchte ab.

Die Auswertung der in meinem Intimbereich sichergestellten DNA wurde mir von der Staatsanwaltschaft Anfang März im selben Couvert wie das negative Haarprobenergebnis kommentarlos zugestellt. Genau auf diesen Tag fiel eine weitere vom damaligen Beschuldigten organisierte Pressekonferenz. Er trat vor die Medien, offenbarte ihnen ein paar detaillierte Zeitabläufe und damit endloses Futter für weitere Artikel und ließ sich zitieren: «Das lasse ich nicht auf mir sitzen!» Ich fragte mich, weshalb er schon wieder eine Medienkonferenz veranstalten musste. Es waren insgesamt fünf. Ich hätte mir keine einzige zugetraut. Ihm wurde der DNA-Befund von der Staatsanwaltschaft zeitgleich wie mir zugestellt. Doch darüber verlor er an seiner Pressekonferenz kein Wort, beteuerte aber neu, mich «fremdgeküsst» zu haben. In seiner Medienmitteilung stand, er habe «seiner Frau reinen Wein eingeschenkt» und er bitte den Landammann um Verzeihung. Der *Blick* tickerte live und ich schwieg. Denn ich war mir sicher, dass die Staatsanwaltschaft ihn aufgrund des DNA-Funds nochmals aufbieten und ein paar Zusatzfragen stellen würde. Wir wussten nach wie vor so gut wie nichts über die damalige Nacht. Die Berichterstattung und damit auch die öffentliche Meinung zogen nach dieser Medienkonferenz jedoch nur in eine Richtung: Er hat sie lediglich geküsst und gibt das sogar zu; also was soll das Theater? Ein Kommunikationsexperte wurde im *Blick* mit «Fremdküssen ist nicht einmal ein Kavaliersdelikt» zitiert. Spätestens ab dann war ich die Falschbeschuldigerin der Nation. In den Onlinekommentarspalten eskalierte es.

Es kam zu keiner weiteren Befragung des Beschuldigten. Als ich Monate später, während der Sommerferien, bei der Staatsanwältin nachfragte, ob es bezüglich DNA vonseiten der Staatsanwaltschaft noch eine Medienmitteilung geben würde, um abschätzen zu können, wann es medial wieder detonieren würde, meinte sie, es sei meine Sache, ob und wie ich diese Ergebnisse kommunizieren wolle. Ich nahm das überrascht zur Kenntnis, weil bis zu diesem Zeitpunkt jedes noch so kleine medizinische Zwischenergebnis zu meinen Ungunsten kommuniziert worden war.

Ich kommunizierte den DNA-Fund nicht und hatte es auch nicht vor. Ein halbes Jahr nach der identifizierenden Berichterstattung durch den *Blick* endete die Frist für eine Beschwerde beim Schweizer Presserat. Wir mussten in der Presseratsbeschwerde den DNA-Fund offenlegen, um der Kontrollinstanz der Schweizer Medien zu belegen, dass mit meiner Identifizierung der Opferschutz missachtet wurde und in der viel beschriebenen Dezembernacht entgegen der öffentlichen Meinung nicht bloß fremdgeküsst worden war. Standardgemäß bekommt die Gegenseite eine Gelegenheit zur Stellungnahme, bevor der Presserat urteilt. *Blick* verwertete meine vertraulich zugestellte Beschwerde wegen Missachtung des Opferschutzes und Intimsphärenverletzung sogleich redaktionell und machte den darin enthaltenen DNA-Fund öffentlich, womit sie ein weiteres Mal meine Intimsphäre verletzten. Der Anwalt des Beschuldigten, der in den vergangenen Monaten stets von «Fremdküssen» gesprochen hatte, ließ sich anhand dieser neuen Ausgangslage im *Blick* zitieren:

> *«Wo beginnt denn Sex? Könnte die DNA nicht auch durch intensives Knutschen dort gelandet sein? Oder gar durch duschen?»*

> *«Mein Mandant hatte keinen Sex mit Frau Spiess-Hegglin.»*

> *«DNA in der Vagina durchs Duschen?» Rechtsanwalt des damaligen Beschuldigten im Blick, 15. August 2015*

Ich war irritiert. Ich weiß bis heute nicht, wie er das gemeint hat.

Den Sommer 2015 verbrachten meine Familie und ich mehrheitlich am Zugersee in der Badi. Es war zu schön dort, um wegzufahren, außerdem waren wir ausgebrannt. Einmal postete ich ein Foto des wunderschönen Badestrandes auf Facebook. Man sah auf dem Bild ein farbiges Badetuch, das schwarze Coca-Cola-Cap mit goldener Logo-Schrift, das mein Sohn dort abgelegt hatte, eine Sherpa-Sonnencreme Schutzfaktor 30, den Zugersee mit einem unüberschaubaren Knäuel badender Kinder, den Horizont, weit hinten das Schloss Buonas und am rechten Bildrand meine Beine, präziser das, was von den Kniescheiben abwärts von meinen Beinen zu sehen war, sowie schwarz lackierte Zehennägel. 116 Likes und 15 Kommentare brachte mir der spontane Schnappschuss ein, zu dem ich auf Facebook geschrieben hatte: «Warum ans Meer fliegen?»

Es vergingen wenige Wochen, bis eine Strafanzeige wegen falscher Anschuldigung und Irreführung der Rechtspflege eintraf, Absender war der Anwalt des damaligen Beschuldigten. Mein schönes #nofilter-

Strandfoto war in diese Strafanzeige reinkopiert worden, dazu war zu lesen:

> *«Völlig untypisches Opferverhalten: Erstaunlich, wenn ein Opfer eines Sexualdeliktes kurz nach der Tat öffentlich auf Facebook ihre nackten Beine zur Schau stellt, wie das die Beklagte getan hat.»*
>
> *Rechtsanwalt des damaligen Beschuldigten, 24. September 2015*

Es war erstens nicht «kurz nach der Tat» gewesen und zweitens wäre es den Herren sicher auch nicht recht gewesen, wenn ich meinen Körper komplett verhüllt hätte. Der Anwalt wollte der Staatsanwaltschaft mitteilen, dass Opfer von Sexualdelikten nur noch lange Hosen zu tragen haben. Sonst seien sie halt einfach keine richtigen Opfer. Deshalb kam er zur messerscharfen Analyse: Das musste eine Irreführung der Rechtspflege sein. In derselben Anzeige stand geschrieben:

> *«Wird eine Person ein Opfer von sexueller Gewalt, steht im Vordergrund ein öffentlicher Rückzug. In der Regel geht es auch nicht so offensiv vor – wie dies Jolanda Spiess getan hat –, da das erduldete Trauma in der ersten Phase in einem vertrauten Umfeld zuerst verarbeitet werden muss.»*
>
> *Rechtsanwalt des damaligen Beschuldigten, 24. September 2015*

Wie bereits erwähnt, beherrschte dieser Anwalt Victim Blaming wie kein anderer. Bereits im Frühling desselben Jahres hatte er mich anlässlich meiner zweiten Befragung als Opfer eines möglichen Sexualdelikts gefragt, ob ich in Kontaktbars verkehre. Er nannte sogar den Namen eines Etablissements in Luzern, von dem ich noch nie gehört hatte. Sein Vorgehen war strategisch, mit der Frage sollte meine Integrität angezweifelt werden. Die Frage wurde protokolliert, und obwohl ich sie irritiert verneinte, war das Thema auf einmal Teil der Akten.

Die Erfahrungen mit diesem Anwalt haben mir einen besseren Einblick in ein patriarchales System und in misogyne Vorgänge gewährt als alles andere in meinem Leben. Ein paar Wochen später stellte derselbe

Anwalt die Krankenhausakten meiner gynäkologischen Untersuchung auf Twitter. Sie haben richtig gelesen. Davor schon zeigte mich der damalige Beschuldigte über diesen Anwalt noch wegen übler Nachrede an, ich erfuhr von der Anzeige aber nicht etwa von der Staatsanwaltschaft, sondern aus der Presse. Die Anzeige stützte sich auf Akten, die mir unbekannt waren. Offenbar verfügte die Gegenseite über diverse Aktenstücke, die mir nicht zur Verfügung standen. Ebenfalls aus der Presse erfuhr ich von der Einstellung des Strafverfahrens wegen Schändung gegen den SVP-Politiker. Ich hörte die Nachricht im Radio während des Mittagessens, am Küchentisch mit den Kindern. Die Staatsanwaltschaft informierte die Presse, bevor sie mich informierte.

Es ist ja nachvollziehbar, dass Sie Ihrer Frau glauben. Aber woher kommt diese Unerschütterlichkeit?

Im Gegensatz zu allen anderen habe ich Jolanda unmittelbar nach ihrer Rückkehr von der Feier gesehen. Ich habe mir, nachdem ich aufgewacht bin, ein eigenes Bild von ihrem Zustand machen können. Ich habe mich oft gefragt, was ich gedacht hätte, wenn ich erst am nächsten Morgen auf ihre Schilderungen hätte vertrauen müssen. Vielleicht hätte ich dann auch Zweifel gehabt und mich allenfalls betrogen gefühlt. Aber so, wie ich Jolanda unmittelbar bei ihrer Rückkehr erlebt habe, in diesem Zustand, sicher nicht.

Sie gaben zu Protokoll, sie wirkte wie «sturzbetrunken»?

Ich habe versucht, mit ihr zu sprechen, aber Jolanda war nicht ansprechbar. Sie schien verwirrt und wirkte apathisch und hatte einen glasigen Blick. Ich habe sie kaum noch gekannt. Sie antwortete knapp mit Ja und Nein, aber war völlig fremd. Ich konnte mir absolut keinen Reim drauf machen und habe mir grosse Sorgen gemacht. Denn sie wirkte nur auf den ersten Blick «betrunken». Motorisch war sie absolut kontrolliert unterwegs. So habe ich das zu Protokoll gegeben. Aufgegriffen wurde nur «sturzbetrunken».

Reto Spiess gegenüber Hansi Voigt im Watson-Interview, 2017

Stell dir vor, du hast einen Filmriss und die Medien füllen die Lücke

150 *Blick*-Artikel

«Hat er sie geschändet?», stand da in fetten Lettern. Daneben ein Porträtfoto von mir, kopiert von meinem Wahlkampf-Flyer, auf dem ich strahle wie ein Maikäfer. Offensichtlich ein toxischer Mix, der in den von Polarisierung angetriebenen Denkzentralen der Wutbürger:innen und Boulevard-Konsument:innen sogleich die Meinungsbildung auslöste: Diese Frau lügt.

Was treibt die Leute an, auf eine solche Headline Morddrohungen auszusprechen? Was führt dazu, dass Menschen Aggressionen entwickeln gegen eine Person, die sie auf der Titelseite abgebildet sehen, mit der sie aber noch nie im Leben gesprochen haben? Ich habe selbst als Journalistin gearbeitet, ich wusste um den Effekt von Bild und Wort, und nun erlebte ich am eigenen Leib deren manipulative Macht in einem extremen Ausmaß.

Diese Headline war verheerend, da sie maßgebend für alles war, was darauf folgte. Es war eine polemische, sensationslüsterne Frage, die festigte und bewertete. Es gab nur noch ein Entweder-oder. Ich war als Opfer und ein anderer als tatverdächtiger Schänder der Nation ausgestellt. Ich habe aber bis heute niemanden falsch beschuldigt. Nicht einmal bei meiner ersten polizeilichen Einvernahme. Beschuldigt haben über all die Jahre allein die Medien. Dass sich der ganze Hass gefühlt allein an mir entlud, ist der misogyne Reflex eines Männertypus, den ich in all den Jahren leider gut kennengelernt habe. Männer, die Frauen gegenüber Verachtung und Geringschätzung empfinden.

Bereits an diesem ersten Tag war es offensichtlich. Der *Blick*-Artikel verstieß gegen sämtliche Regeln und Grundsätze des Journalismus, wie ich sie einst selbst gelernt hatte. Es folgte immer wieder dasselbe frauenverachtende Framing: Von «Sex-Affäre», «Sex-Skandal», «Polit-Sexskandal» und «Techtelmechtel» wurde geschrieben. Es fand kein Ende, eine Überschrift war schlimmer als die andere. Man sparte auch nicht mit Himpathy[3]. Gleich zu Beginn der Strafuntersuchung schrieb *Blick am Abend*:

> «‹Politisch tot› wegen dieser Frau – Die Sex-Affäre mit Jolanda Spiess-Hegglin gefährdet die Karriere des SVP-Manns»

Damit lancierte der *Blick* eine Lawine von Artikeln über mich, ohne mit mir gesprochen zu haben. Ich war Clickbait. Eine – unvollständige – Auswahl der über 150 Titel möchte ich hier auflisten:

– «Liess sie den K.O.-Tropfen Test zu spät machen?» (31.12.2014)
– «Ein Kasperlitheater in Reinkultur» (04.01.2015)
– «Keine K.O.-Tropfen» (05.01.2015)
– «Das Protokoll der Peinlichkeiten» (07.01.2015)
– «Als sie sich auszogen, stürzten sie» (08.01.2015)
– «Was passierte hinter dieser Tür?» (08.01.2015)
– «Neuer Name für Zuger Kirsch: K.O.-Tropfen» (20.01.2015)
– «Das Bild vor dem letzten Akt» (22.01.2015)
– «Sex mit politischer Gegnerin ist nicht akzeptabel» (23.01.2015)
– «Wirft der Kantonsrat das Skandal-Paar raus?» (26.01.2015)
– «Rummel ums Rammeln» (29.01.2015)
– «Fremdküssen ist nicht einmal ein Kavaliersdelikt» (29.01.2015)
– «Paarlauf im Zuger Rat» (30.01.2015)
– «Vom Sex-Skandal gezeichnet» (30.01.2015)
– «Jolanda Heggli zeigt ihr Weggli» (04.02.2015)
– «Sex-Skandal als Fasnachts-Hit» (16.02.2015)
– «Sie wirkten danach nicht angeschlagen» (01.03.2015)
– «Jetzt wirds eng für die Zuger Skandal-Politiker» (03.03.2015)
– «Grüne schmeissen Spiess-Hegglin raus!» (03.03.2015)
– «Zuger Sex-Skandal erreicht das Bundeshaus» (04.03.2015)
– «5 Politiker, die fremd gingen» (05.03.2015)

- «So wollen sie sich aus der Affäre ziehen» (05.03.2015)
- «Spiess-Hegglin ist ein ausgekochtes Luder!» (09.03.2015)
- «Wegen ihr werden künftige Opfer weniger ernst genommen!» (09.03.2015)
- «Ja statt nein – so zerstreut ist Spiess-Hegglin» (17.03.2015)
- «Verabschiedet sich Spiess-Hegglin aus der Politik?» (24.05.2015)
- «Es war doch Sex!» (13.08.2015)
- «Wo fängt eigentlich Sex an?» (14.08.2015)
- «DNA in der Vagina durchs Duschen?» (15.08.2015)
- «Und immer noch suchen sie Ausreden» (15.08.2015)
- «Doppelte Niederlage für Spiess-Hegglin» (28.08.2015)
- «Ein Nümmerchen für 48 285.85 Franken» (15.09.2015)
- «Müssen Steuerzahler das bezahlen?» (16.09.2015)
- «Ich öffnete die Tür und sah Kleider am Boden» (24.09.2015)
- «Jetzt auch noch die Anal-Affäre» (24.09.2015)
- «Neue Enthüllungen im Zuger Sex-Skandal» (24.09.2015)
- «Die sechs Männer um Jolanda Spiess-Hegglin» (25.09.2015)
- «Spiess-Hegglin schmeisst als Präsidentin hin» (07.10.2015)
- «Tritt Spiess-Hegglin zurück?» (08.10.2015)
- «Interview mit Regula Rytz: Warum werfen Sie Spiess-Hegglin nicht raus?» (15.10.2015)
- «So lästern die Grünen über Spiess-Hegglin» (07.01.2016)
- «Spiess-Hegglin lügt!» (08.01.2016)
- «Was hat Jolanda Spiess-Hegglin aus der Zuger Sex-Affäre gelernt?» (28.11.2016)
- «Es bleibt ein übler Nachgeschmack» (29.11.2016)

Neben *Blick* arbeiteten sich auch andere Schweizer Medien in unzähligen Artikeln an mir ab. Einige Beispieltitel: «Das Klageweib» (*Tages-Anzeiger*), «Die Selbstentblössung des Jahres» (*Basler Zeitung*), «Ein Kanton übt sich im Fremdschämen» (*NZZ*) oder «Zuger Affäre vergiftet das Klima zwischen den Geschlechtern» (*NZZ am Sonntag*). Und so ging das immer weiter.

Die Boulevardmedien pflügten mein gesamtes Umfeld um: Mein Arbeitgeber und sämtliche Nachbar:innen wurden angerufen sowie auch die Bandkollegen meines Mannes und die Präsidentin der Spielgruppe, in der unsere drei Kinder gewesen waren. Viele reagierten instinktiv richtig und blockten die Medienleute ab. Manche sagten in der Überforderung ein unverfängliches Wort zu viel und generierten damit die nächste Schlagzeile.

Eine Woche nach der Landammannfeier bekam ich eine Nachricht von einem befreundeten CVP-Politiker aus Zug:

> *«Hallo Jolanda, offensichtlich ist der Sonntagsblick activ. Bekam einen Anruf von 044 XXX XX XX, mit sehr persönlichen Fragen über dich. Ich ging selbstverständlich nicht darauf ein. Die Reporterin wird wohl weiter eine sprechfreudige Person suchen und wohl auch finden. Ich wünsche dir nur Gutes.»*

Ich leitete die Nachricht meinem inzwischen mandatierten Kommunikationsberater weiter, der mit dem *SonntagsBlick* Kontakt aufnahm. Zuständig für die Geschichte über mich war eine *Blick*-Journalistin, die später für den Konzern in leitender Funktion arbeitete. Sie berichtete, folgende Gerüchte seien an sie herangetragen worden:

1. Die Ehe von Jolanda Spiess sei im Eimer,
2. Jolanda Spiess sei mit diversen Kantonsräten schon im Bett gewesen,
3. die Liebesaffäre mit dem SVP-Politiker laufe schon lange und
4. Jolanda Spiess sei schwanger.

Da gab es offenbar Kantonsräte, die sich mit erfundenen Bettgeschichten brüsteten, es war widerlich. Sie habe den Artikel eigentlich schon beisammen, sagte die *Blick*-Journalistin. Mein Kommunikationsberater dementierte die Gerüchte heftig, an ihnen war kein Fünkchen Wahrheit. Dann schlug ihm die Journalistin einen Deal vor. Sie würde auf die Publikation der anonymen Behauptungen verzichten, wenn es eine Ersatzstory gäbe.

Wir hatten nun also die Wahl zwischen Pest und Cholera. Wir entschieden uns schließlich für die zweite Option, und die Journalistin versicherte, ihren bereits geschriebenen Artikel zu kippen. Sie stellte Fragen zu meiner medizinischen Untersuchung im Spital. Ich selbst sagte gar nichts, ich wollte nur noch, dass es aufhört. Sie zeigte sich sehr interessiert an intimsten Fragestellungen, die auch der Kommunikationsberater nicht beantworten wollte. Die Journalistin wollte wissen, wie sich der Intimbereich am Tag nach der Landammannfeier beim Aufwachen für mich angefühlt hatte. Der Kommunikationsberater wiederholte, was die Öffentlichkeit ohnehin schon wusste, weil es die Medienstelle der Polizei bestätigt hatte: dass ich aufgrund eines mehrstündigen Erinnerungsverlustes das Krankenhaus aufgesucht hatte. Weitere Fragen beantwortete er nicht, weil die Antworten die Grenze zu meiner Intimsphäre überschritten hätten. Welche Art von Verletzungen ich zu beklagen gehabt habe, wollte die Journalistin wissen. Dazu wollte ich nichts sagen. Es ging die Öffentlichkeit nichts an, welche Art von Schmerzen und Verletzungen das genau waren und weshalb ich mich für eine Abklärung im Spital entschieden hatte. Es ging überhaupt niemanden etwas an. Dass der Gedächtnisverlust für die Ärzte offenbar ein bekanntes Muster für K.-o.-Tropfen darstellte, war das Letzte, was der Kommunikationsberater der Journalistin noch sagte, bevor er das Gespräch beendete.

Der *SonntagsBlick* schrieb tags darauf: «Sex-Skandal von Zug – Grünen-Politikerin spricht von Verletzungen», «Mit Schmerzen ins Spital», «Am Morgen nach der verhängnisvollen Landammannfeier stellten die Ärzte bei Jolanda Spiess-Hegglin Verletzungen im Intimbereich fest».

Das war schon wieder falsch. Uns wurde schnell klar, dass dieser Artikel mit Schlagseite eine ziemlich schlechte Variante war, nur ein kleines bisschen besser als die ursprünglich von der Journalistin geplante. Sie schaltete dann noch eine Leser:innenumfrage auf mit der Frage: «Sollen die beiden Politiker all ihre Mandate vorübergehend niederlegen?» Ich habe die Umfrage nicht weiter verfolgt, kann aber vermuten, wie das Ergebnis ausfiel.

Einige Jahre später traf ich die Journalistin erstmals, anlässlich einer Preisverleihung, an der mir der FemBizSwiss-Award 2021 verliehen wurde. Nach der festlich-pompösen Preisübergabe gratulierte sie mir mit den Worten, dass es ihr von Herzen leidtue. Sie verdrückte ein paar Tränen.

Damals, kurz nach Veröffentlichung der Artikel, hatten sich die von dieser Journalistin zusammengetragenen Gerüchte aber noch hartnäckig gehalten. Während rund eines halben Jahres erhielt mein Kommunikationsberater immer wieder Telefonanrufe von Medienschaffenden verschiedener Redaktionen, auch von Chefredaktoren. Sie alle erkundigten sich in regelmäßigen Abständen, ob ich noch mit Reto zusammen sei. Denn «sehr vertrauenswürdige» oder «der Familie nahestehende» Quellen hätten sie, die Medienschaffenden, über die Trennung des Ehepaars Spiess-Hegglin informiert.

Was glauben Sie, ist auf dem Schiff und danach passiert?

Ich verlasse mich da eigentlich auf die Ermittlungsprotokolle. Dass meine Frau an einer Landammann-Feier wegen drei Gläsern Rotwein unbändige Lust auf einen Ratskollegen verspürt, halte ich allerdings für völlig absurd.

Reto Spiess gegenüber Hansi Voigt im Watson-Interview, 2017

Die erfundene Vorgeschichte

Gerade weil die Mediendynamik von damals heute wie aus der Zeit gefallen wirkt, habe ich mich schwergetan mit der Frage, wie ich nach zehn Jahren mit solchen Vorgängen, den verletzenden Aussagen von Protagonist:innen und all den sexistischen Titeln umgehe.

Während ich dieses Buch schreibe, muss ich mich fragen, ob man meine Geschichte versteht, ohne dass die mediale Gewalt von damals miteinbezogen wird. Um meine Geschichte nachvollziehen zu können, muss man nicht nur große Distanz schaffen, man muss einzelne Verletzungen als Teil des Ganzen sehen. Ich ging damals stets davon aus, dass sich jede Desinformation eher früher als später klären würde. Es stand für mich niemals zur Diskussion, Pressekonferenzen zu veranstalten. Damit hätte ich die Strafuntersuchung gefährdet und dazu beigetragen, dass sich die Kampagne ins Unendliche fortsetzt. Das wollte ich nicht. So wurden einige Falschinformationen gar nie korrigiert.

Es war zynisch, dass man mir ständig vorwarf, die Öffentlichkeit gesucht zu haben. Es schien, als ob meine Kritiker:innen die Vorgehensweise der Boulevardmedien nicht verstehen wollten. Als ob eine grundsätzliche Medienkompetenz und ein Verständnis für Empörungsmechanismen bei Menschen, die mich aus verschiedenen Gründen nicht ausstehen konnten, nicht vorhanden war. Dass etwa eine Titelsetzung mit Fragezeichen keine Informationsvermittlung war und Spekulationen oder Meinungsartikel nichts zur Klärung der Sache beitrugen, sondern stets noch mehr offene Fragen generierten, schien man nicht verstehen zu wollen. Stattdessen kommentierte man solche meist ohne mein Mitwirken entstandenen Artikel stets mit: «Gibt die denn nie Ruhe?»

Mehrmals wurden Zitate erfunden und mir in den Mund gelegt, was für Medienkonsument:innen tatsächlich schwer überprüfbar war. Kaum jemand behielt den Durchblick.

Ich hatte kein Interesse daran, mit den Medien zu reden. Das habe ich bis heute nicht, wenn so offensichtlich nicht die Wahrheitsfindung im Zentrum steht. Mir war wichtig, dass die Behörden ihre Arbeit erledigen konnten. Die gezielten Desinformationen, die fehlerhafte und sexistische Boulevard-Berichterstattung und das gelegte Feuer hatten jedoch zur Folge, dass es für die Strafuntersuchungsbehörden irgendwann unmöglich wurde, den Fall sorgfältig aufzuarbeiten. Ganz offensichtlich wollte man schnellstmöglich Ruhe haben. Dass meine Geschichte immer weiter gesponnen wurde und ich auch heute noch, nach zehn Jahren, in Gesprächen oder vor Gericht Vorgänge richtigstellen und mich rechtfertigen muss für Dinge, die ich nicht getan habe, ist vor allem das Werk jener, die kein Interesse daran hatten, dass sich all das je klären würde.

Es lohnt sich, die Berichterstattung um das Ereignis von Ende 2014 noch etwas differenzierter zu betrachten. Auch wenn *Blick* und der Ringier-Konzern ganz klar die Treiber einer monetär motivierten Jagd waren, möchte ich die Kampagne des Boulevard-Riesen für einen Moment ausblenden und die Geschichte der überbordenden Medien auf einer anderen Ebene beleuchten, abseits finanzieller Motivation und in Bezug auf gesellschaftliche Vorgänge.

Denn damit sich die *Blick*-Artikel über so lange Zeit so gut klickten und sich Jahre später die Zerstörungswut des größten Medienkonzerns der Schweiz – Tamedia – überhaupt erst entwickeln und entfalten konnte, brauchte es einen Nährboden. Dieser wurde in der Zeit nach der Landammannfeier von einer Lokalzeitung mit unheimlicher Nähe zu einem rechtspopulistischen Wochenblatt und ein paar Brandstiftern angelegt.

Brandstifter der ersten Stunde waren Leserbriefschreiber, Zeitungsreporter, gar Politiker, die den Kanton Zug regieren. Medienkonsument:innen und andere, mit der Zeit zunehmend politische Akteure, duldeten die Treibjagd, ließen zu, dass Protagonist:innen das Vorgefallene für sich und ihre Sache instrumentalisierten. Man bestand darauf, dass jeder und jede mitreden soll, selbst dann, als die Diskussion längst nichts mehr mit einem im Raum stehenden Sexualdelikt zu tun hatte. Angriffe auf die beiden Betroffenen und ihre Familien wurden nicht etwa verurteilt, im Gegenteil, es wurde vorzu Zündstoff geliefert, während alles schon lichterloh brannte. Und offenbar amüsierte man sich darüber. Ich verstand das lange nicht, verlor mich in Details und fixierte mich zu sehr auf Einzelpersonen, eigentlich jedes Mal, wenn ich an eine Aufarbeitung dachte. Wahrscheinlich brauchte ich deshalb so unendlich viel Zeit, bis ich alles aufschreiben konnte. Heute haben sich mir die Zusammenhänge erschlossen.

Doch lassen Sie mich etwas ausholen. Für Außenstehende scheint mir wichtig, auszuführen, dass der Kanton Zug zwar an Zürich grenzt, doch keinesfalls mit seinem Nachbarkanton zu vergleichen ist. Zug ist in vielerlei Hinsicht ein spezielles Pflaster.

Die Stadt Zug, das idyllische, vermeintlich weltoffene, aber eigentlich stockkonservative Wirtschaftskaff am malerischen Zugersee, ist eine Steueroase wie aus dem Bilderbuch. Hier, wo Schröders Nordstream 2 beheimatet war, brummt die Wirtschaft. Die hier stattfindende Hightech-Revolution fußt auf dem Grundsatz, dass in Zug immer noch niemand so genau wissen muss, wem eine hier angesiedelte Firma wirklich gehört. In der reichsten Stadt beziehungsweise im reichsten Kanton der Schweiz wird ein Fünftel des weltweiten Rohstoffhandels abgewickelt, während der ehemalige städtische Finanzdirektor eine mehrjährige Gefängnisstrafe wegen Veruntreuung und Geldwäscherei absitzt.[4] Leerwohnungen gibt es hier kaum mehr und Wohneigentum kann man eigentlich vergessen – zu teuer. Im benachbarten Kanton Aargau gibt es jetzt aber neuerdings sogenannte Zuger Siedlungen, erschwingliches Wohneigentum für die Zuger Durchschnittsfamilie.[5] Die Steuertöpfe in Zug sind übervoll, jedes Jahr wird aus dem altehrwürdigen Regierungsgebäude aufs Neue vermeldet: Rekordüberschuss! Letztes Jahr war es eine knappe halbe Milliarde an Fiskalerträgen. Und doch beklagt man sich über den an den interkantonalen Finanzausgleich zu leistenden Betrag, der Finanzdirektor spricht gegenüber der Presse von «Neidgenossen».[6] Das überschüssige Geld[7] wollte er gerne in zwei Tunnels investieren, doch die Bauprojekte wurden an der Urne abgelehnt. Jetzt überlegt man sich, was man mit all dem Geld anstellen könnte, einmal hatte jemand die Idee einer Ski-Halle,[8] dann einigte man sich auf die Senkung der Krankenkassenprämien.[9] Auch einen neuen Bahnhof gibt es schon, zur Gestaltung des Bahnhofplatzes steuerte der von der Bundesanwaltschaft wegen Korruption in der Republik Kongo verurteilte[10] Rohstoff-Riese Glencore ein paar Millionen Franken bei. So ist das hier. Außerdem gibt es ganz viele Briefkästen und Personen, die diese Briefkästen leeren, in bürgerlichen Parteien ein konservatives Weltbild vertreten und sich wöchentlich im «Ochsen» oder in der «Wirtschaft Brandenberg» im Rotary Club treffen. Rotarier:innen, so steht es im Ehrenkodex geschrieben, müssen sich stets so verhalten, dass sie das Ansehen anderer Mitglieder dieser Vereinigung nicht beschädigen.[11] Es soll so bleiben, wie es ist. Es ist ja auch gut so. Für sie und für Zug.

Zug ist auch bekannt für seine Kirschen und den daraus gewonnenen Schnaps. Für Mitglieder des Kantonsparlaments und des Regierungsrats ist der ausgezeichnete Zuger Kirsch an Sitzungstagen zum Mittagessen deshalb offeriert. Dieses Supplement haben die Parlamentarier:innen dem langjährigen Chef der SVP-Fraktion zu verdanken, der im Rat feurig für die Abschaffung des Geldwäschereigesetzes kämpfte und inzwischen wegen Geldwäschereiverdachts international zur Verhaftung ausgeschrieben ist.[12] Nicht ganz so arg lotete der ehemalige SVP-Kantonsratspräsident und Bauunternehmer die Grenzen der Justiz aus: Kurz vor seiner damaligen Aufforderung an mich, ich solle als mögliches Opfer einer Sexualstraftrat von meinem politischen Amt zurücktreten, baute er ohne Bewilligung sein Ferienhaus um, was ein Strafverfahren nach sich zog.[13] Die illegalen Bauten musste er wieder abreißen.

Das ist Zug. Und dort herrschte Ende 2014 und in den folgenden Jahren eine irritierende Einigkeit darüber, dass sicher niemand an einem ehrwürdigen Anlass wie der Landammannfeier Drogen angeschleppt habe.

Im Kanton Zug stand nach dieser Feier das Anliegen, möglichst schnell einen Sündenbock zu finden, im Zentrum aller Bemühungen. Und das ging so:

In der ersten gedruckten Ausgabe nach der Landammannfeier standen in der *Zuger Zeitung*, die im Kanton eine Monopolstellung innehat, Schuldzuweisungen gegen den SVP-Politiker und mich, noch bevor sich die Staatsanwaltschaft überhaupt einen Überblick über die Situation verschaffen konnte. Später spielte der SVP-Politiker in den Artikeln nur noch eine untergeordnete Rolle. Bei ihm ging es um sein Amt, die Partei und Politik, bei mir um mein Aussehen, mein angeblich auffälliges Verhalten und um mögliche Männergeschichten.

Es schien sehr wichtig, mich hier in meinem Heimat- und Wohnkanton als unmögliche Person zu zeichnen, sodass ich möglichst den Rückhalt meines Umfeldes verlor. Es war eine Treibjagd. Die Krönung wäre wohl gewesen, wenn Reto mich verlassen hätte. Entsprechende Artikel der *Zuger Zeitung*, aber auch der *Weltwoche* zeigen, dass das nicht bloß eine vage Idee war, sondern dass das Gerücht munter gestreut wurde. Die enge Zusammenarbeit der *Weltwoche* mit dem SVP-Politiker in der entsprechenden Berichterstattung ist inzwischen belegt und der stellvertretende Chefredaktor rechtskräftig wegen übler Nachrede verurteilt.[14]

Als nach den Festtagen erstmals wieder Zeitungen erschienen, zitierte die *Zuger Zeitung* den neuen Landammann. Seine Feier sei durch das Fehlverhalten zweier Kantonsräte entwürdigt worden, sagte er im Interview und distanzierte sich von den Vorfällen. Der neu gewählte SVP-Landammann hätte als Regierungsoberhaupt auch verantwortungsvoll an die Medien appellieren können, mit den Spekulationen aufzuhören und die Untersuchungen abzuwarten. Sein Parteifreund, der neu ernannte Kantonsratspräsident aus Walchwil, zog mit. Die beiden SVP-Männer hatten kommunikativ denselben Fokus:

> «Ich war geschockt, als ich vom Vorfall im Restaurant Schiff erfahren habe. Es enttäuscht mich sehr, dass die Landammannfeier für so etwas missbraucht worden ist. Ich finde, dass beide Beteiligten aus dem Vorfall ihre Konsequenz ziehen müssen und sich aus der Politik zurückziehen sollten. Aufgrund ihrer Vorbildfunktion ist der jetzige Zustand moralisch absolut nicht haltbar.»

Interview mit Kantonsratspräsident in der Zuger Zeitung, 5. Januar 2015

Die *Zuger Zeitung* legte ihren Fokus fortan auf die «Zuger Sex-Affäre». In der ersten gedruckten Ausgabe nach den Feiertagen, gleich nach dem Interview mit dem Landammann, kam der damalige Chefreporter der

Zuger Zeitung in Fahrt. Er füllte mit seinem Artikel[15] in für eine Zeitung seltsamer Sprache und ohne Quellenangaben eine ganze Seite, einige Auszüge daraus möchte ich hier auflisten:

> *«Die beiden klebten den halben Abend aneinander wie zwei frisch Verliebte.»*

> *«Die versammelte Zuger Politprominenz schüttelte ob des Auftritts der beiden unisono den Kopf.»*

> *«‹Seid ihr zwei ein Paar?› Dies fragte denn auch ein Kantonsrat die beiden ganz direkt, wie er unserer Zeitung gegenüber ausführt.»*

> *«Dort ist auch ein Nebenzimmer, wo es zum erweiterten Techtelmechtel gekommen sein soll. Doch schon zuvor im Gang sollen die beiden geknutscht haben, sagen Zeugen, die die Toilette aufgesucht hatten.»*

> *«Zahlreiche am Fest anwesende Parlamentarier fassten mit Blick auf den Vorfall ihr Unverständnis sinnesgemäss [sic] so zusammen: «Es ist einfach unglaublich, dass sich zwei Erwachsene nicht im Griff haben und sich wie Jugendliche an der Schulabschlussparty benehmen.»*

«Ein wilder Abend mit bitteren Folgen», Zuger Zeitung, 27. Dezember 2014

Der Artikel war eigentlich ein subjektiver Erlebnisbericht, den der Reporter mit seinen eigenen Schnappschüssen bebilderte. Auf den Fotos sieht man mich zusammen mit dem SVP-Politiker, einmal posierend, einmal diskutierend, jeweils mit einem Weinglas in der Hand. Die Bilder zeigen wenig Konkretes, lassen aber viel Raum für Interpretationen. Ist das nicht seine Hand, die mich umschlingt? Wirke ich auf dem einen Bild nicht leicht beschwipst? Jahre später erfuhr ich von Medienschaffenden, dass der Reporter an diesem Abend ein regelrechtes Arsenal von Fotos von mir angefertigt hatte und daraus kein Geheimnis machte. Wieso er sich bereits bei dieser Feier so auf mich fokussierte, weiß ich bis heute nicht.

Die Kommunikation der Staatsanwaltschaft in den ersten Tagen nach der Feier goss sicher Öl ins Feuer der polarisierenden Meinungsbildung. Eine Polizeisprecherin erklärte in mehreren Zeitungen, dass «reichlich Alkohol geflossen» sei.[16] Diese Aussage wurde von Lesenden naheliegenderweise auf mich bezogen, obwohl sie wenig mit mir zu tun hatte. Der Scheiterhaufen brannte schnell, und die Brandstifter sorgten in den folgenden Wochen und Monaten zuverlässig dafür, dass das Feuer nicht ausging. Die *Zuger Zeitung* konzentrierte sich von Beginn an darauf, meine Glaubwürdigkeit zu untergraben und das Bild des betrunkenen Partyluders zu festigen.

In der zweiten Printausgabe nach der Landammannfeier geschah etwas, was für die weitere Entwicklung der Geschichte und die öffentliche Meinung mir gegenüber entscheidend war. Kantonsräte, die anonym bleiben wollten, ließen sich vom Reporter der *Zuger Zeitung* mit der Aussage zitieren, dass bereits zwei Tage vor der Feier an einem anderen offiziellen Anlass eine Annäherung zwischen mir und dem SVP-Politiker stattgefunden haben soll: an der Kantonsratspräsidentenfeier in Walchwil.

> *«Techtelmechtel an Präsidentenfeier: die Affäre nahm bereits am 18. Dezember ihren Anfang.»*
>
> *«Am Abend und an der Feier zu Ehren des neuen Kantonalratspräsidenten (...) in Walchwil sprang offensichtlich der Funke zwischen den beiden, die frisch in den Kantonsrat gewählt wurden. ‹Sie sind sich dort schon sehr nahegekommen›, berichten andere Kantonsräte, die anwesend waren.»*
>
> «Es funkte schon früher», Zuger Zeitung, 28. Dezember 2014

Nur war ich gar nicht an dieser Feier in Walchwil gewesen. Reto und ich hatten an diesem Abend die Vorspeise für unser Weihnachtsmenü ausprobiert: Schwarzwurzelsuppe. Sie war nicht so lecker, weil es im Supermarkt bloß Schwarzwurzeln aus der Dose zu kaufen gab. Ich dementierte also diese Falschmeldung in einem Facebook-Post, Medienschaffende mochte ich nicht anrufen. In der *Zuger Zeitung* vom Folgetag konnte man mein Dementi in einem Nebensatz suchen, richtiggestellt wurde die Sache nicht. *Blick* brachte die Walchwil-Geschichte ebenfalls, prominent auf der Titelseite. Bis heute wurde diese Falschmeldung nie korrigiert.

Für die Klärung und Richtigstellungen von Falschinformationen der *Zuger Zeitung* sorgte jeweils *Zentralplus*. Gegenüber dem Zentralschweizer Onlineportal sagte ein SVP-Parlamentarier, der anonym bleiben wollte, selbst nach meinem Dementi noch:

> *«Nach meiner Erinnerung habe ich sie gesehen. Sie sass am selben Tisch wie auch der grosse Polizist, der uns jeweils bewacht.»*

«Vom potenziellen Opfer zur Täterin gestempelt», Zentralplus, 31. Dezember 2014

Es wäre für jeden Medienschaffenden ein Leichtes gewesen, meine Nichtanwesenheit an dieser Präsidentenparty in Walchwil einfach bei den Organisatoren bestätigen zu lassen und die Meldung richtigzustellen. Könnte man meinen. Doch der Organisator der Feier, der damalige CVP-Gemeindepräsident, antwortete auf die zwecks Klärung gestellte Medienanfrage[17] von *Zentralplus* am 31. Dezember 2014 bloß: «Wir werden keine Informationen zu den Anmeldungen und zur Sitzordnung veröffentlichen. Ich hoffe auf Ihr Verständnis.»

Cui bono?

Der damals beschuldigte SVP-Politiker schwieg zur Falschmeldung. In der Medienmitteilung seines Anwalts war kein Wort von dieser Walchwil-Geschichte zu lesen. So setzte sich das Bild der durchtriebenen Festbankkhenne rasch durch. Da alles, was passiert und nicht passiert war, von den Medien in den Tagen nach Weihnachten zu einem Orkan aufgeblasen wurde und mir ob der Ereignisse die Fähigkeit, klar zu denken, abhandengekommen war, blieben etliche weitere Falschmeldungen unwidersprochen.

Für meine Geschichte war diese Desinformation, basierend auf einer bewusst gestreuten Lüge, ein zentrales Element. Wem die Lüge nützte, war offensichtlich. Mich trieb lange Zeit die Frage um, wer diese falsche

Fährte gelegt hatte. Inzwischen weiß ich es. Ein damals involvierter Journalist hat mir einige Zeit später den Informanten seiner Redaktion genannt. Es war ein SVP-Kantonsrat, ein Fraktionskollege des damaligen Beschuldigten, der proaktiv mehrere Medien kontaktiert hatte.

Viel später stufte man den damaligen Chefreporter der *Zuger Zeitung*, der sich in seiner Berichterstattung über mich festgebissen hatte, zum Reporter zurück, und er wurde für ein paar Monate nach Luzern strafversetzt. Über mich schreiben durfte er nie mehr, was in Zug dazu führte, dass fortan viel sachlicher über mich berichtet wurde. Der Reporter konzentrierte sich auf jene Kanäle, die ihm noch blieben: Twitter und Facebook. Dort äußerte er sich noch hemmungsloser zu meiner Person.

Heute arbeitet er nicht mehr bei der Zeitung. Er wurde, als die Zeitung eine Reihe von Entlassungen aussprechen musste, von einem Regierungsrat zum Medienbeauftragten einer kantonalen Direktion berufen. Ein lustiger Zufall vielleicht. Bei der kantonalen Verwaltung verbrachte er seine letzten Jahre vor der Pensionierung.

Die damalige Schreibe der *Zuger Zeitung* war nicht besser als jene des *Blicks*, nur anders. Und gleichzeitig war es die geeignete Plattform für wütende und oft justiziable Leserbriefe. Jeden Tag waren der Leserbriefseite Aussagen wie diese hier zu entnehmen: «Auch das Füllen der Lampe muss gelernt werden, Frau Spiess», «Durch Ihr Verhalten haben Sie uns Zahlern genug Steuergelder aus den Taschen gezogen. Treten Sie jetzt endlich zurück. In der Politik kann Sie seit Ihrer Affäre im Dezember 2014 niemand mehr ernst nehmen. Mit dem Festklammern an Ihren Ratssitzen setzen Sie sich berechtigtem Gespött aus.» Das war harte Kost. Ich versuchte, nicht daran zu denken, wie es meinen Eltern beim Lesen erging. Seit über fünfzig Jahren haben sie die *Zuger Zeitung* abonniert und studieren sie jeden Morgen.

Ein ehemaliger FDP-Kantonsrat aus ihrer Wohngemeinde schrieb einmal:

> *«(...) solange selbst unsere Zuger Gesundheitspolitiker, namentlich (...) und Jolanda Spiess-Hegglin, im Kantonsrat als schweizweit bekannte Grössen fürs Komasaufen als Vorbild herhalten. Statt endlich hinzustehen und insbesondere den jugendlichen Komasäufern*

zu sagen: Seht her, Komasaufen führt dazu, dass man Dinge tut, an die man sich nicht mehr erinnern kann oder will und die man nicht hätte tun sollen. Dinge, die das eigene Ansehen ruinieren, Freundschaften zerstören und die Karriere versauen. Aber nein, stattdessen wird weiter in der Gesundheitskommission politisiert und Lügengebilde konstruiert, um das eigene Fehlverhalten zu kaschieren.»

Leserbrief, Zuger Zeitung, 27. Oktober 2015

Die während dieser Zeit unzähligen gedruckten Leserbriefe publizierte man offensichtlich ohne juristische Prüfung.

Irgendwann erschien einer, der nicht nur beleidigend war, wie die meisten anderen. Der Autor, ein weiterum bekannter, rechter Leserbriefschreiber, setzte ein Gerücht in die Welt:

«(...) Ich habe zufällig ein Gespräch mitgehört. Ein guter Bekannter der Familie Spiess-Hegglin soll im Schiff anwesend gewesen und Zeuge von parteiübergreifenden Küssen geworden sein, und er habe den Gatten von Jolanda Spiess-Hegglin telefonisch informiert. Mehr habe ich nicht hören können. Angriff soll die beste Verteidigung sein. Ist Frau Spiess in einen Konter gelaufen – oder hat sie bloss ein Eigengoal geschossen?»

Leserbrief, Zuger Zeitung, 10. Februar 2015

Reto besaß zu dieser Zeit noch kein Mobiltelefon, wir teilten uns ein Gerät und eine Nummer. Und auf dem Festnetz gab es an diesem Abend nachweislich keinen Anruf, auch keinen versuchten. Am Vortag der Publikation dieses Leserbriefs, also am 9. Februar 2015, stellte der Rechtsvertreter des Beschuldigten bei der Staatsanwaltschaft einen Beweisantrag, in dem er verlangte, dass Retos Telefondaten ausgewertet werden. Er begründete seinen Antrag mit der These, es wäre naheliegend gewesen, wenn Reto von einem Bekannten telefonisch darauf hingewiesen worden wäre, dass «seine Frau einen Fehler» begehe und er sie abholen solle. «Aufgrund dieser Sache sei der eifersüchtige Gatte dann bereitgestanden, worauf es zu einer Auseinandersetzung gekommen sei», führte der Rechtsvertreter des Beschuldigten seine Geschichte weiter aus.

Ob das Huhn – die Geschichte des Leserbriefschreibers – oder das Ei – der Beweisantrag – zuerst da war, ist nicht übermittelt. Dieses Gerücht des angeblichen Telefonanrufs eines Bekannten für Reto wurde von Medien jedenfalls laufend weitergesponnen. Die *Weltwoche* fasste daraufhin unter der Überschrift «Unsanft empfangen»[18] den Beweisantrag des Anwalts und das Gerücht pointiert zusammen:

> *«Im sogenannten Zuger Sexskandal sind pikante Neuigkeiten zu vermelden. Der Ehemann von Jolanda Spiess-Hegglin soll von einem Augenzeugen über ihre Romanze mit SVP-Politiker noch während der vielbesprochenen Landammannfeier telefonisch benachrichtigt worden sein. Entsprechend unsanft wurde sie zu Hause von ihrem Mann empfangen.»*
>
> Stv. Chefredaktor der Weltwoche, 12. Februar 2015

Kurz darauf wurde von der *Weltwoche* außerdem vermeldet, mein Mann sei mit den Kindern aus der gemeinsamen Wohnung ausgezogen.[19] Für beide Behauptungen gab es keine Anhaltspunkte.

Die Vorkommnisse von 2014 wurden durch die *Weltwoche*-Berichterstattung nicht nur zu einer politischen Auseinandersetzung zwischen links und rechts, sondern auch zu einer Angriffsserie von ewiggestrigen, engstirnigen Männern gegen eine Frau, die nicht verstummen wollte. Doch das rechtskonservative Wochenblatt war schon früher mit eigenen Thesen aufgefallen. Zwei Wochen nach der Landammannfeier veröffentlichte der Vizechef der *Weltwoche* seinen ersten Artikel[20] dazu. Ohne Abklärungen bei den Akteur:innen konstruierte er auf der Basis einzelner Dokumente, die er gemäß einer Aktennotiz der Staatsanwaltschaft vom SVP-Politiker bekommen hatte, einen hypothetischen Ablauf des Abends. Demnach sollte ich die Geschehnisse geplant haben, um den SVP-Mann politisch auszuschalten und danach die Geschichte den Zeitungen zu stecken. Auf diesen Artikel in der *Weltwoche* folgten in der *Zuger Zeitung* eine Reihe wütender Leserbriefe. An vorderster Front empörte sich ein bekannter Zuger Bauunternehmer aus der SVP, ein guter Freund des Landammanns. Gestützt auf die «Enthüllungen» der *Weltwoche* forderte er meinen sofortigen Rücktritt und lieferte damit gleich ein erschreckendes Beispiel von mangelnder Medienkompetenz und blindem Parteifanatismus.

Es war dieser Bauunternehmer, der an der Landammannfeier die Laudatio für den frisch gebackenen Landammann hielt. Während dieser Rede kurz vor Weihnachten 2014 entgleiste er mit einem geschmacklosen Witz über den hypothetischen Tod von Altbundesrätin Eveline Widmer-Schlumpf:

> *Fragte eine Lehrerin im Schulhaus Herti ihre Schüler, was denn ein Trauerfall sei.*
>
> *Sagt der erste Schüler: «Wenn ich meinen Geldbeutel verliere.»*
>
> *«Nein», meinte die Lehrerin. «Dies nennt man Verlust.»*
>
> *Sagt der nächste Schüler: «Wenn es ein Loch in unserem Dach hat und es reinregnet.»*
>
> *«Nein», sagt die Lehrerin, «dies nennt man einen Schaden.»*
>
> *Sagt der dritte Schüler: «Wenn Eveline Widmer-Schlumpf unters Tram käme und sterben würde.»*
>
> *«Richtig», sagt die Lehrerin. «Das wäre ein Trauerfall, aber kein Schaden und kein Verlust.»*

Originalauszug aus der Laudatio, Landammannfeier, 20. Dezember 2014

Nach der Rede gab es Protest. Mehrere National- und Ständeräte verließen die Feier deswegen, vor den Augen des Reporters der *Zuger Zeitung*. Als ich das beobachtete, war ich mir sicher, dass diese Entgleisung der Laudatio das Potenzial zu einem Skandal von nationaler Tragweite haben würde. Die Schlagzeile schien vorprogrammiert, ich hätte darauf gewettet. Ich täuschte mich. Mit keinem Wort wurde die Rede danach in irgendeiner Zeitung erwähnt.

Aber manchmal haben Sie doch sicher Ihre Zweifel?

> Wir sind seit 11 Jahren verheiratet und seit 14 Jahren ein
> Paar. Treue ist bei uns so zuoberst, dass es schon langweilig
> ist. Der Vorfall ereignete sich ohne jede Vorgeschichte.
> Ich hatte nie etwas mit einer anderen und Jolanda hat nicht
> einmal einen Zweifel bei mir wachsen lassen in all den
> Jahren. Diese solide Basis ist ausschlaggebend, dass ich nicht
> eine Sekunde das Vertrauen verloren habe. Ausserdem
> hatte ich vom ersten Moment an immer Einsicht in jedes
> Detail der Vernehmungsakten. Ich habe keinen Zweifel.
> Weder an meiner Frau noch an ihrer Version der Geschehn-
> nisse. Ausserdem hätte sich Jolanda keinen Rechtsaussen
> an der Landammann-Feier geangelt.

**Aber laut «Zuger Zeitung» wurden Ihre Frau und der
SVP-Politiker schon zwei Tage vorher zusammen gesehen ...**

> ... und hat gleichzeitig mit mir zusammen eine Schwarz-
> wurzelschaum-Suppe gekocht, die übrigens nicht auf
> Anhieb gelang. Der Zeitungsbericht fusste auf einer blanken
> Lüge. Genau wie die spätere Behauptung, wir hätten uns
> getrennt.

Reto Spiess gegenüber Hansi Voigt im Watson-Interview, 2017

Das Klageweib

Ein paar Tage waren seit der Landammannfeier vergangen. Ich hatte mich psychisch noch nicht stabilisiert, dann brach die medial gewaltvollste Zeit an. Eine Zeit der überbordenden Medien, wie sie sich nur vor #MeToo ereignen konnte. Als in Schweizer Medienerzeugnissen bereits mehr geschrieben worden war, als man je hätte wissen können, wurden bald schon die ersten Artikel mit sexistischer Schlagseite publiziert. Kommentare und Texte, die auf mich als Frau abzielten, wurden nicht mehr nur geduldet, sie wurden zur neuen Normalität. Zu Beginn der Ermittlungen aufgrund eines vermuteten Sexualdelikts las man im Ringier-People-Heft *Schweizer Illustrierte*:

> *«Auf den ersten Blick fragt man sich, was Ihnen als Grünen-Kantonsrätin peinlicher ist: die erotische Anbändelei von zwei angetrunkenen Erwachsenen, die zu verunglücktem Sex geführt hat. Oder die Tatsache, dass der Mann ausgerechnet Präsident der SVP ist, für Grüne so etwas wie der politische Teufel? Wie dem auch sei, ob Sie nun freiwillig mit dem Gegner im Bett lagen oder nicht, halten Sie sich künftig an die Parteidisziplin: nur noch mit Männern aus dem gleichen Lager anbandeln. Ein Sozi mag noch durchgehen. Sonst entsteht nämlich noch der Eindruck, dass SVP-Männer attraktiv und sexy seien – selbst für attraktive grüne Frauen.»*

Die Rothenbühler Kolumne, Schweizer Illustrierte, 29. Dezember 2014

Was heute innert Kürze mindestens einen mittelgroßen Shitstorm auslösen würde, generierte Ende 2014 bei niemandem auch nur ein leises Hüsteln.

Auch der *Tages-Anzeiger* zog mit und schaltete sich in die damalige Berichterstattung ein.[21] Die Journalistin, die Jahre später ein Buch über die Vorkommnisse publizieren würde, schrieb unter anderem:

«Eine Grüne und ein SVPler bechern auf einer politischen Feier so lange zusammen, bis es in den späten Abendstunden im Nebenzimmer zum Quickie kommt.»

«(...) weil sie sich zwar an nichts erinnern will, ihn aber trotz öffentlichen Flirtens und Becherns nun plötzlich der Schändung verdächtigt.»

«Keine klaren Grenzen», Tages-Anzeiger, 6. Januar 2015

Selbst in den unverdächtigsten Unterhaltungssendungen war die «Zuger Sex-Affäre» ein Schenkelklopfer. An einem Freitagmorgen Anfang 2015 ertönte aus dem kleinen Radio auf unserer Waschmaschine die Satire-Sendung «Zum Glück ist Freitag» von *SRF 3*. Während der fünfminütigen Sendung imitiert ein Komiker die Stimmen von Prominenten, der Moderator stellt die passenden Fragen zum aktuellen Geschehen. Nach ein paar Minuten Sendung kommt das Thema Landammannfeier auf:

Moderator, Übersetzung: «Komische Sachen passieren in der Schweiz, in Zug: eine grüne Politikerin und ein SVP-Politiker seien sich an einem Apéro im Restaurant Schiff sehr nahe gekommen. Und danach weiß man nicht so recht, was passiert ist: K.-o.-Tropfen, wer hat mit wem und wie und überhaupt, es läuft eine Untersuchung. Weiß irgendwer aus unserer Runde vielleicht mehr? Bachelor Vujo?»

Vujo Gavric (Bachelor 2013, imitierte Stimme): «Ääh, tschau zemme, äch bän de Bätscheler, äch mues säge: cooli Sach. Wänn es nöis Date bruchsch muesch eifach z Zug is äää Parra... Prowa... ...muesch eifach i Zug i Politik gah.»

(Hallo zusammen, ich bin der Bachelor, ich muss sagen: coole Sache. Wenn du ein neues Date brauchst, beginne einfach in Zug mit Politik.)

Moderator: «Die Sachlage ist ääää sehr verworren und auch ein bisschen komisch: extrem Links schmust mit dem rechten Flügel.

Politisch formuliert: Grün trifft auf den Right-Wing. Hätte es früher nie gegeben, Jean Ziegler?»

Jean Ziegler (Politiker, imitierte Stimme): «Das ist keine Right-Wing-Party, sondern eine Right-SWING-Party in diesem Kanton Zug, EIN SKANDAL IST DAS, EIN SKANDAL!»

Moderator: «Kommt schon, Insider aus dieser Runde, hier wird doch irgendwer mehr wissen. Sonst fragen wir den Grandseigneur aus der Politik, Ständerat und Gesundheitspolitiker Felix Gutzwiler?»

Felix Gutzwiler (Politiker, imitierte Stimme): «Aus der Sicht der Präventivmedizin empfehlen wir allen, die nicht wissen, wie sich Alzheimer anfühlt, einen Abend im Restaurant Schiff in Zug.»

*(Jingle) ***ZUM GLÜCK ISCH FRITIG****

Zum Glück ist Freitag, SRF 3, 9. Januar 2015

Was für ein Start ins neue Jahr. Ich dachte lange darüber nach. Die Kinder haben – ich glaubte und hoffte es – darüber hinweggehört. Wir stellten das Radiogerät auf einen anderen Sender ein.

Nach einer Reihe weiterer irritierender und verstörender Texte und Sendungen versuchte irgendwann niemand mehr, den Sexismus zu verstecken. Witze und Späße über die «Zuger Sex-Affäre» gehörten bald zu jedem Gaudi dazu. An fast jedem Fasnachtsumzug im Kanton gab es einen Fasnachtswagen[22][23] zum Thema, man vergnügte sich damit, über «das neue Liebespaar» zu spotten. Das Arosa-Humor-Festival nominierte mich und den SVP-Politiker für seinen jährlichen Humorpreis.[24] Ich war so irritiert, dass ich den Veranstalter anrief und ihn fragte, ob das sein Ernst sei. Er glaubte mir nicht, dass ich die «echte» Jolanda Spiess bin. Als ich die Angelegenheit klären konnte, schickte er mir für die Kinder ein signiertes Kinderbuch und wollte als Wiedergutmachung die ganze Familie nach Arosa zum Skifahren einladen. Wir lehnten dankend ab.

Irgendwann erfuhr ich durch einen Zufall, dass für die Aufführung des Theaters Arth extra eine «Sex-Skandal»-Pointe einstudiert wurde. Das Theater ist ein weitum bekanntes Laientheater, das einen festen Platz in der Jahresplanung meiner Eltern hat. Sie kaufen sich jedes Jahr Karten und freuen sich bereits Wochen vorher auf diesen Abend. Ich rief den Verantwortlichen der Theatergruppe an, stellte mich vor und bat darum, wenigstens an dieser einen Aufführung, für die meine Eltern und ihre Freunde Tickets gekauft hatten, auf die Pointe zu verzichten. Man entschuldigte sich und ließ die Szene weg.

Als die Moderatoren einer Late-Night-Show, die wir uns jeden Sonntagabend anschauten, im Schweizer Fernsehen in Bezug auf den Kanton Zug einen K.-o.-Tropfen-Witz rissen, setzte ich einen Tweet ab, in dem ich fragte, ob es ihnen eigentlich noch gut gehe. Im nächsten *Blick*-Artikel war meine Empörung das Thema, nicht etwa der Vergewaltigungswitz. Kurz darauf bot die SVP an einer Wahlparty auf der Getränkekarte einen «K.O.-Tropfen-Shot» an. *Blick* fragte im Onlinevoting: «Die SVP Schweiz hat sich mit den ‹K.O.-Tropfen Shots› einen Fauxpas geleistet. Oder etwa nicht? Was ist eure Meinung?» Das Publikum tobte.

Anfang März rollte mit der Kommunikation der Staatsanwaltschaft über das negative Ergebnis der Haaranalyse eine weitere Medienwelle an. Nun kippten auch die bisher meist sachlich berichtenden Zeitungen.

«Ein Kanton übt sich im Fremdschämen», titelte die *NZZ* einen Kommentar eines langjährigen Redaktors. «Die Affäre um zwei Zuger Politiker wird von Tag zu Tag peinlicher», «Zuger Schnapsdrosseln», «Saufgelage, bei dem gewisse Kantonsräte ihre Libido nicht unter Kontrolle halten konnten», hieß es weiter.[25] Auch dieser Artikel steht heute für den damaligen Zeitgeist. Als ich Erich Aschwanden, den Journalisten, der den Artikel geschrieben hatte, Jahre später an der ersten Gerichtsverhandlung gegen den Ringier-Konzern erstmals sah, kam er vor den Augen anderer Medienschaffender ohne Zögern auf Reto und mich zu, streckte uns die Hand entgegen und bat für diesen Artikel um Entschuldigung. Er, Erich Aschwanden, hätte mit mir sprechen müssen, und es sei falsch gewesen, auf den Zug der Boulevardmedien aufzuspringen. Ich war sprachlos, denn diese Entschuldigung fand ich stark.

Auch zwei Journalistinnen betrieben nun in der *NZZ am Sonntag* sowie im *Tages-Anzeiger*, den führenden Printmedien, Täter-Opfer-Umkehr: «Die grüne Zuger Politikerin Jolanda Spiess-Hegglin schadet den Frauen, in deren Namen sie spricht», stand da.

Das Fatalste war tatsächlich, dass kaum je ein:e Journalist:in mit mir sprach. Kaum ein Medienschaffender verifizierte Informationen bei mir, was auch damit zu tun hatte, dass ich schwer zu erreichen war und Medienanfragen nicht beantwortete. Das ist aber kein Freipass für schlechten Journalismus. So wich man oft auf Meinungsbeiträge aus, die gemäß Leitlinien des Journalistenkodex die Kontaktaufnahme mit mir als Protagonistin nicht zwingend voraussetzen; mit dem Resultat, dass misogyne Gedankengänge und wilde Spekulationen von Medienschaffenden ihren Platz in der Schweizer Qualitätspresse fanden.

Wäre es aus heutiger Sicht besser gewesen, ich hätte Medienanfragen beantwortet, und hätte ich so die schlimmsten Spekulationen im Keim ersticken können? Kaum. Man hätte mir dann einfach noch vehementer vorgeworfen, ich wolle mich selbst im Rampenlicht sehen.

«Das Klageweib»,[26] titelte ein renommierter und sonst für seine stets treffenden Analysen bekannter Tamedia-Journalist Monate später wiederum im *Tages-Anzeiger*. «Warum redet Jolanda Spiess-Hegglin immer weiter?», fragte er im Lead seines Artikels. Weder sprach ich jemals mit diesem Journalisten noch kommunizierte ich ständig, wie er es darstellte. Ich nutzte lediglich meine Social-Media-Kanäle für Korrigenda und private Interaktionen. Dass er es so darstellen wollte, als teilte ich übermäßig Informationen aus der Strafuntersuchung mit der Öffentlichkeit, war bestimmt nicht ohne Absicht. Dieser Artikel war die finale Aufforderung, dass ich endlich schweigen solle – ohne dass mich ein Medium davor ernsthaft hätte zu Wort kommen lassen. Da stets dieselben Medienschaffenden auch Jahre später meine angebliche Geschwätzigkeit mantraartig wiederholten, wurde dieser Vorwurf in einem Gutachten untersucht. Prof. Dr. Vinzenz Wyss, Professor für Journalistik an der ZHAW in Winterthur, kam im Rahmen meiner späteren gerichtlichen Auseinandersetzung mit der *Tages-Anzeiger*-Journalistin zu folgendem Schluss, nachdem er die Artikel studiert hatte, mit denen dem Gericht hätte bewiesen werden sollen, dass ich selbst für die Medienkampagne verantwortlich war:

> *«Die Beispiele zeigen jedoch auch, wie wichtig eine aussermediale Medienkritik ist, wenn ein medienethisch bedenklicher Medienhype von den Medien vorangetrieben wird, die selbst mediale Medienkritik unterlassen, weil sie im Glashaus der Branche sitzen, die es zu kritisieren gäbe oder weil eigene blinden* [sic] *Flecken und Selbstbeobachtungsfallen im Weg stehen.*
>
> *(...)*
>
> *Es trifft nicht zu, dass die Gesuchstellerin durch ihr medienkritisches Auftreten selber den Schutz der eigenen Intimsphäre ihrer Mission untergeordnet hat. Der Argumentation, dass die Gesuchstellerin selbst dafür verantwortlich sei, dass zuvor persönlichkeitsrechtlich Geschütztes nun der Gemeinsphäre zugeordnet werde, ist nicht nachvollziehbar.»*
>
> *Gutachten zur Argumentation eines selbstverschuldeten Verlusts von Geschütztem der Intimsphäre, Prof. Dr. Vinzenz Wyss, IAM, Professur für Journalistik, ZHAW, 30. September 2021*

Als die Staatsanwaltschaft im September 2015 kommunizierte, die Strafuntersuchung wegen Schändung sei ergebnislos eingestellt worden, lancierte die SVP gerade ihr Wahlkampfvideo. Zu sehen war auch ein Zuger SVP-Nationalrat, der vom damals Beschuldigten das Präsidium übernommen hatte, an einem Tischchen sitzend mit einer Flasche Zuger Kirsch und einer kleinen Pipettenflasche mit der Aufschrift «K.o.-Tropfen». Als er einen Schluck Kirsch zu sich nahm, kippte er um. Man empörte sich schweizweit über diese Szene, worauf der SVP-Nationalrat beteuerte, das sei bestimmt kein auf mich bezogener Seitenhieb gewesen. Immerhin holte ihn dieser kleine Scherz drei Monate später ein, als er für einen Sitz im Bundesrat kandidierte. Der Vergewaltigungswitz im

Wahlkampf habe ihn den Sitz in der Landesregierung gekostet, schlussfolgerten die Medien.

Im ersten Jahr nach der Landammannfeier wurden gemäß der Schweizerischen Mediendatenbank (SMD) rund 5500 Artikel über mich geschrieben, zum Zeitraum 2015–2016 findet man in der SMD knapp 12 000. Die Texte, die keine Fehler, Ungenauigkeiten, Schlagseite, Mutmaßungen, Gerüchte, absurde Theorien oder Sexismus enthalten, kann man an einer Hand abzählen. Es wäre schlicht ein Ding der Unmöglichkeit gewesen, alle justiziablen einzuklagen.

Es ist nicht okay, was passiert ist. Dass daraus das Narrativ entstand, dass ich eine öffentlichkeitssüchtige Frau sei, die nicht schweigen kann, immer provoziert und sich nur profilieren will, ist eine perfide Täter-Opfer-Umkehr. Kaum jemand verstand, dass nicht ich für die Schlagzeilen sorgte, sondern dass mein Name ohne mein Zutun von den Medien ständig aufgegriffen wurde. Wer genau hinschaute, sah aber: Es ging selten um meine Person, sondern um die Gerichtsprozesse, die aufgrund von an mir mutmaßlich ausgeübten Straftaten stattfanden. Man benutzte einfach immer mein Foto, selbst wenn mich eine Sache nur indirekt betraf. Als im Sommer 2024 beispielsweise an einem Gerichtsprozess ein Beschuldigter aus dem Gerichtssaal stürmte, sich über die Weisungen des Strafrichters hinwegsetzte und den Prozess damit platzen ließ, wurde die Meldung schweizweit mit meinem Bild versehen. Als die *Tages-Anzeiger*-Journalistin wegen Verleumdung verurteilt wurde, war mein Bild als Erstes zu sehen.

Doch meine Verteidigung beschränkte sich nicht bloß auf Medienschaffende und Medienhäuser. Mich erreichten schon früh unzählige Hassmails, und die Parteizentrale der Grünen wurde regelrecht geflutet von Drohnachrichten, die mich über das Kontaktformular der Website erreichten. Ich war damals noch Co-Präsidentin der Grünen Partei des Kantons Zug, die Parteispitze las mit. In diesen Nachrichten wurde ich aufs Übelste beleidigt oder sexuell verunglimpft. Gezeichnet waren die Nachrichten von tatsächlich existierenden Personen, auch unterschrieben von Menschen aus dem Kanton Zug, die ich teilweise entfernt kannte. Aufgrund einiger identischer Rechtschreibfehler wurde allmählich klar, dass nicht diese Personen selbst die Nachrichten verschickten, sondern dass ihre Namen recherchiert und widerrechtlich von einem unbekannten Täter benutzt wurden. Es sollte wohl so aussehen, als sei ganz Zug gegen mich. Der Täter wollte mit seinen Rücktrittsforderungen und Beleidigungen wahrscheinlich die Partei destabilisieren und mich isolieren. Ich informierte mich beim Hosting-Unternehmen, ob man überprüfen könne, wo diese Nachrichten verfasst wurden. Ein Mitarbeiter dieser Firma erklärte sich bereit, mir in seiner Freizeit die IP-Adressen zusammenzustellen, die ich dann der Staatsanwaltschaft übergab. Der Verfasser der beinahe achtzig Nachrichten war ein Berufsschullehrer, der angehende Drogist:innen, mehrheitlich junge Frauen, unterrichtete. Und er war den Behörden bereits einschlägig bekannt. Als dieses Buch entstand, suchte ich im Internet nochmals nach dem Namen des Mannes. Er unterrichtet noch immer an derselben Schule – jetzt in leitender Funktion.

Ich begann schon bald, laufend die Verfehlungen von Medienschaffenden zu rapportieren, zu korrigieren und über Social Media und meinen dafür erstellten Blog namens #nichtschweigen zu veröffentlichen. Ich wurde zu Vorlesungen für angehende Medienschaffende eingeladen, an der ZHAW in Winterthur, an der Uni Freiburg, der HSG und am Medienausbildungszentrum (MAZ) in Luzern. Erst als Gast, dann als Gastdozentin. Wir analysierten meine gutgeheißene Presseratsbeschwerde und diskutierten fehlerhafte sowie justiziable Artikel über mich. Ich hielt Reden an Journalismus-Veranstaltungen wie dem Reporter:innen-Forum, sprach immer häufiger auf Podien zu Medienschaffenden. Seit fünf Jahren doziere ich an der Hochschule für Wirtschaft Zürich (HWZ) in einem CAS digitale Ethik. Es war mir wichtig, dass die damalige Medienkampagne als Anschauungsbeispiel einen Platz in der Ausbildung von Journalist:innen und Führungskräften bekam, um die Wahrscheinlichkeit zu minimieren, dass sich eine solche mediale Hetzjagd wiederholt.

Reden und Thematisieren war die richtige Strategie, das merkte ich recht bald. Ich mache die damaligen Verfehlungen nur dann an den einzelnen Medienschaffenden fest, wenn diese bis heute ihre Artikel partout nicht hinterfragen wollen. Wenn Fehler aufgearbeitet wurden oder man gar um Verzeihung gebeten hat, gehe ich mit den damals verletzenden Texten und deren Autor:innen anders um. Ich halte mich an dieselben Grundsätze wie in der Kindererziehung. Wird das eigene Verhalten hinterfragt, die Verletzungen realisiert, die Fehler verstanden und schließlich Schlüsse daraus gezogen, ist es für mich nach einer Entschuldigung auch wieder gut. Es gibt Medienschaffende, mit denen ich mittlerweile einen sehr respektvollen Umgang gefunden habe, was ich mir vor Jahren, als sie noch Teil der Kampagne gegen mich waren, nie hätte vorstellen können.

Zurück zur Juristerei und der Ehre. Sie haben gegen die «Weltwoche» gewonnen und der Presserat hat den «Blick» gerügt. Aber nicht jede Unwahrheit ist einklagbar.

Das stimmt. Etwas vom Schlimmsten für uns war ein Artikel im «Tages-Anzeiger». Dort wurde von der warmen Redaktionsstube heraus verkündet, dass es richtige und falsche Opfer gibt. Der Titel des Artikels (...) lautete: «Jolanda Spiess-Hegglin schadet der Sache der Frauen.» Tenor des Kommentars: Wenn Jolanda nicht beweisen kann, dass sie K.O-Tropfen verabreicht bekommen habe, solle sie den Mund halten. Diese vollkommene Umkehr der Beweislast in einer Qualitätszeitung serviert zu bekommen, nahm uns förmlich den Atem. Der Schaden ist in diesem Fall noch grösser als bei einem Boulevard-Blatt. Man hat medial keine Ausweichmöglichkeit mehr «nach oben».

Reto Spiess gegenüber Hansi Voigt im Watson-Interview, 2017

Medienwandel

Damaged, but not broken

Ich bin ein Mensch, der, meinen Erfahrungen zum Trotz, noch immer das Gute in allem sieht, und ich lasse mich gerne auf andere ein, sofern ich vertrauen kann. Klar habe ich meine Prägungen und Werte, die ich in jede Beziehung und Begegnung mitbringe. Und ebenso hatte ich in meinem Beruf als Journalistin und später in der Politik auch den Anspruch an mich, mein feuriges Engagement in rationale Strukturen zu bringen. Es lag mir immer fern, auf klassischen Karrierespuren meinen Weg zu finden. So definierte ich mich nie als Frau, die sich in Männerstrukturen behaupten muss.

Im Gegensatz zu vielen politisch links engagierten Frauen meiner Generation war ich nicht feministisch geprägt. Ich spürte sicher eine große Wertschätzung gegenüber all den Vorkämpferinnen der feministischen Bewegung, die sich dafür einsetzten, dass wir heute zumindest formell gleichberechtigt sind und Frauen in der Schweiz seit gut fünfzig Jahren – einer beschämend kurzen Zeit – an politischen Auseinandersetzungen oder Abstimmungen teilnehmen dürfen. Das haben wir den furchtlosen Vorkämpferinnen der Nachkriegszeit zu verdanken. Die Schweiz, eine der ältesten Demokratien der Welt, war einer der letzten europäischen Staaten, der das Frauenstimmrecht einführte. Zudem ist in der Schweiz Vergewaltigung in der Ehe erst seit 1992 strafbar und erst seit 2004 ein Delikt, das von Amtes wegen geahndet wird. Widerstand dagegen gab es bis zum Schluss von der SVP.

Ich bezeichnete mich bis vor zehn Jahren nicht als Feministin, und Genderthemen waren für meine eigenen politischen Ziele kaum eine Inspiration. Um ehrlich zu sein: Ich wusste eigentlich gar nicht genau, was das war, und steckte – geprägt von meiner Kinder- und Jugendzeit in einem ländlichen, harmonischen, aber konservativen Umfeld – wohl bereits viel mehr selbst in einer Schublade, als mir lieb war. Ich habe mir über meine sozialen Filter schlicht nie groß Gedanken gemacht.

Dass nun ausgerechnet ich in einer Geschichte mit einem solch sexistischen Framing landete, betrachte ich daher als Ironie des Schicksals. Von einem Tag auf den anderen war ich gezwungen, mein eigenes Leben aus der Sicht einer Frau in einer stark patriarchal geprägten, ja hasserfüllten Umgebung wahrzunehmen und darin um meine Würde zu kämpfen. Plötzlich war ich, die die Welt nie aus der Perspektive eines Geschlechterkampfs wahrgenommen und mir nie ein entsprechendes ideologisches Instrumentarium angeeignet hatte, mittendrin in einer Schlacht, in der es um Männerseilschaften in der Politik und die Machterhaltung in einer patriarchalen Medienwelt ging.

Im Februar oder März 2015 bekam ich ausgerechnet aus einer Ecke erstmals konkrete Unterstützung, aus der ich sie nicht erwartet hatte: von linken Feministinnen. Einige Monate nach der Landammannfeier traf sich eine Gruppe linker Frauen um Aline Trede, Ursina Anderegg und Brigitte Marti, die auf nationaler Ebene grüne Politik machten, in Bern zu einem Anlass. Von dort schickten sie mir ein Solidaritätsfoto von sich, mit dem sie mir viel Kraft wünschten. In der Folge fand ich von diesen etwa 10 bis 15 Frauen dieser Gruppe jeden Tag eine Postkarte mit ermutigenden, handgeschriebenen Zeilen in unserem Briefkasten. Eine der Karten hängt noch immer an unserem Kühlschrank. «Damaged, but not broken», steht auf der Vorderseite über einer Zeichnung eines Mädchens, das den Arm im Gips in einer Schlinge trägt. Mich berührte das sehr, denn ich kannte die meisten dieser Frauen nicht persönlich, sondern nur vom Hörensagen – wenn überhaupt. Sie stellten kurze Zeit darauf die Petition «Frauenfeindliche Berichterstattung stoppen!» auf die Beine. Auf der eigens dafür erstellten Website las ich erstmals Begriffe wie Rape Culture und Victim Blaming, die ich zuerst googeln musste, weil ich mir darunter nichts vorstellen konnte.

Im Buch «Jede_ Frau», das im Frühling 2024 erschienen ist, beschreibt die Expertin für sexualisierte Gewalt Agota Lavoyer[27] die Rape

Culture. Das Buch ist ein Augenöffner für unsere Gesellschaft, die sexualisierte Gewalt verharmlost und normalisiert. Nebst unfassbar vielen anderen Aspekten erklärt Lavoyer auch den Begriff Rape Culture anhand von Beispielen, einige davon möchte ich hier auflisten:[28]

· *«Rape Culture ist eine Gesellschaft, in der es üblicher ist, die Opfer der Lüge zu bezichtigen, als die Täter zur Verantwortung zu ziehen.»*

«Rape Culture ist eine Gesellschaft, in der es wenige ‹echte Opfer› gibt und viele Opfer, die ‹es eigentlich wollten›, die ‹falsche Signale ausgesendet haben› oder die ‹bloß Aufmerksamkeit wollen›.»

«Rape Culture ist eine Kultur von komplizenhaften Männerbünden. Männer, die einander nicht zur Rechenschaft ziehen und einander decken.»

Und dieses Beispiel geht mir besonders nah:

«Rape Culture ist eine Gesellschaft, die deine Geschichte frisst, sodass du sie nicht mehr wiedererkennst, wenn sie sie wieder ausspuckt.»

Victim Blaming hingegen beschreibt die Schuldumkehr, bei der die Schuld der Tatperson auf das Opfer übertragen wird. Geprägt wurde der Begriff in den 1970er-Jahren durch den US-amerikanischen Psychologen William Ryan, der in seinem Buch «Blaming the Victim» kritisierte, wie in den USA Schwarzen Menschen die Schuld am Rassismus und an ihrer Armut gegeben werde. Die Zuschreibung der Schuld an ein Opfer gibt es also nicht nur bei sexualisierter Gewalt. Es ist Victim Blaming, jemandem nach einem Autodiebstahl vorzuwerfen, sein Auto in einer bestimmten Gegend abgestellt zu haben.

Ebenso ist es Victim Blaming, wenn Tamedia, nachdem der *Blick* für seinen initialen, identifizierenden, schwer persönlichkeitsverletzenden Artikel verurteilt wurde, einen Artikel über meine Gerichtsverhandlung mit Ringier mit «Zum Medienhype selber beigetragen»[29] betitelt.

Die Petition «Frauenfeindliche Berichterstattung stoppen!» öffnete mir die Augen dafür, dass das, was mir geschah, nicht einfach nur mir
als Einzelperson gegenüber ungerecht war. Ich verstand erstmals, dass
diese ganze Boulevard-Kampagne gegen meine Person, aber auch die
vorausgehenden Indiskretionen und falschen Anschuldigungen nicht
einfach mein eigenes persönliches Schicksal waren, sondern dass dahinter eine Vielzahl von Fehlleistungen steckte, die System hatten. Diese Dinge zu erkennen, erlebte ich als ein erstes Aufatmen. Es war, als
würde die ganze Last nicht mehr nur von meinen eigenen Schultern
getragen. Die Solidarität von nationalem politischem Ausmaß war
umso tröstlicher für mich, weil ich von den Mitgliedern meiner eigenen
Kantonalpartei – abgesehen von ganz wenigen, inzwischen engen
Freund:innen und Weggefährt:innen – ab dem ersten Tag nach der Landammannfeier komplett gemieden wurde. Sei es aus Feigheit, weil sie um
ihren Ruf fürchteten, oder weil sie in mir einfach ein lästiges Problem
sahen, das sie an der Arbeit hinderte. Es hat mich enorm enttäuscht zu
sehen, dass mich meine politischen Wegbegleiter:innen im eigenen
Kanton fallen ließen, sich sogar bei mir darüber beschwerten, ständig
auf mich angesprochen zu werden. Wie sie ihre nicht einmal durch mich
verursachten Probleme stärker gewichteten als meine schwierige Situation und nicht fähig waren, Empathie zu zeigen, war enorm verletzend
für mich und führte zu einem Bruch, den ich erst nach einem knappen
Jahrzehnt wieder kitten konnte. Umso mehr erlebte ich damals die Solidarität auf nationaler Ebene als ermutigend und motivierend. Als erste Unterzeichner:innen der Petition figurierten für mich schillernde
Figuren wie Pedro Lenz, Matthias Aebischer, Michèle Roten oder Anne
Wizorek. Nur schon die Vorstellung, dass all die Leute von meiner Geschichte Kenntnis genommen und sich dazu Gedanken gemacht hatten,
empfand ich als surreal. Mitglieder meiner Lieblingsbands Delilahs,
Stop the Shoppers oder Patent Ochsner waren dabei. Als ich die Liste
mit diesen Namen sah, ging eine wohltuende Welle durch meinen Körper, die mich darin bestätigte, nicht nur für meine eigene Gerechtigkeit
zu kämpfen, sondern für etwas, was noch viele andere betraf. Diese Petition und all diese Menschen, die sie unterschrieben und sich daran

beteiligten, gaben mir so viel Kraft, denn sie zeigten sich nicht gleichgültig wie viele andere. Im Gegenteil, es brauchte Mut, damals, als mein Aktienkurs auf dem Tiefpunkt angelangt war, öffentlich zu mir zu halten. Von da an wusste ich, dass ich es schaffen konnte, ohne zu ahnen, was noch alles auf mich zukommen würde.

Die Petition wurde von Seraina Kobler in der *NZZ* aufgegriffen. Dieser Artikel war für mich deshalb wichtig, weil ich mir so sehr wünschte, dass die Qualitätsmedien irgendwann die Reißleine ziehen würden. Mein seit Dezember 2014 komplett zerrüttetes Vertrauen in die Medien wurde durch diesen Artikel ansatzweise wiederhergestellt. Er blieb aber für lange Zeit der einzige Lichtblick.

Viele wollen einfach nichts mehr hören von dem Fall. Vermutlich gelten auch Sie, nach diesem ersten Interview, als mediengeil.

Der Vorwurf der Mediengeilheit ist nichts als eine latente Unterdrückungskampagne. Man will Jolanda mundtot machen. Wir sollen mit dem falschen Bild von uns leben und endlich Ruhe geben.

Warum geben Sie ausgerechnet jetzt Ihr erstes Interview?

Nachdem wir ein Jahr durch den medialen Fleischwolf gedreht wurden, folgte eine Phase, wo grosse Teile der Gesellschaft nichts mehr hören wollten, die Berichterstattung und die Ungewissheit nicht mehr ertrugen. Erst jetzt, wo Journalisten verurteilt werden und Entschuldigungen veröffentlich werden, scheint der Zeitpunkt für eine besonnene Aufarbeitung gekommen.

Es wird heissen: Ja geben denn die nie Ruhe! Jetzt redet auch noch der Mann. Die Meinungen sind gemacht, man will vermutlich gar keine andere. Wenn man die Spiess-Hegglins wegzappen könnte, würde man sie wegzappen.

Das bedauern vermutlich einige, dass diese Fernsteuerung kaputt ist.

Reto Spiess gegenüber Hansi Voigt im Watson-Interview, 2017

2017: die Zeitenwende

Hätte sich meine Geschichte erst ein paar Jahre später – nach #MeToo – ereignet, wäre mir sicher einiges erspart geblieben. Die im Herbst 2017 im Zuge des Weinstein-Skandals in den USA losgetretene Bewegung löste auch in der Schweiz insbesondere bei Politikerinnen und Journalistinnen eine große Solidaritätswelle aus und brachte eine Sensibilisierung für die Berichterstattung über verborgene sexualisierte Gewalt ins Rollen.

Dass es auch so viele Frauen waren, die sich meiner Geschichte übereifrig annahmen, gehört zu den vielen Dingen, die ich bis heute nicht nachvollziehen kann. Waren es doch vor allem Journalistinnen, die mit einem gezielt tendenziösen oder polemischen Storytelling über mich herzogen und damit das frauenfeindliche Weltbild traditionell denkender Männer bedienten und deren Hass auf Social Media schürten. Dass ich es plötzlich mit einem Mob sexistischer Wutbürger zu tun hatte, die an mir ihre Fantasien ausließen, ist zu einem großen Teil den Artikeln von Journalistinnen geschuldet, sogar solchen, die sich als feministisch ausgeben, dabei aber noch immer in der Anbiederung an ein männlich geprägtes Establishment verhaftet sind.

Ich erinnere mich an eine Patriarchatsstrategie wie aus dem Bilderbuch. Eine seit Jahren für *Blick* tätige, etwas ältere Journalistin platzierte sich während meiner ersten Kantonsratssitzung auf einem Stuhl direkt vor mir und filmte mich ohne Unterbruch. Sie sollte ein Bild von mir erwischen, auf dem ich möglichst unvorteilhaft aussah. Es gelang ihr. Am nächsten Tag erschien ein Bild, das mich bleich und in Gedanken versunken zeigte, im *Blick*, die Schlagzeile lautete: «Vom Sexskandal gezeichnet».

Im Podcast «Boys Club»,[30] in dem es um Macht und Missbrauch im Axel Springer Verlag geht, werden solche Mechanismen eindrücklich am Beispiel der *Bild-Zeitung* geschildert. Es geht für die Journalist:innen ums Überleben. Wer nicht dem Tenor der Storyteller im Hintergrund folgt, fliegt sofort raus. So jagen die Leute an der Front wie im Rausch Inhalten nach, die wenig mit Nachrichten zu tun haben, aber Klicks generieren. Da erstaunt es nicht, dass in solchen Fällen Menschen am Werk sind, die Journalismus als ein von Moral befreites Metier verstehen. Es geht ihnen nicht um Information, Wahrheit oder Würde, sondern um eine geile Story, die sich gut verkaufen lässt.

Zwar hat sich *Blick* mittlerweile von dieser Art Boulevard entfernt. Und doch fehlt nun noch ein letzter wichtiger Baustein in der Aufarbeitung und Gesundung des Mediensystems: die Gewinnherausgabe an all jene Menschen, die vom Boulevard persönlichkeitsverletzend für Klicks missbraucht wurden. Denn nur wenn es etwas kostet, schmerzt es die Mächtigen so sehr, dass sich ein neues System entwickelt.

Angetrieben von meinem ausgeprägten Sinn für Gerechtigkeit und getragen von der Sicherheit, nach dem bis heute ungeklärten Vorfall 2014 nichts falsch gemacht zu haben, waren der Gerichtsprozess und das klare Urteil[31] wegen übler Nachrede gegen den *Weltwoche*-Vizechefredaktor im Jahr 2017 die erste wichtige Aufarbeitung.

Fast zeitgleich mit dieser Verurteilung gab mein Mann Reto sein einziges Interview.[32] Er sprach mit dem ehemaligen Chefredaktor und Gründer von *Watson*, Hansi Voigt, den wir damals noch nicht persönlich kannten. Fürs Gegenlesen des Interviews nahm Reto sich viel Zeit und rang mit sich selbst. Er ist ein sehr zurückhaltender Mensch. Das absichtlich provokativ ausformulierte und mit durchaus sexistischen Fragestellungen gespickte Interview ging viral. Das Bezeichnende daran war, dass der Wendepunkt in der öffentlichen Wahrnehmung 2017 – nebst dem Urteil gegen die *Weltwoche* – mit einem Interview eingeläutet wurde, in dem ein Mann fragt und ein anderer Mann antwortet. Obwohl Reto inhaltlich nichts anderes sagte als ich bereits wiederholte Male, und das Medienversagen und den Sexismus in besonnenen Worten benannte, hörte die Schweiz nun plötzlich zu.

Das Interview wurde von einem langen Rechercheartikel begleitet. Der Journalist nahm mit Medienschaffenden Kontakt auf, die damals bloß draufgehauen und ihre Meinung zum Besten gegeben, aber kaum selbst recherchiert hatten. Denn obwohl der bezeugte Verlauf der Landammannfeier ziemlich genau einer gut dosierten Reise durch die Nacht auf K.-o.-Tropfen entspricht, nährt sich daraus bis heute meine Unglaubwürdigkeit und der Verlust meiner Ehre. Man kann vermuten, dass keine:r der berichtenden Journalist:innen genaue Kenntnis der Symptome der Einnahme von K.-o.-Tropfen hatte. Auf die beiden Fragen, ob sie heute noch ähnlich über den Fall berichten würden und ob sie damals irgendeine Ahnung von K.-o.-Tropfen gehabt oder sich wenigstens darüber informiert hatten, wollte oder konnte keine:r (!) der von *Watson* angefragten Journalist:innen Auskunft geben. «Wie die Tropfen wirken, haben glaub's die anderen irgendwann mal recherchiert. Ich habe das damals jedenfalls nicht gewusst», wurde ein auf Anonymität pochender Reporter zwei Jahre nach seiner Berichterstattung über mich zitiert. Bei *Blick* verwies man an den Chefredaktor beziehungsweise auf den Rechtsdienst und auf das laufende Verfahren, bei der *NZZ* auf Ferienaufenthalt, der *Tages-Anzeiger* reagierte gar nicht. Der Verdacht, dass die gesamte Berichterstattung ohne genauere Kenntnis der Wirkung von K.-o.-Tropfen vonstattengegangen war, bestätigte sich gemäß Hansi Voigt in unter Zusicherung der Anonymität erfolgten mündlichen Gesprächen. Mindestens zwei Journalist:innen hatten sich damals rein auf ihr Gefühl verlassen. Ein Gefühl, mit dem sie ein Urteil über mich gefällt beziehungsweise die öffentliche Meinung geprägt haben.

Juristische Instanzen kennen das Prinzip der Berufung, die öffentliche Meinung hingegen nicht. Dass sich Boulevardmedien vergaloppieren können, ist bekannt. In meinem Fall blieb aber auch die «klärende Rolle» von Qualitätsmedien aus.

Das *Weltwoche*-Urteil und das *Watson*-Interview mit Recherche und Einordnung waren Augenöffner.

Im selben Sommer 2017 veröffentlichte der ehemalige und langjährige Chefredaktor der Berner Tamedia-Zeitung *Der Bund*, Hanspeter Spörri, auf *Medienspiegel.ch* einen bemerkenswerten Artikel:

> «*Wir schreiben über Dinge, von denen wir zu wenig verstehen. Und, schlimmer: Wir bemühen uns auch nicht ums Verstehen, sondern glauben, was wir zu wissen meinen. Die sogenannte Zuger Sexaffäre ist ein Lehrstück: darüber, was mieser Journalismus anrichten kann. Mieser, d.h. schlampiger, zynischer, tendenziöser, vorurteils-*

voller, allzu schnell urteilenden gleichgültiger, zu- und überspitzender Journalismus kommt in den besten Häusern vor. Und was besonders übel ist: Miese Geschichten mit unbelegten, nur teilweise oder falsch belegten Vorwürfen an namentlich genannte Personen verbreiten sich rasend schnell durch alle Medienkategorien – erst recht, wenn Schlüpfriges im Spiel ist. Und alle, alle sehen sich genötigt, eine Meinung zu haben, bevor sie alle Fakten kennen. Eigentlich wüssten wir auch, was guter Journalismus ist. Aber ein Ereignis wie die Zuger Sexaffäre verwandelt uns Medienleute in – nein, nicht in ein beutegieriges Rudel, sondern in eine in Panik losrennende Schafherde. (...) Der Journalismus hat immer schon seine eigenen hehren Grundsätze verletzt, wenn ein Skandal dicke Schlagzeilen versprach. Heute aber sind die Folgen schlimmer. Mit dem Internet ist eine neue Form von Pranger entstanden. Unsere Verantwortung ist grösser geworden. Wir sind ihr – wie das Lehrstück zeigt – nicht gewachsen. Jedenfalls dann nicht, wenn ein Skandal sich entfaltet. Und die Opfer? Über Jolanda Spiess-Hegglin sagten manche, sie habe sich ungeschickt verhalten. (...) verstieg sich gar zur Behauptung, Jolanda Spiess-Hegglin schade den Frauen. Tatsächlich hätte sie sich aus der Öffentlichkeit schleichen können. Irgendwann hätte man sie in Ruhe gelassen, wenn sie sich still verhalten hätte. Es ist verdienstvoll, dass sie das nicht tut, sondern uns Medienleute zwingt, Lehren aus der Affäre zu ziehen.»

Hanspeter Spörri, «Keine Sex-, sondern eine Medienaffäre», Medienspiegel.ch, 19. Juli 2017

Was Spörri hier anspricht, ist das Kopfkino. Journalismus und Publizistik sind emotionale Angelegenheiten, ein emotionales Geschäft. Hanspeter Spörris reflektierter Kommentar läutete eine neue Ära ein. Und dann, im Herbst 2017, trendete plötzlich #MeToo.

In der Schweiz zögerte man. Hätte die Basler Soziologin Franziska Schutzbach nicht mit #SchweizerAufschrei vorgearbeitet, hätte wohl alles noch länger gedauert. Medien griffen die weltweiten #MeToo-Proteste um die Verharmlosung sexualisierter Gewalt auf, und so erschien im Herbst 2017 im *Tages-Anzeiger*, im *Bund* und weiteren Tamedia-Zeitungen ein bemerkenswerter Artikel[33]:

> «*Die Sprache ist mitschuldig – Der Fall Weinstein zeigt: Unsere Art zu reden, verfestigt frauenfeindliche Vorstellungen.*»

Und weiter:

> «‹Sex-Skandal› *klingt nach Abenteuer. (...) In vielen Texten ist die Rede von einem ‹Sex-Skandal›. Weinstein wird als ‹Sex-Täter› beschrieben, seine Übergriffe als ‹Sex-Attacken›. (...) Anstatt mit der harten Realität von Missbrauch zu konfrontieren, zieht einen der Begriff ‹Sex-Skandal› in den Kosmos der seichten Unterhaltung, des Voyeurismus. Das Wort ‹Sex-Skandal› klingt nach Zwielicht, nach Begierde und Verlangen, nach Triebbefriedigung, nach einem natürlichen Bedürfnis, das gestillt wird. (...) Am Ende geht es nicht mehr um Gewalt, sondern um Sex, der meist einvernehmlich abläuft – und nur im Sonderfall nicht. Aber Sexismus hat nichts mit Sex zu tun.*»

Ich staunte und war gleichzeitig erleichtert. Waren es doch gerade auch die Tamedia-Zeitungen, die das, was nach der Landammannfeier 2014 passiert war, über Jahre als «Sex-Skandal» oder «Sex-Affäre» bezeichnet hatten. Ich hatte gegenüber Medien immer wieder darum gebeten, auf diese Konstrukte zu verzichten, blieb mit meinem Anliegen aber ungehört.

Es ging nie um einen «Sex-Skandal», nicht um peinliche, geheime Vorlieben zweier Angehöriger des Zuger Kantonsparlaments. Es wurde aufgrund einer mutmaßlichen Straftat ermittelt, im Raum stand Schändung, Vergewaltigung ohne Gegenwehr, die Verfahren dazu wurden bekanntlich ergebnislos eingestellt, und es gibt keinen Täter. Die einzigen Verurteilten sind einzelne Medien und Medienschaffende.

Wenn Journalist:innen in der Berichterstattung über mutmaßliche sexualisierte Gewalt nicht differenzierter in ihrer Wortwahl sind, kann sich zum Beispiel die Annahme weiter verfestigen, eine Vergewaltigung beruhe auf dem nicht zu unterdrückenden Sexualtrieb von Männern und sei damit quasi naturgegeben. Die Bezeichnung «Zuger Sex-Skandal» ist vermessen und grob verharmlosend, für alle Betroffenen verletzend und sexistisch. Es ist falsch, bei einem mutmaßlichen Sexualdelikt, an das sich die Involvierten aufgrund einer Amnesie nicht erinnern können, von «Sex-Skandal» zu sprechen. Wer «Sex-Affäre» schreibt und damit Missbrauch meint, reproduziert ein System, das das Leid der Opfer missachtet. Wer Missbrauch als «Sex-Skandal» bezeichnet und sich im gleichen Atemzug wundert, dass Opfer nicht sprechen, hat das Problem nicht verstanden. Genau so funktioniert die Argumentation in der Rape Culture, in der sexualisierte Gewalt verharmlost wird.

Die Wahl der Sprache bei Berichterstattungen nach Sexualdelikten wurde ab Herbst 2017 mit #MeToo endlich zum Thema. Die Verfehlungen bei der Titelsetzung auf den Boulevard-Redaktionen wurden deutlich seltener. Doch auch wenn nicht mehr von «Sex-Tätern» oder «Sex-Attacken» geschrieben wurde, die «Zuger Sex-Affäre» hielt sich erstaunlich lange. So schrieb zwei Jahre nach #MeToo ausgerechnet der *Tages-Anzeiger* schon wieder von der «Zuger Sex-Affäre», als bekannt wurde, dass mein Verfahren gegen Ringier an die nächsthöhere Instanz geht. Die *NZZ* tat es dem *Tages-Anzeiger* gleich und das *Bieler Tagblatt* titelte salopp: «Sex-Affäre geht in die zweite Instanz». Wer kennt den Moment nicht, wenn ein Kind – nach einem ganzen Nachmittag aufräumen – die große Blechdose mit den Glasmurmeln umkippt.

Ich fragte auf Twitter in die Runde, was diese Redaktionen geritten habe, worauf sich die abgekanzelten Zeitungen einsichtig zeigten.[34] Der *Tages-Anzeiger* antwortete beispielsweise: «Wir entschuldigen uns, die Passage wurde bereits geändert. Sie wurde von der Agentur so angeliefert (das nicht als Entschuldigung oder Ausrede, lediglich als Erklärung).» Auch das *Bieler Tagblatt* entschuldigte sich für die übernommene Agenturmeldung. «Das hätte nicht passieren dürfen. Artikel/ Headline wurde online angepasst. Liebe Grüsse aus Biel.» Die *NZZ* versprach, den Beitrag auf der Homepage zu korrigieren: «Das ist eine SDA-Meldung, die bei uns automatisch reinfliesst. Die Formulierung entspricht tatsächlich nicht unserer sonstigen Berichterstattung.» Nach diesem Twitter-Intermezzo verschickte die SDA eine bemerkenswerte Agenturmeldung an alle Redaktionen der Schweiz:[35]

> «In der Berichterstattung von Keystone-SDA zum Rechtsstreit zwischen Jolanda Spiess-Hegglin und dem Ringier-Verlag vom Dienstag wurde die Formulierung ‹Sex-Affäre› verwendet. Diese Formulierung ist in diesem Kontext nicht geeignet und hätte nicht verwendet werden dürfen.
>
> Der Text wurde im Archiv umformuliert, damit der Satz nicht reproduziert wird und nicht mehr in die künftige Berichterstattung zum Thema einfliesst.»
>
> *Keystone-SDA, 12. Juni 2019*

Die Diskussion um die korrekte Sprache war angestoßen, hallte ziemlich lange nach und festigte sich – fast.

Ab Januar 2023 wurden in der Berichterstattung rund um das Buch, das einer von Tamedia beauftragten «Recherche» entsprang, die Konstrukte «Zuger Sex-Skandal» und «Zuger Sex-Affäre» erneut von Schweizer Medien kolportiert. Die misogynen, verharmlosenden Bezeichnungen, die mit dem Vorgefallenen nichts zu tun haben, waren wieder installiert, als hätte es #MeToo nie gegeben.

Ich befürchte, dass erst die nächste Generation Medienschaffender endgültig versteht, was diese Wortwahl immer wieder anrichtet.

Viele feiern Jolanda Spiess-Hegglin inzwischen dafür, dass sie dem Internet quasi im Alleingang Manieren beizubringen versucht. Ist das nicht etwas viel erwartet?

Ich glaube nicht, dass sie sich das je so überlegt hat. Sie sieht einfach die Missstände und denkt vermutlich, jemand muss es ja machen. Und dann packt sie es an.

Reto Spiess gegenüber Hansi Voigt im Watson-Interview, 2017

Motten und Licht

39 Strafanzeigen und Abertausende Kommentare

Ein mäßig erfolgreicher Comedian jobbt als Barkeeper in einem Londoner Pub und spendiert einer Frau, die weinend das Lokal betritt und sich später als erfolgreiche Anwältin Martha vorstellt, aus Mitleid einen Tee. Er hätte es besser nicht getan.

Mit dieser Szene beginnt in der Netflix-Serie «Baby Reindeer»[36] (2024, Drama, 7 Folgen) ein jahrelanger Horror für den Mann: Nach der ersten Begegnung im Pub stellt ihm die Frau Tag und Nacht nach, wird zu seiner Stalkerin. Bald weiß sie alles über den Mann, kommentiert seine Posts, schreibt ihm E-Mails, jeden Tag. Manchmal ist sie nett, oft belehrend, und mit der Zeit wird sie immer forscher und wütender.

Es ist die Geschichte des Schottischen Schauspielers und Komikers Richard Gadd, der die Serie nicht nur schrieb und produzierte, sondern darin sogar eine fiktionalisierte Version von sich selbst – die Hauptrolle – spielt. Richard Gadd wurde während dreier Jahre von einer Frau gestalkt, die ihm in diesem Zeitraum unter anderem 350 Stunden Sprachnachrichten und 41 000 E-Mails schickte. Die Handlung sei verändert worden, um die echten Personen zu anonymisieren und zu schützen, erzählte Gadd der britischen Tageszeitung *The Guardian*.[37] Die Serie ist schwer auszuhalten. Während Stalking-Opfer und Täter:innen in anderen Filmen oder Büchern meist eher schemenhaft dargestellt und klar in Gut und Böse eingeteilt werden, sind in dieser Serie die Figuren sehr komplex: So löst die bereits in einem anderen Fall für Stalking verurteilte Figur Martha, die offensichtlich mit psychischen Problemen kämpft, viele Gefühle gleichzeitig in den Zuschauer:innen aus. Sie tut einem leid, wenn man ihre Messie-Wohnung sieht. Man will sie ungläubig schütteln, wenn sie wieder behauptet, sie sei Anwältin, obwohl sie sich im Pub keine Cola leisten kann. Man möchte sie ohrfeigen, wenn sie permanent Grenzen überschreitet. Sie in den Arm nehmen, als sie für den Komiker mit glänzenden Augen ein Liebeslied singt.

In der Serie wird beleuchtet, wie machtlos sich die Opfer von Stalking fühlen. So überrascht es auch kaum, dass die Polizeibeamten den Comedian nicht ernst nehmen, als er Martha schließlich anzeigen will.

Als am 10. Januar 2015, keine drei Wochen nach den ungeklärten Ereignissen der Nacht nach der Landammannfeier 2014, die erste von mehreren übergriffigen Nachrichten in meinem Postfach eintraf, dachte ich mir noch nichts dabei:

> *«Guten Tag Frau Spiess, mich interessiert die Sex-Geschichte nicht. Zwei erwachsene Menschen dürfen tun und lassen, was ihnen Spass macht. Ob strafrechtlich relevante Taten mitspielten, kann bis heute niemand beurteilen. Ich verstehe Ihre Problematik, nach reichlichem Alkoholgenuss vielleicht Dinge getan zu haben, die man nachher bereut. Da [sic] ist mir als langjährigem TV-Mann und Juristen leider auch schon passiert.»*

Dann, einige Wochen später, als ich nicht antwortete:

> *«Jolanda Spiess, Sie würden noch staunen, was ich auch zu Ihrem Fall aus ganz persönlichen alten Beziehungen weiss. Wohnte nämlich 4 Jahre in Zug, da lernt man einige Leute kennen.»*

> *«Jolanda Spiess, sie vergessen etwas: natürlich sehe ich ihre Tweeds [sic] trotzdem weiter, bin ja nicht ganz so eine IT-Banause wie sie. Und ich werde weiter kritisieren, bis sie endlich zum Thema, auch zwischen den Zeilen, die Klappe halten.»*

Der Absender war ein alter Mann. Fortan nahm er mich auf Social Media und in den Kommentarspalten ins Visier. Er kannte mich nicht persönlich.

Nach ein paar Monaten und diversen Ausfälligkeiten konfrontierte ich ihn mit seinem Verhalten. Das war ein Fehler. Der Mann entschuldigte sich und bot als Wiedergutmachung seine «Unterstützung» an, er sei nämlich Jurist. Ich traf ihn daraufhin zum Kaffee in einer Gemeinde zwischen unseren Wohnorten. Im Gespräch erzählte er aus seinem Leben, und ich realisierte, dass er – seit einem Jahrzehnt in Rente und ohne Frau und Kinder – sehr einsam sein musste. Er tat mir leid. Ich redete mir ein, dass er deshalb seine Emotionen nicht im Griff gehabt hatte, als er mich ein paar Monate zuvor in Nachrichten dazu aufgefordert hatte, endlich meine Klappe zu halten. Inzwischen mochte ich seine täglichen Grüße über den Facebook-Messenger. Als ich in diesem Café von einem anderen Gast erkannt wurde und mich dieser auch noch um ein Autogramm bat, glänzten die Augen des alten Mannes, der die Szene mit offenem Mund beobachtete.

Auf Facebook, Twitter und in Leserbriefspalten mutierte der Rentner bald zu meinem größten Fan und zum ungefragten Richtigsteller aller Halbwahrheiten, was mich tatsächlich entlastete. Er kündigte an, für mich einen Strafantrag gegen den ehemaligen *Weltwoche*-Vizechefredaktor auszuformulieren, und tat es auch tatsächlich. Es war seltsam, denn ich kannte den Mann letztlich ja nur aufgrund seiner übergriffigen Kontaktaufnahme über Twitter. Ich war erfreut, dass er seine ursprünglichen verbalen Entgleisungen gegen mich mit juristischer Hilfsbereitschaft wettmachen wollte. Wie naiv ich gewesen war, wurde mir erst später klar, als ich realisierte, dass er sich wiederholt auch anderen Frauen näherte, die unter großem medialem Druck standen, um ihnen seine juristische Hilfe anzubieten und ihr Vertrauen zu gewinnen.

Seine plötzliche Freundlichkeit währte nicht lange. Er forderte öffentliche Anerkennung ein, schrieb mir immer mehr Direktnachrichten. Sein öffentliches Auftreten – angeblich in meinem Namen – war forsch, oft übergriffig, zeitweise zum Fremdschämen. Zwischendurch vermutete ich, dass er selbst hinter den anonymen Hater-Accounts stecken könnte, vor denen er mich angeblich beschützen wollte. Ich konnte nur noch den Kopf einziehen, denn es war eine Frage der Zeit, bis seine ungehobelte Art auf mich zurückfallen würde. Doch mir fehlte der Mut, ihn darauf anzusprechen. Schon bald geriet auch die *Tages-Anzeiger*-Journalistin, die später ein Buch über mich veröffentlichte, ins Visier des alten Mannes. Er äußerte sich obsessiv über die Journalistin, nannte sie auf Twitter etwa «unterfickte Emanze», «Tagi-Bullshit-Tante» und eine «miese Journalistin ohne jede Perspektive». Und dass sie im *Tages-Anzeiger* «Gaga bis Gaggi» schreibe. All dies äußerte er unter seinem Klarnamen. Daraufhin wurde er vom Tamedia-Rechtsdienst in einem eingeschriebenen Brief abgemahnt, worüber er sich wiederum öffentlich auf Twitter lustig machte. Einen Aargauer SVP-Populisten nannte er zur selben Zeit «Rassisten-Schwein», die SVP ein «Saupack». Ich reagierte nur noch selten auf seinen täglichen Gruß im Messenger und ging auf Distanz. Die Situation eskalierte, als ich im März 2016 in der Live-TV-Sendung «Schawinski» unvorbereitet vom Moderator mit der Aussage konfrontiert wurde, dass ihn «mein Anwalt» als Lügner und Dummkopf beschimpft habe. Ich realisierte, dass mich der alte Mann als Werkzeug benutzte und sich inzwischen tatsächlich als «mein Anwalt» ansah, obwohl wir kein Auftragsverhältnis hatten. Ich brach sofort den Kontakt ab und blockierte ihn noch am selben Tag auf allen Kanälen.

Der *Weltwoche*-Prozess, um den es damals ging, wurde von meiner auf Medienrecht spezialisierten Anwältin zu Ende geführt und endete mit der rechtsgültigen Verurteilung des *Weltwoche*-Vizechefs, wegen übler Nachrede.[38] Dies hinderte den Rentner nicht daran, die vertraulichen – und aufgrund der Ermittlungen wegen eines Sexualdelikts vor allem intimen – Akten und Informationen, die er von mir für die Erstellung des Strafantrags erhalten hatte, später immer wieder auf anonymen Blogs veröffentlichen zu lassen und auf Social Media damit zu prahlen. Für die Weitergabe der Unterlagen an diesen Mann könnte ich mich bis heute ohrfeigen, aber wer rechnet schon mit so was?

Für seinen Einsatz schickte er mir eine Rechnung über 4000 Franken, jedoch sah ich für eine solche Forderung keine Grundlage, denn ich hatte nie einen honorierten Auftrag gegeben. Der Mann ging deswegen vor Gericht. Davor informierte er die Boulevardzeitung *Blick* über seine Klage. *Blick* berichtete, ohne die öffentlichen Social-Media-Aktivitäten des Mannes, in denen er mich beschimpfte, näher anzuschauen, obwohl ich den zuständigen Reporter darauf hingewiesen hatte. Sämtliche großen Schweizer Medienhäuser übernahmen die Geschichte und schrieben, ich sei von «meinem Anwalt» verklagt worden.

An der Gerichtsverhandlung erkannte der Richter innerhalb von Minuten, dass nicht ich, sondern der Rentner der Aggressor war, der mit allen Mitteln meine Nähe suchte. Das überhebliche und respektlose Auftreten des alten Mannes dem Richter und mir gegenüber, sein Geltungsdrang und seine völlig verzerrte Wahrnehmung, schienen in ein gerichtsnotorisches Schema zu passen. Statt eines Urteils gegen mich gab es ein Kommunikationsverbot, das wir beide unterzeichneten. Ab sofort durfte sich der Mann nicht mehr gegenüber Drittpersonen über mich äußern, andernfalls konnte ich ihn anzeigen. Dies ist in der Schweiz eine der wenigen Maßnahmen gegen Stalker. Einen Gesetzesartikel gibt es noch nicht, doch während dieses Buch entsteht, feilt die Rechtskommission des Nationalrats an einem Gesetz, das Stalking zum eigenen Straftatbestand erklärt. Ich unterschrieb die Vereinbarung in der Annahme, dass ich definitiv Ruhe von diesem Menschen haben würde. Ich täuschte mich schon wieder. Es sollte der Auftakt sein für eine andauernde Belästigung.

Die neue, grenzenlose Welt der Onlinemedien und Social Media bot dem alten Mann paradiesische Zustände und großartige Möglichkeiten für Belästigungen. Er fand und schrieb Menschen in meinem Umfeld unter falschem Namen, damit er unter irgendeinem Vorwand ins Gespräch kommen konnte, um allenfalls etwas Persönliches über mich zu erfahren. Zeitweise dominierte er jede Diskussion über mich in den Kommentarspalten verschiedener Medien und gab dort mit «Insiderwissen» an. Aber auch sonst redete er zu jedem Thema mit. Aus seiner akademischen Ausbildung macht er kein Geheimnis, ungefragt jongliert er, je nach Thema, mit mehr oder weniger passenden Gesetzesartikeln. Zwischendurch wagt er es auch, Fachleuten mit seinem Halbwissen zu widersprechen. Wird er hingegen korrigiert, behält er stets mit Kraftausdrücken das letzte Wort. Wer seine Meinung nicht teilt oder ihm widerspricht, ist ein «Dummkopf» oder gehört zum «Saupack». Auch deftigere Beschimpfungen werden – trotz gewissen Kenntnissen der Juristerei, also im Wissen darum, was es für Folgen haben könnte –

hemmungslos ins Internet getippt. Seine Sprache ist nicht nur überheblich, sondern auch verachtend. Er verachtet Linke und sogenannte «Ausländer», aber am meisten verachtet er Frauen.

Irgendwann verstand ich, dass ich es nicht mit einem Ersttäter zu tun hatte.

Im Sommer 2014 wurde der damalige Badener Stadtammann und Nationalrat der Grünen, Geri Müller, zum Ziel einer persönlichkeits- und intimsphärenverletzenden Berichterstattung, ausgelöst und angeführt von der *Aargauer Zeitung*. Geri Müller pflegte eine intime virtuelle Beziehung zu einer jungen Frau. Sie wurde wohl aus politischen Motiven instrumentalisiert und dazu gebracht, die privaten Chats inklusive Nacktfotos der *Aargauer Zeitung* auszuhändigen. Ein gewaltiger Shitstorm entlud sich über Geri Müller, was ihm keine andere Möglichkeit ließ, als von seinem Amt zurückzutreten. Niemals hätten diese Details veröffentlicht werden dürfen. Später einigten sich der Politiker und die Zeitung in einem Vergleich, es kam deshalb zu keinem Gerichtsprozess.

Doch damals, als die Geschichte hochkochte und das Niveau der Schlagzeilen und die Analysen von Moral-Experten im ganzen Land einen Tiefpunkt erreicht hatten, trat der Rentner mit der jungen Frau in Kontakt. Er bot sich Geri Müllers Ex-Chatpartnerin als Helfer und Unterstützer an. Auffällig liebevoll wollte er sich um sie kümmern, prahlte mit seinem juristischen Wissen. Als sich der aufdringliche Mann Aktenkenntnis und Insiderwissen zum Fall verschafft hatte, prahlte er in den Leserbriefspalten damit, er habe die Nacktbilder von Müller mit eigenen Augen gesehen. Bis heute beschimpft er den ehemaligen Grünen-Politiker als «Pimmel-Geri». Müller wurde immer wieder von ihm beschimpft und erniedrigt. Mehr noch: Der Rentner führte die Empörungsbewirtschaftung an und hielt die Geschichte über Jahre warm. Bis heute. Es schien, als ob er sich an dieser Geschichte nährte.

Die Ex-Chatpartnerin von Müller fühlte sich durch diese Indiskretionen unwohl, wie sie mir gegenüber in langen Nachrichten schilderte. Der Rentner begann mit Fantasien sexueller Übergriffe zu kokettieren.

Irgendwann verstand sie, dass hinter einem anonymen Account, von dem sie ständig belästigt wurde und vor dem der Rentner sie angeblich beschützen wollte, wohl der alte Mann selbst steckte. Sie versuchte immer wieder, den Kontakt abzubrechen, was ihr kaum gelang. Sie schilderte ihre Erlebnisse mit dem Rentner als einen heftigen Albtraum. Er kam ihr vor wie ein Feuerwehrmann, der Reihenhäuser anzündet und sich über die Flammen freut.

Vorzugsweise sind seine Opfer Feministinnen in einem politischen Amt oder Frauen, die schutzlos heftigem öffentlichem Druck ausgesetzt sind. Es ist bis heute dasselbe Schema. Auf der Jagd nach digitaler Aufmerksamkeit und Anerkennung gelingt es ihm, das Vertrauen von Frauen zu gewinnen. Öffentlich spricht er so gut wie nie Lob oder Bewunderung für Frauen aus, nur direkt. Er zielt auf verletzliche oder bereits verletzte Frauen, die typischerweise gegen ihren Willen an die Öffentlichkeit gezerrt wurden, sich gerade mitten in einem Shitstorm befinden oder schon mehrfach digitale Gewalt erfahren haben. Da kommen seine Komplimente wohltuend an. Und es gelingt ihm, mit dem stets beiläufigen, aber zuverlässigen Erwähnen seiner «juristischen Expertise» und seiner «langjährigen TV-Erfahrung» sich den Frauen Stück für Stück zu nähern, während er zur selben Zeit mit anonymen Fake-Accounts dieselben Frauen bedrängt, beschimpft und erniedrigt. In den letzten Jahren konnten ihm etwa dreißig Fake-Accounts zugewiesen werden. Seine Posts tragen eine unverkennbare, hetzerische, misogyne Handschrift. In der Schweiz gibt es kaum eine Frau in der Öffentlichkeit, die mit pointierten Meinungen auftritt, die noch nicht von ihm – anonym oder unter Klarnamen – beschimpft worden wäre. Aktuell lässt er sich abwechselnd über Sanija Ameti, Steffi Buchli, Sibel Arslan, Meret Schneider, Michèle Schönbächler, Mattea Meyer, Natalie Rickli, Mujinga Kambundji oder Elisabeth Baume-Schneider aus.

Wer weiß, wen er als Nächstes ins Visier nimmt. Mehrere Fälle sind inzwischen beweisfest dokumentiert.

Er sucht auch gerne unter seinem Klarnamen die analoge Öffentlichkeit. Im richtigen Leben wirkt er zwar ebenfalls forsch, es gelingt ihm aber auch, mit seiner jovialen Art zu punkten. Er lässt sich in Magazinen porträtieren, spielt in Jass-Sendungen beim Regional-TV mit Schweizer C-Promis einen Differenzler. Auch schon zeigte er sich am SVP-«Buurezmorge» kollegial mit Nationalräten. Den Kontakt zum rechten SVP-Eck pflegt er sorgfältig über Facebook, SVP-Promis duzt er.

Der politisch rechte, streitbare Rentner steht stellvertretend für wenige, aber prägende und permanent Hass schürende Wutbürger, die unseren digitalen Alltag prägen. Ihr Leben ist interessanter und ihr Radius größer geworden, seit sie nicht mehr den Stammtisch in der Dorfbeiz aufsuchen müssen, um zu schimpfen, sondern das einfach im Internet erledigen können.

Bis heute zeigte mich dieser Mann über dreißig Mal wegen irgendeiner Bagatelle an. Etwa weil ich unter anderem sagte, die von ihm geschriebene Strafanzeige gegen den *Weltwoche*-Journalisten habe meine Medienanwältin ausbessern müssen, damit sie brauchbar wurde. Er verlangte 5000 Franken Genugtuung, das Verfahren wurde eingestellt und kostete den Staat 730 Franken. Er zeigte mich an wegen Erpressung und Nötigung, weil er in der Zeitung gelesen hatte, dass ich Wutbürgern anbot, die Strafanzeigen gegen eine Weihnachtsspende an den von mir gegründeten Verein #NetzCourage fallen zu lassen.

Die Anzeige des Rentners wurde abgelehnt, verursacht wurden 260 Franken Staatskosten. Dann folgte eine Anzeige wegen übler Nachrede, weil ich postete, ich sei schon mehrmals von innerlich zerfressenen Typen angezeigt worden. Er fühlte sich ertappt und forderte eine Genugtuung von 1000 Franken. Auch diese Anzeige wurde abgelehnt, Kostenpunkt zulasten des Staates: 218 Franken. Er zeigte mich auch an, weil ich ihn, ohne seinen Namen zu nennen, als «verurteilten Stalker» bezeichnete. Das Verfahren wurde wieder eingestellt, es kostete 220 Franken. Zudem animierte er mehrmals Bekannte von ihm, mich ebenfalls anzuzeigen, und trat für diese jeweils als ihr Rechtsvertreter in Erscheinung.

Als ich mich endlich überwunden hatte, den Mann bei der Polizei anzuzeigen, nahm mich die damals ermittelnde – und von diesem Mann später ebenfalls angezeigte Polizistin – ernst. Sie gab mir einen wichtigen Hinweis: Ich solle niemals, wirklich niemals direkt mit dem

Stalker sprechen. Wenn, dann via Strafermittlungsbehörden. Im ersten Moment verstand ich nicht, weshalb sie mir diesen Ratschlag gab, inzwischen weiß ich es. Die Polizistin heißt Doris Bussmann und ist heute nicht mehr für die Zuger Polizei tätig.[39] Sie leitet einen Verein, der sich auf Narzisst:innen respektive auf deren Opfer spezialisiert hat.[40] Sie hatte damals gleich verstanden, dass ich es mit einem Narzissten zu tun hatte. Narzisst:innen nähren sich, wenn man ihnen eine Bühne gibt. Sie legen die Spielregeln fest, wollen immer recht haben und sind nie schuld. Wenn man sie der Lüge überführt, belehrt oder ihnen widerspricht, eskaliert es meistens. Sie sind empathielose Menschen, die nicht in der Lage sind, sich in andere Menschen hineinzufühlen, überschätzen gleichzeitig die eigenen Fähigkeiten und streben stark nach Anerkennung. Doris Bussmann gab mir zu verstehen, dass die einzige Möglichkeit, einen Narzissten loszuwerden, darin bestehe, ihm aus dem Weg zu gehen, keine Angst vor ihm zu haben und sich auf die Justiz zu verlassen. So versuchte ich fortan, mich an ihren Ratschlag, Narzissten ins Leere laufen zu lassen, zu halten.

Es gibt einen zweiten Mann, der ebenfalls eine Obsession für mich entwickelt hat. Er ist knapp fünfzig und lernte den Rentner in der Kommentarspalte unter Artikeln über mich kennen. Auch bei ihm sind narzisstische Züge nicht von der Hand zu weisen. Der Jüngere, der kognitiv etwas eingeschränkt ist, dient dem Älteren als Handlanger. Wahrscheinlich inspiriert vom Älteren, begann auch der Jüngere, mich mit unsinnigen Anzeigen einzudecken. Es waren fast zehn Verfahren bis heute, seine Bemühungen wurden von den Behörden allesamt abgewiesen.

Die beiden Stalker richten auf allen Ebenen Schaden an. Ihr zeitintensivstes gemeinsames Projekt ist ein monothematischer Denunzierungsblog. Auf diesem Blog wurden über 200 teils hasserfüllte Artikel über mich und rund ein Dutzend Pornocollagen mit meinem Kopf aufgeschaltet. Die Männer gehen außerdem systematisch Personen und Organisationen an, die mich und #NetzCourage unterstützen. Sie drohen, setzen Falschbehauptungen in die Welt, belästigen, machen Druck und treten fordernd auf. Als Belege für ihre Behauptungen dienen selbst

geschriebene Blogartikel. Und als Absenderadressen dienen Fantasie-
namen und Fake-Accounts.

Nach umfassender und monatelanger Dokumentationsarbeit stehen endlich mehrere Gerichtsprozesse gegen die beiden Stalker an, deshalb erreichen mich alle paar Tage Verfügungen oder Stellungnahmen
und Berge von Akten. Neulich entdeckte ich im Ordner mit Beweisen
aus einer Hausdurchsuchung zwei E-Mails, die sich die Stalker geschrieben hatten. Da heißt es:

> *«Es ist natürlich schön wenn man Fakten hat. Ich muss schauen das
> ich den Privaten Leptop nach Hause nehme. Habe im Geschäft
> noch einer fürs Geschäft. (...) mache ich auf Privatem. Wenn mal
> eingebrochen wird in meiner Praxis ist er weg. Wenn wir vom
> schlimmsten ausgehen und du oder ich von Spiess angezeigt wer-
> den weil der Verdacht auf uns fällt wegen (...), und die Polizei mein
> Geschäft durchsucht, dann wird man nur den Geschäftlichen fin-
> den. Dort ist nichts drauf. Nicht das ich Angst hätte, aber Vorsicht
> ist besser. Und wenn es dich zuerst erwischt und du nicht anders
> kannst und von nichts weisst kannst du dann ohne schlechtes ge-
> wissen mein Namen nennen. So bist du fein raus. (...) Das Problem
> dürfte höchstens sein, wenn die Polizei dein Computer einnimmt.
> Da werden sie deine Beiträge sehen und mit (...) vergleichen. Denke
> aber das der Aufwand zu gross wäre für die Staatsanwaltschaft. Du
> kannst dann sagen es wären meine und du hättest es nur korrigiert
> da ich nicht gut bin im Deutsch. Der Admin wird sie dir nie be-
> weisen können, da ich der bin. Abwarten.»*

> *«Hoi (...)*

> *Nun ist die Geburt vorbei. Einen so ‹scharfen› Artikel habe ich
> noch nie geschrieben, aber es muss raus. Zumindest diejenigen, die
> uns lesen, sollen die Wahrheit mit allen Fakten kennen. Du hast ja
> immer alles gespeichert, ich werde jetzt die Berichte extern ab-
> speichern und dann alle Mails mit Dir löschen. Nur ganz kleine
> Vorsichtsmassnahme, es wird nichts passieren. Und ich weiss, dass*

Spezialisten auch alte Daten finden würden. Aber die Polizei kommt nicht ins Haus, das interessiert die Staatsanwaltschaft nicht. Wir verleumden nicht, wir lügen nicht.»

E-Mail-Konversation zwischen zwei wegen Stalking und Pornografie beschuldigten Männern, 2019

Kurz nach dem Absenden der obigen E-Mails klopfte es morgens um 8:05 Uhr beim Rentner an der Türe. Beamte der Kantonspolizei zweier Kantone sicherten vor Ort drei Festplatten und ein Mobiltelefon. Die ausgewerteten Daten sind verstörend. Das ist nun fast fünf Jahre her und noch immer gibt es kein Urteil.

Irgendwie war es seltsam. Zwar wurden die Blogartikel nach der Hausdurchsuchung seltener. Der alte Mann schaltete mit Kommentaren vordergründig einen Gang zurück. Er ahnte wohl, was ihm juristisch bevorsteht. Nicht so sein Freund, denn seine Belästigungen erreichten im Sommer 2021 die nächste Eskalationsstufe, sodass von der Kantonspolizei nach einer Drohung und kurzzeitiger Festnahme ein Kontakt- und Rayonverbot angeordnet wurde. Das Verbot betraf Analoges, es tat den täglichen digitalen Belästigungen keinen Abbruch, im Gegenteil. Ich hatte es offenbar mit einer Gesetzeslücke zu tun. Der Mann setzte immer mehr Kommentare und Posts über mich ab, inzwischen sind es Tausende. Ich war lange Zeit das einzige Thema auf der Facebook-Pinnwand des jüngeren Stalkers.

Als im Herbst 2021 an einem Maßnahmengericht über die Verlängerung seines Kontakt- und Rayonverbots entschieden wurde, erschien er unerwarteterweise mit einer Rechtsvertretung: Es war der Rentner. Nach einem ausschweifenden Plädoyer, in dem er alles, nur nicht die Belästigungen seines Stalker-Freundes zum Thema machte, wurde die Zwangsmaßnahme auf die maximale Dauer verlängert. Die Richterin wurde zum Abschied vom Rentner laut beschimpft.

Wie wappnet sich die Justiz gegen systematische, digitale Gewalttäter, deren Taten für ihre Opfer längst in die analoge Realität übergeschwappt sind? Wie kommt man einem obsessiven Mann bei, der auch nach Kontakt- und Rayonverbot, Verhaftung, Klageeinreichung, Gerichtsverhandlung und mehreren Urteilen weiter hetzt und hasst? Was kann und muss getan werden, wenn ein Narzisst mit unzähligen Anzeigen gegen mich die Justiz lahmlegt? Wie sollen wir als Gesellschaft mit dem Gift des digitalen Hasses umgehen, der uns inzwischen alle weiter auseinandertreibt?

Diese beiden Männer sind nach Einschätzung der Behörden so unberechenbar, dass eine Friedensrichterin nach erster Durchsicht meiner Zivilklage als Schutzmaßnahme drei bewaffnete Polizisten in Vollmontur zur Schlichtungsverhandlung beorderte. Sie führten vor der Verhandlung Leibesvisitationen durch, während der Verhandlung mussten sie vor der Tür in Bereitschaft warten. Dass die Polizisten während der Verhandlung den Raum verlassen mussten, war die Bedingung der beiden beklagten Männer, sonst hätten sie den Termin platzen lassen. Nach einer gescheiterten Friedensrichterverhandlung, bei der die Beklagten alles abstritten, legte einer der beiden offen, wie sehr er inzwischen Meister der Verkehrung ins Gegenteil geworden war, und schrieb auf seinen Social-Media-Profilen:

> *«Zum Glück wurde beim Friedensrichteramt die Spiesstruppe zuerst durch-untersucht, dass gab mir mehr Sicherheit, Spiess ging während dem Austausch, einem alten Mann fast an die Guurgel. Bei soviel Aggressivität brauchte es die Polizei.»*

Die beiden Männer belästigen mich nun seit fast zehn Jahren. Ihren Hassblog betreiben sie seit 2019, er umfasst allein zu mir über 200 Artikel und hat inzwischen viele weitere Blogs als Ableger hervorgebracht. Die misogyne und verachtende Sprache ist überall dieselbe. Jeder einzelne Blogbeitrag ist voller Frauenhass. In einigen findet man Hinweise auf die Personen, die sich am Auswurf der Hater bedienen oder sie gar füttern, solange es ihren eigenen Interessen dient und mir oder anderen schadet. So erschrak ich kürzlich bei der Durchsicht eines neuen Aktenstapels heftig. Einer der beiden Stalker reichte zu seiner eigenen Verteidigung E-Mail-Korrespondenzen beim Gericht ein. Es waren nette und zuvorkommende Konversationen zwischen einem der Stalker und einstigen Wegbegleiterinnen des Vereins #NetzCourage. Ehemalige Kolleginnen, die vor Jahren in vermeintlich guter Absicht mit mir Seite an Seite gegen digitale Gewalt kämpften, Trolle enttarnten, mich täglich mit Ratschlägen eindeckten. Mit ihnen steht dieser Stalker nun also in freundschaftlichem Austausch. Der Mitbetreiber des Blogs nutzte die E-Mails nun zu seiner Verteidigung für seine Gerichtsverfahren. Mir wurde schlecht. Dieselben Frauen, die #NetzCourage und mich vordergründig einst unterstützt hatten, eilen den Stalkern nun zu Hilfe und beliefern sie mit privaten Unterlagen über mich.

Es kam mir so vor, als ob ein Spiel gespielt würde. Ein Gesellschaftsspiel, das Menschen spielen, die sich im Hass gefunden haben. Der Feind meines Feindes ist mein Freund. Dass Medien diesem Spiel zuschauen, ist eine Sache. Wenn man nicht genau hinsieht, bekommt man vielleicht vieles nicht mit. Dass Medien aber mit tendenziösen Artikeln ungeprüfte Behauptungen von Mitspielern dieses «Spiels» verbreiten und damit Hand für das Perpetuieren dieses Spiels bieten, ist eine ganz andere Sache. Schwer vorstellbar: dass Exponent:innen von Tamedia dieses Spiel mitspielen und gar eine aktive Rolle darin übernehmen.

Was ist das Ziel dieser Männer, deren krankhafte Obsession ich geworden bin, obwohl ich nichts mit ihnen zu tun haben möchte? Was muss passieren, damit es endlich aufhört?

Beide suchen die Öffentlichkeit. Wäre es nicht besser, ihre Namen zu nennen, um vergangene, aktuelle und zukünftig betroffene Frauen vor ihnen zu warnen? Ich mache es nicht, auch weil ich mich vor Jahren dazu verpflichtet habe, zumindest den Namen des alten Mannes nicht zu nennen. Ich will einfach nur, dass es aufhört.

Die Netflix-Serie «Baby Reindeer» wurde innert Tagen zum weltweiten Erfolg. Der Regisseur, der seine Lebensgeschichte verfilmte, anonymisierte und verfremdete die Identität seiner Stalkerin so weit, dass sie für Außenstehende nicht identifizierbar war. Doch kaum waren die ersten Filmkritiken und Medienartikel über die fesselnde Verfilmung seiner wahren Stalker-Geschichte publiziert, meldete sich eine Frau bei The Sun, der größten britischen Boulevardzeitung. Dort gab sie an, die «echte Martha» zu sein, um die es in der Serie gehe.[41] Es sei aber alles ganz anders als in «Baby Reindeer» dargestellt. Denn eigentlich werde sie von ihm gestalkt und wolle nun rechtlich gegen den Regisseur und Netflix vorgehen.

Auch diesem Muster, der systematischen Verkehrung ins Gegenteil fast aller ihrer Taten, das krankhafte Stalker beherrschen wie kaum andere, wird in «Baby Reindeer» genügend Platz eingeräumt, sodass das Publikum das Selbst-Outing dieser Frau einordnen kann. Solche Verkehrungen ins Gegenteil zu verstehen, ist wohl etwas vom Wichtigsten, um als Betroffene den eigenen Selbstzweifeln und der nagenden Unsicherheit zu entkommen und sich vor einer gewissen Paranoia zu schützen. Leider verstehen Außenstehende dieses perfide Vorgehen nicht auf Anhieb, oder sie wollen es nicht sehen und werden selbst Teil davon.

Ihre Frau zieht mit ihrem guten Aussehen vermutlich auch zahlreiche sexuell motivierte Betrachter an. Trotzdem versteckt sie sich nicht. Haben Sie ihr noch nie gesagt, «jetzt zieh dir mal was Anständiges an, denn so werden wir die Wut-Wixer ja nie los»?

Diese Frage trieft nur so vor Sexismus. Die Frau soll ihrem Mann gefallen, sich aber nicht zu aufreizend anziehen, da sie sich sonst nicht wundern muss, wenn sie von einem anderen begrapscht wird. In einer solchen Welt will ich nicht leben. Wenn wir uns am Schluss nicht mehr getrauen, uns in einem schulterfreien Leibchen zu zeigen, sind wir gedanklich recht nah bei den Taliban. Das bin ich nicht.

Reto Spiess gegenüber Hansi Voigt im Watson-Interview, 2017

Die Zerstörungsmaschine

Mit der Gründung von #NetzCourage 2016 habe ich den Schweizer Medien nicht den Gefallen getan, endlich zu verstummen, sondern die Anlaufstelle für Betroffene von digitaler Gewalt geschaffen, die mir damals gefehlt hat. Ich vernetzte mich mit Betroffenen und Fachstellen in Deutschland und Österreich, besuchte Tagungen und wurde immer häufiger für Vorträge im deutschsprachigen Raum angefragt. Ich sprach als Betroffene und Fachperson. Meine Expertise war an Digital-Tagungen und internationalen Vernetzungstreffen gefragt. Dabei lernte ich großartige Menschen kennen, die ich bewundere und mit denen sich über die nächsten Jahre ein wertvoller Austausch ergab. An einem Vernetzungstreffen in Berlin stand die Organisation HateAid kurz vor der Gründung, es tat mir unglaublich gut, meine Erfahrungen mit #NetzCourage teilen zu können. Gerade diese regelmäßigen Vernetzungsanlässe in Deutschland waren für mich auch psychologisch wichtig. Ich tauschte mich mit Menschen aus, die wussten, wie sich solche digitale Fegefeuer anfühlen.

Jedes Mal, wenn ich zurück in die Schweiz reiste, war ich wie in einem Vakuum. Mir fehlte der Austausch mit Fachpersonen, die es hier kaum gab. #NetzCourage wuchs zwar auf 1700 Mitglieder an, doch bis heute ist der Verein in der Schweiz die einzige Initiative, die Menschen bei digitaler Gewalt kostenlos Unterstützung anbietet. #NetzCourage entstand aus meinen Erfahrungen und Überlegungen heraus. Ich wollte von meinem Fall abstrahieren und mit der Organisation auch im Namen vieler anderer Opfer über digitale Gewalt sprechen und konkrete Hilfe anbieten. Es war für mich wichtig, aus dem, was ich erlebt habe, etwas Positives zu machen.

In der Tat ist das Bedürfnis nach einem solchen Angebot enorm. Die #NetzAmbulanz, so nennen wir die kostenlose Beratungsstelle für Opfer digitaler Gewalt, schloss das Jahr 2023 mit 187 Fallberatungen ab. Für 187 Menschen leistete unser Team kostenlose juristische Beratung und psychosoziale Unterstützung, Hilfe bei Recherchen, Datensicherung, Anzeigeerstattung und Gerichtsterminen. Im Projektjahr 2023 leiteten wir 21 Strafverfahren ein.

In vielen Fällen vermitteln wir auch einfach. Wir nehmen auf Wunsch Kontakt mit Beschuldigten auf oder intervenieren bei Plattformbetreibern, wenn es darum geht, Hassrede zu löschen. Wir werten Shitstorms aus und befassen uns mit Fake News und False Balance, unterrichten an Schulen und geben Medienauskünfte zum Thema. Vor allem aber nehmen wir uns ganz viel Zeit für Betroffene, treffen sie, reden und hören zu. Der Umgang mit der Psyche von Betroffenen digitaler Gewalt wird völlig unterschätzt. Um als Zielperson einer digitalen Treibjagd weitermachen, den Alltag wieder wie vorher bewältigen zu können und sich nicht zurückzuziehen, braucht es enorm viel. Als Shitstorm-betroffene Person war und bin ich enorm froh, aus meinen schwierigen Erfahrungen erfolgreiche Überlebensstrategien vermitteln zu können. Denn viele Opfer digitaler Gewalt fühlen sich so hilflos und am Abgrund, wie ich mich selbst gefühlt habe. Heute weiß ich, dass es immer weitergeht und dass es sich lohnen kann, zu kämpfen. Das will ich mit meiner Arbeit vermitteln.

Im Zusammenhang mit digitaler Gewalt werden die digitalforensischen Sicherungen unterschätzt. Um rechtlich gegen Täter vorgehen zu können, muss das Delikt gerichtsverwertbar gesichert sein. Da reicht ein Handy-Screenshot oder eine Papierkopie nicht aus. Und wenn es sich um einen Shitstorm, perfides Gaslighting[42] oder um langjähriges Cyberstalking handelt, ist es Betroffenen nicht mehr zuzumuten, selbst eine gerichtsverwertbare, digitalforensische Datensicherung anzufertigen. Da solche Fälle aber immer mehr zunehmen und Anwaltskanzleien nur schon am technischen Wissen scheitern, braucht es schnelle und vor allem erschwingliche Lösungen, um in einer juristischen Auseinandersetzung bestehen zu können.

Digitale Gewalt ist ein gesellschaftliches Problem, das sich nicht allein mit Strafanzeigen lösen lässt. Strafanzeigen sind eigentlich der letzte mögliche Ausweg. Aber wenn man digitale Gewalt anzeigt, muss man sie konkret benennen können. #NetzCourage hat sich da ein großes Wissen erarbeitet, sehr zum Ärger einer ganzen Menge überführter Täter, fast zu hundert Prozent Männer, die per Strafbefehl oder per Gerichtsentscheid erfahren mussten, dass das Internet kein rechtsfreier Raum ist.

In der Schweiz bekommt gemäß aktuellen Umfragen fast jede zweite Frau online ungefragt Bilder von männlichen Geschlechtsteilen zugeschickt. Weitere FLINTA*-Personengruppen wurden nicht befragt, die Dunkelziffer dürfte entsprechend hoch sein. Dies irritiert, lähmt, hemmt und triggert gerade Opfer von sexualisierter Gewalt und führt oftmals dazu, dass sich Betroffene von Social Media zurückziehen oder sich stark einschränken. Wir wissen aus unserer Beratungserfahrung, dass Strafanzeigen dagegen nützen und Wiederholungstäter eher selten sind. Doch das Anzeigen solcher Grenzüberschreitungen bedeutete in der Schweiz tatsächlich lange Zeit noch, das erhaltene Penisbild ausdrucken und auf einem Polizeiposten ein zeitintensives Protokoll anfertigen zu müssen, bei dem unangenehme Fragen gestellt wurden. Viele betroffene Frauen werden von der Polizei nicht ernst genommen. Das ist einerseits demütigend, andererseits beschämend für unsere Behörden.

Da wir bei #NetzCourage wissen, dass das Versenden unerwünschter Nacktbilder in der Schweiz strafbar ist – es fällt unter den Straftatbestand der Pornografie –, und wir unerhört viele Anfragen von Frauen erhielten, die sich gegen diese unerwünschten Zusendungen wehren wollten, programmierten wir den schweizweit ersten Strafantrags-Generator gegen Penisbilder und nannten das Tool #NetzPigCock. Mit diesem Onlinetool kann man Dickpics innerhalb von 60 Sekunden zur Anzeige bringen. Nach der Eingabe der nötigen Angaben auf www.netz-pigcock.ch wird ein PDF direkt im Browser angefertigt. Auf der Seite gespeichert wird dabei nichts, das war uns bei der Konzeption sehr wichtig. Man soll #NetzPigCock auch anonym nutzen können. So muss man die Anzeige nur noch ausdrucken, unterschreiben und in den nächsten Briefkasten werfen.

#NetzPigCock wurde ein Erfolg. Im ersten Betriebsmonat wurden 1178 Strafanträge generiert und dieses Problem damit endlich sichtbar gemacht. Die Zahl der generierten Strafanzeigen hat unsere kühnsten Erwartungen übertroffen. Mit diesem Anzeigen-Generator wollen wir in erster Linie Betroffene stärken und sie vor dem Rückzug bewahren. Außerdem wollen wir mit dem Tool den Strafuntersuchungsbehörden, der Polizei, aber auch der Politik beweisen, dass es sich um ein akutes, geschlechterspezifisches Problem handelt. Mit einer Kriminalstatistik, in der diese Anzeigezahlen dereinst ersichtlich sind, lassen sich endlich gesetzliche Anpassungen und groß angelegte Aufklärungskampagnen rechtfertigen und anstoßen.

Ich glaube, alle Schweizer Medien berichteten im Frühling 2021 über unsere Lancierung von #NetzPigCock, wir erhielten viele positive Rückmeldungen von Medienschaffenden und Betroffenen. Es ist symptomatisch, dass die alten Männer der rechten Medienportale anderer Meinung waren und #NetzPigCock als «Denunziationstool»[43] bezeichneten.

Ich wurde mit mehreren Preisen für mein Engagement für Frauenrechte und Innovation ausgezeichnet.[44][45] Beruflich habe ich mir mit #NetzCourage eine neue Existenz aufgebaut, nachdem ich infolge der rufschädigenden Medienkampagne vergessen konnte, als Politikerin jemals wieder gewählt zu werden. Mit der freigesetzten Energie in meinem neuen Arbeitsfeld konnte ich viel bewirken. Wir vergrößerten das Team schnell. Die Arbeit wurde immer mehr und immer komplexer. Unser Angebot wurde von vielen Seiten als unverzichtbar anerkannt, sodass ich damit begann, mein Wissen in Workshops an kantonale Opferhilfestellen weiterzuvermitteln und an Primarschulen, Oberstufen und Gymnasien zu digitaler Gewalt zu referieren und zu unterrichten. Es lief wunderbar. Bis mich, Jahre nach der ersten Kampagne durch den *Blick*, der Bannstrahl der Medien erneut traf.

Als ich 2020 öffentlich ankündigte, zum ersten Mal in der Schweiz ein rechtskräftiges Gewinnherausgabe-Urteil erwirken zu wollen, ahnte ich nicht, dass nach dieser Ankündigung ein weiterer medialer Diffamierungs-Marathon beginnen würde. Je näher das Urteil und damit ein mögliches Waterloo für wenige gewichtige Schweizer Medien rückte, desto nervöser wurde man in der Branche. Ringier stand vor Gericht, die Beweise waren vorhanden, die Gegenargumente entkräftet. Es braucht nicht viel Fantasie, um sich vorzustellen, was dann passierte.

Keinen Monat nachdem Ringier die Waffen mit einer Entschuldigung und der Löschung sämtlicher Artikel über mich niedergelegt hatte, mischte sich Tamedia, der mächtigste Medienkonzern der Schweiz, in meine Geschichte ein.

Nachdem ich – neben 81 anderen Usern – ein verunglücktes Satire-Meme auf Twitter gelikt hatte, das sich über die Doppelmoral von Tamedia lustig machte, feuerte das Medienhaus innert weniger Tage zehn Artikel in verschiedenen Zeitungen über #NetzCourage und mich ab.[46] Die Artikel waren bösartig, teilweise absurd, und sie zielten darauf ab, meine Glaubwürdigkeit als Person und Geschäftsleiterin von #Netz-Courage herabzusetzen.

Im Zuge dieser Kampagne behauptete die *SonntagsZeitung* in einem Artikel[47] über mich, der sich wie das Sündenregister einer komplett verkommenen Person las, dass ich Hacker auf Medienschaffende ansetzen würde, die schlecht über mich schreiben. Ein bizarrer Vorwurf. Als Beweis dafür wurde ausgeführt, dass sich bei namentlich nicht genannten Medienschaffenden, die kritisch über mich berichteten, in letzter Zeit unerlaubte Zugriffsversuche auf Mailserver und Profile auf Social Media häuften. Ich hätte «in der Vergangenheit einen Aufruf an Hacker» publiziert. Ich hätte angekündigt, diese für ihre Arbeit zu belohnen. Belege dafür lieferte die *SonntagsZeitung* allerdings nicht.

Der Hintergrund dieser konstruierten Geschichte war folgender: 2017, fast fünf Jahre bevor der Artikel in der *SonntagsZeitung* erschien, wurden meine Kinder und ich von einem anonymen Facebook-Account auf eine bestialische Weise mit dem Tod bedroht. Ich erstattete Strafanzeige. Die Staatsanwaltschaft Zug sistierte die Ermittlungen allerdings im Januar 2018, weil der Drohende seine Spuren im Internet erfolgreich verwischt hatte. Aufgrund dieser Sistierung kam es auf Twitter zu einer Diskussion. Ein User warf die Frage auf, ob nicht «ein Hacker» die Verschlüsselung des Accounts knacken und die Identität des Drohenden ermitteln könnte. Daraufhin antwortete ich: «Falls hier einer mitliest, ich lade ihn zum Znacht ein.» Das war alles. Dass man mich dafür verantwortlich machen wollte, dass bei Journalisten fünf Jahre später verdächtige Zugriffsversuche eingingen, passte aber irgendwie zur Kampagne von Tamedia. Es wurde geschrieben, ohne mit mir über den abenteuerlich konstruierten Vorwurf gesprochen zu haben.[48]

Dass sich dann im Zuge dieser Kampagne im Sommer 2021 der Chefredaktor noch zu einem Nazi-Vergleich verstieg, war die Krönung der Konzernberichterstattung gegen mich:

> «(...) offenbar ist Spiess-Hegglin nun jedes Mittel recht, wenn es darum geht, (...) zu attackieren. Besorgniserregend ist, dass mittlerweile ein Teil der politischen Linken so intolerant geworden ist, dass sie auf jeglichen Anstand verzichtet und Volksverhetzung betreibt, wie wir sie bei Rechtsextremen erwarten und wie wir sie eigentlich seit 1945 bei uns überwunden glaubten.»

> «Das ist eine Grenzüberschreitung», Tages-Anzeiger, 6. Juli 2021

Dass der Chefredaktor den Vergleich später löschte, ohne die nachträgliche Bearbeitung des Artikels transparent zu machen, weist darauf hin, dass innerhalb von Tamedia doch noch ein paar Sicherungsmechanismen spielen. Oder dass eine:r der vielen hervorragenden Journalist:innen, die nach wie vor beim *Tages-Anzeiger* arbeiten, den Chef zur Vernunft gebracht hat. Solche Attacken verstand ich immer auch als Angriff auf meine zweite berufliche Existenz. Sie hatten allerdings einen Zuwachs von über 1000 Vereinsmitgliedern für #NetzCourage zur Folge.

Seither hat Tamedia vielfach unbelegte, abenteuerliche Vorwürfe gegen mich in der *SonntagsZeitung*, im *Tages-Anzeiger* oder in der Pendlerzeitung *20 Minuten* geäußert. Vor allem auch auf dem privaten Blog und den Social-Media-Kanälen der *Tages-Anzeiger*-Journalistin, die später im Auftrag von Tamedia die Landammannfeier nochmals aufgriff und ein Buch darüber schrieb, werden mir bis heute nicht bewiesene oder mehrfach widerlegte Geschichten und Eigenschaften angedichtet. Die nicht vollständige Liste an veröffentlichten Unterstellungen umfasst unter anderem die Behauptungen:

- dass ich einen SVP-Politiker wissentlich falschbeschuldigt habe
- dass mein Alkoholkonsum exzessiv sei bis zum Gedächtnisverlust
- dass ich einen Mitarbeiter um Tausend Franken betrogen habe

- dass ich E-Mails meiner Mitarbeitenden ausspioniere
- dass ich schlecht mit vulnerablen Menschen umgehe
- dass ich Richter bedrohe
- dass ich Bibliotheken einschüchtere
- dass ich mit Fake-Accounts Leute provoziere, um sie danach anzeigen zu können
- dass ich meine «Fans» und Medienschaffende manipuliere
- dass ich von einem Milliardär bezahlt sei und nur deshalb prozessieren könne
- dass ich einen unschuldigen Mann bis heute der Vergewaltigung bezichtige
- dass ich die Karriere des SVP-Politikers bewusst zerstört habe
- dass #NetzCourage ein «Ego-Projekt im Gewand des Gemeinnützigen» sei

Insbesondere für die mittlerweile erstinstanzlich verurteilte Journalistin des *Tages-Anzeigers* scheine ich zur Obsession geworden zu sein. Ich kann mir inzwischen sogar vorstellen, dass sie zum Teil tatsächlich glaubt, was sie mir vorwirft. Und inzwischen ist auch klar, dass sie sich mit mindestens einem der beiden Stalker austauscht. Vertrauliche Akten aus der gerichtlichen Auseinandersetzung um die Veröffentlichung ihres Buches tauchten plötzlich auf dem Hass-Blog der Stalker neben den Pornocollagen auf.

Dass Tamedia den Austausch zwischen ihrer Journalistin und einem der Männer bestätigte und dies also völlig bewusst passiert war, stellt eine neue Eskalationsstufe dar.[49][50] Reto setzte mehrere Mitglieder des Verwaltungsrats von Tamedia per E-Mail im Detail über diese Allianz in Kenntnis. Antworten auf seine Frage, ob sie das mitverantworten würden und wie lange sie dem absurden Treiben noch zuschauen möchten, blieben jedoch bislang aus. Das Schweigen und Abwarten des Verwaltungsrats, zu dem auch eine HSG-Professorin für Kommunikationswissenschaften, ein ehemaliger Chef bei *Der Spiegel*, *FAZ* und *Tagesspiegel* und eine ehemalige Ständeratspräsidentin der SP gehören, ist eine riskante Strategie. Weil Verwaltungsräte irgendwann für die Fehler eines

Konzerns mithaften. Vor allem dann, wenn sie alles gewusst, aber nichts unternommen haben.

Heute sehe ich das Verhalten von Tamedia im Kontext des Gewinnherausgabe-Prozesses. Ich kann mir kein anderes Motiv vorstellen, das erklären würde, weshalb man eine befangene Autorin mit Recherchen gegen mich beauftragt, die sich wiederum mit gerichtsnotorischen Stalkern austauscht, als die maximale Herabsetzung meiner Glaubwürdigkeit und entsprechende Chancenminderung im entscheidenden Prozess zur Gewinnherausgabe bei persönlichkeitsverletzender Berichterstattung.

Ein Großteil der Branche schwieg und schweigt bis heute zum Gebaren von Tamedia. Einzig die Wochenzeitung *WOZ*[51] und die *Republik*[52] thematisierten es bisher. In einem langen Artikel «Die Zerstörungsmaschine» zeichnete Daniel Ryser, der damals für die *Republik* tätig war, die Kampagne gegen mich detailliert nach. Der Artikel schließt mit den Zeilen:

> «Es wurde in diesen Tagen offenbar, dass es für Jolanda Spiess-Hegglin nie aufhört. Nachdem die Frau vor einem Jahr gegen den Ringier-Konzern vor Gericht wegen Persönlichkeitsverletzung gewonnen hat, nach all den Jahren des Irrsinns, die wohl auch dazu beitragen, dass Spiess-Hegglin, die selbst im Netz zum Teil heftig angefeindet und bedroht wird, heute in den Augen von vielen kommunikativ über das Ziel hinausschiesst – führt nun der zweite Schweizer Verlag eine Kampagne gegen diese Frau und wird damit nicht aufhören. Flankiert, aus politischen Motiven, von der Weltwoche.*
>
> *Bis eigentlich was passiert? Und warum?»*
>
> Daniel Ryser, Republik, 6. August 2021

Das Timing ist jedes Mal perfekt. Anfang 2022 stand der erste Gewinnherausgabe-Prozess gegen Ringier an. Drei Tage vor Prozessbeginn publizierte die *SonntagsZeitung* auf vier Seiten einen Text der *Tages-Anzeiger*-Journalistin, in dem sie mich erneut als unglaubwürdige Täterin darstellte.[53] Dazu kam ein großes Interview mit dem «falsch beschuldigten» SVP-Mann. Es lässt sich nur vermuten, dass es sich um einen Versuch handelt, auf den Prozessverlauf mit Ringier Einfluss zu nehmen.

Zuvor war bekannt geworden, dass die Journalistin, die seit 2015 immer wieder mit wertenden Artikeln und Äußerungen über mich aufgefallen war, ein Buch publizieren wolle, in dem sie die damalige «Skandalnacht» nochmals beleuchtet. Die Recherche gab Tamedia in Auftrag, was durch den Chefredaktor und den damaligen Ressortleiter schriftlich und öffentlich bestätigt worden ist.[54][55]

Anlass für diese Publikation waren keine neuen Erkenntnisse oder aufgetauchte Beweisstücke. Die *Tages-Anzeiger*-Journalistin begründete die Recherche in mehreren Interviews[56][57] mit dem Gerichtsurteil gegen Ringier. Jenem Urteil, das wenige Wochen zuvor von Ringier akzeptiert worden war und das als Grundstein für Gewinnherausgaben und nachhaltige Veränderungen der Branche verstanden werden kann.

Alle Schweizer Verlage, denen das Manuskript zu ihrem Buch vorgelegt wurde, lehnten die Veröffentlichung ab.[58] Die Autorin veröffentlichte ihr in weiten Teilen mutmaßlich persönlichkeitsverletzendes Buch schlussendlich im Eigenverlag – trotz dreier offener Gerichtsverfahren wegen Verleumdung und Persönlichkeitsverletzung – und vertreibt es über einen eigenen Onlineshop.

Der Erkenntnisstand des Buchs ist derselbe wie damals in all den *Blick*- und *Weltwoche*-Artikeln, für die die Verantwortlichen später wegen Persönlichkeitsverletzung oder übler Nachrede verurteilt wurden. Wahrscheinlich um ihre falsche, im Januar 2015 im *Tages-Anzeiger* ausgeführte These vom «Techtelmechtel unter zu viel Alkoholeinfluss» zu stützen, unterschlägt die Journalistin im Buch etwa, dass die in meinem Intimbereich nachgewiesenen DNA-Spuren von zwei verschiedenen Männern auf eine komplett andere Geschichte hindeuten als die, die sie erzählt. Latent behauptet sie – entgegen aller öffentlichen Beteuerungen meinerseits –, ich würde den SVP-Politiker anschuldigen – und stellt dabei in Abrede, dass es neben einem einvernehmlichen Abenteuer und widerstandsloser Vergewaltigung noch eine dritte Möglichkeit gibt: Dass sowohl ich als auch der SVP-Politiker unwissentlich Drogen verabreicht bekommen haben könnten.

Das Onlineportal *Zentralplus* hat sich mit dem Inhalt des Buches auseinandergesetzt. Die *Tages-Anzeiger*-Journalistin, so die Chefredaktorin von *Zentralplus*, tue darin genau das, was sie mir seit Jahren vorwirft, dem SVP-Politiker angetan zu haben: Sie beschuldigt mich, eine Straftat begangen zu haben. Sie unterstellt mir Falschbeschuldigung, obwohl alle Verfahren längst eingestellt worden sind. Sie insinuiert, dass am Vorwurf gegen mich eben doch etwas dran sei. Vor Gericht würde gelten: Unschuldig bis zum Beweis der Schuld. Diesen Grundsatz trete das Buch mit Füssen, führt *Zentralplus* weiter aus.

Nach einer ersten juristischen Prüfung durch meine Anwältin zeigte sich, dass das Buch wohl hochgradig persönlichkeits- und intimsphärenverletzend ist. Ich hatte eigentlich gehofft, die Journalistin wisse selbst, dass beispielsweise das Zitieren aus meinen privaten und nicht öffentlichen Krankenhausakten und meinen gynäkologischen Untersuchungsprotokollen meine Intimsphäre betrifft und somit nicht erlaubt ist. Sie hatte uns im Glauben gelassen, mehrere Juristen hätten ihr Werk vor der Publikation geprüft. Das ist bei diesem Resultat schwer vorstellbar. Die bereits im Vorjahr eingereichte Unterlassungsklage, das persönlichkeitsverletzende Buch nicht zu veröffentlichen, änderten wir auf eine Feststellungsklage mit Anspruch auf Gewinnherausgabe ab.

Bemerkenswert an diesem Buch, das aus vielen Spekulationen und noch mehr Auslassungen besteht, ist auch das Schlusswort, das die *Tages-Anzeiger*-Journalistin an den Chefredaktor und den Konzern-Juristen von Tamedia richtet. Sie bedankt sich für den großen persönlichen Einsatz, den die beiden für die Entstehung ihres Buches leisteten.

Wir wollten eine Publikation gerichtlich verhindern. In diesem Zusammenhang hat das Bundesgericht unserer Meinung nach einen groben Fehler begangen, über den nun der Europäische Gerichtshof für Menschenrechte (EGMR) in Straßburg urteilen wird. Doch selbst wenn ich vor dem EGMR gewinnen würde, hätte das Urteil lediglich symbolischen Charakter. Die erneute schwere Verletzung meiner Rechte durch dieses mittlerweile veröffentlichte Buch kann kein Urteil rückgängig machen.

Nach der Buchvernissage im Zürcher Kaufleuten, anlässlich derer die Zürcher Kantonalbank ihr Dauersponsoring-Logo auf dem Veranstaltungshinweis zwischenzeitlich entfernen ließ, ging die Journalistin mit dem Buch auf Interviewtour. Sie war unter anderem bei einem bekannten TV-Regionalsender zu Gast. Während der Livesendung meldete sich ein Mann per Telefon, der ins Studio durchgestellt wurde. Er überbrachte der Journalistin die besten Wünsche, gratulierte ihr zu «ihrem Mut, der Wahrheit und Journalismus, der kritisch hinterfragt und recherchiert». Zu mir platzierte er noch eine mutmaßliche Ehrverletzung. Es war der jüngere Stalker. Jener Mann, der mir seit Jahren täglich online nachstellt, zum Entstehungszeitpunkt dieses Buches bereits zweitinstanzlich wegen Persönlichkeitsverletzung verurteilt und vom Maßnahmengericht mit einem Kontakt- und Rayonverbot maximaler Dauer belegt worden war.

So ergoss sich mit der Publikation des Buches nochmals eine große Ladung misogyne Häme über mich.

Dann, im Frühling 2023, fand der öffentliche Verleumdungsprozess gegen die *Tages-Anzeiger*-Journalistin statt. Im Gerichtssaal wurde direkt neben meinem Mann und mir der Konzern-Jurist von Tamedia platziert, der im Buch verdankt wird. Der Jurist begleitete seine Kollegin zum Strafprozess, an dem ein von ihr privat verfasster Tweet, in dem sie mir erneut die Falschbeschuldigung des SVP-Politikers unterstellte, verhandelt wurde. Während der Verhandlung ließ meine Anwältin zum allerersten Mal Videosequenzen aus meiner polizeilichen Erstbefragung vom 22. Dezember 2014 einspielen. Die Journalistin sah das Video an dieser Verhandlung zum ersten Mal.

Der Gerichtsreporter der *NZZ* schrieb später dazu:[60]

> «Diese Aufnahmen waren bisher nicht gezeigt worden. Sie wurden zwar nicht vollumfänglich abgespielt. Doch scheinen sie eindeutig die Version von Spiess-Hegglin zu bestätigen, wonach sie gegenüber der Polizei darum bemüht war, den in Verdacht geratenen SVP-Politiker nicht auf Vorrat zu belasten.»
>
> Daniel Gerny, NZZ, 26. Mai 2023

Allen Anwesenden im Saal wurde umgehend klar, wie wenig die seit Jahren vertretene falsche These der *Tages-Anzeiger*-Journalistin mit der Realität und den für mich so einschneidenden und belastenden Erlebnissen zu tun hatte.

Auf Twitter hatte sie behauptet, dass ich «seit 5,5 Jahren öffentlich über den Fall spreche» und dabei stets «einen Unschuldigen der Vergewaltigung bezichtige». Der Basler Gerichtspräsident gab bei der Urteilsbegründung zu bedenken, dass die Twitter-Äußerung der Journalistin «massiv ehrverletzend» sei und «wider besseres Wissen» geschrieben worden war. Mit ihrer Äußerung «ohne erkennbare Motive» habe sie das «Bashing» gegen mich weitergeführt und sei trotzdem noch der Ansicht, «alles absolut richtig» gemacht zu haben, sagte er weiter. [61]

Das Strafgericht Basel-Stadt verurteilte die Journalistin wegen Verleumdung und verschärfte mit diesem Richterspruch die Strafe gegenüber der Vorinstanz. Im Basler Urteil[62] heißt es:

> *«Was ihr Nachtatverhalten betrifft, so kann der Beschuldigten weder ein Geständnis noch Einsicht oder Reue zugutegehalten werden. Während des gesamten Strafverfahrens wie auch anlässlich der Hauptverhandlung ist die Verbissenheit, mit der sich (...) der sogenannten Landammann-Affäre und der medial ausgetragenen Fehde mit Jolanda Spiess-Hegglin widmet, deutlich spürbar.»*

> *Auszug aus dem Urteil des Strafgerichts Basel-Stadt vom 23. Mai 2023 i.S. Tages-Anzeiger-Journalistin, Verleumdung, ES 2022.230, nicht rechtskräftig*

Nach der Urteilsverkündung verließ die Journalistin, flankiert vom Tamedia-Juristen, den Gerichtssaal und gab gegenüber den vor dem Saal wartenden Medienschaffenden bekannt, sie werde das «Skandalurteil»[63] weiterziehen.

Obwohl längst mehrere Gerichte festgestellt hatten, dass Medien meine Persönlichkeitsrechte missachtet haben, werde ich ausgerechnet von reichweitenstarken Medienhäusern immer wieder zur übermächtigen Täterin, zur «Zensorin» und zur Bedrohung erklärt. Diesen Mechanismus der Täter-Opfer-Umkehr analysierte die Basler Soziologin und Autorin Franziska Schutzbach im Artikel «Die gefährliche Frau»[64] in der Wochenzeitung *WOZ* als Grundstrategie frauenfeindlicher Agitation. Die Frau werde zur Gefahr stilisiert, in meinem Fall zur Gefahr für die Pressefreiheit. Dadurch würden Hass und Beschimpfungen gegen mich legitim, erklärt Schutzbach. Ich werde «zum Abschuss freigegeben, zur Zielscheibe gemacht – im Namen unser aller Freiheit». Die Aggressor:innen stellen sich als die eigentlichen Opfer dar und geben damit vor, aus Notwehr und zum Schutz der Allgemeinheit zu handeln. Franziska Schutzbach nennt als Beispiel einer Variante, mit der man sich nicht die Finger mit Beschimpfungen schmutzig macht, die von Tamedia-Zeitungen publizierte Schlagzeile nach meinem ersten provisorischen Gerichtsentscheid in der Buch-Sache: «Schwerer Angriff auf die Pressefreiheit». Ein «schwerer Angriff» legitimiert, dass schwer zurückgeschossen wird. Und genau das wurde getan. Es sei ein uraltes Muster, so die Soziologin, eine Inszenierung, wie man es nicht nur von Misogynie, sondern auch von Antisemitismus und Rassismus kenne: Die Opfer werden zu den eigentlichen Täter:innen erklärt. Diese Strategie erlaubt also nicht nur, Ressentiments und Abscheu ungefiltert freien Lauf zu lassen, sie macht es auch möglich, dass Hass als eine Tugend, seine Versprachlichung als Heldentat erscheint.

Gemeinsam mit einem Mitarbeiter der *Weltwoche* bildete die *Tages-Anzeiger*-Journalistin in der Zwischenzeit ein «Recherche-Kollektiv». Einige Wochen nach der Publikation ihres Buches war sie plötzlich im Besitz von vertraulichen Unterlagen von #NetzCourage. Konkret waren dies eine vertrauliche und verschlüsselte Unterhaltung zwischen der kurzzeitigen Interimspräsidentin, einem #NetzCourage-Beirat und mir, Auszüge aus einem verschlüsselten Arbeits-Chat zwischen mir und dem Verantwortlichen einer Agentur, der in einem Auftragsverhältnis technische Angelegenheiten wie Hosting oder die E-Mail-Administration für den Verein regelte, und zudem auch ein privater Chat, der als Safe Space mehrerer Freundinnen gedient hatte.

Auszüge aus all diesen vertraulichen Unterhaltungen fanden sich aus dem Zusammenhang gerissen und im falschen Kontext maximal rufschädigend neu zusammengesetzt auf dem Blog der Journalistin wieder. Sogar ein E-Mail-Passwort aus dem Arbeits-Chat zwischen der Agentur und mir war dort plötzlich aufgeschaltet. Die veröffentlichten Chatausschnitte wirkten seltsam. Es gab keinen Hinweis auf das verwendete Chatprogramm, die Browser-Adresse fehlte und die Schrift sah aus wie Arial 12.

Wer diese vertraulichen privaten und geschäftlichen Daten entwendete und dem «Recherche-Kollektiv» weiterreichte, ist nicht abschließend geklärt. Da der Vorstand des Vereins aber nur Wochen zuvor die kurzzeitige Interimspräsidentin und zwei weitere Frauen wegen wiederholten Verstoßes gegen den Vereinszweck aus dem Verein ausschließen musste und die kurzzeitige Präsidentin mit dem vom Verein für E-Mail- und Datenadministration beauftragten Agenturleiter liiert ist, kann man es ahnen.

Ich schwieg öffentlich zum Vertrauensmissbrauch und zur fragwürdigen Weitergabe dieser Chatauszüge und klärte die Rechtslage. Es offenbarte sich eine grundsätzliche Gesetzeslücke: Die Weitergabe von vertraulichen Chatnachrichten fällt in der Schweiz in einen Bereich, der bei der letzten Gesetzesrevision vergessen ging. Hätten wir uns damals über Briefe ausgetauscht, wäre die Weitergabe der Nachrichten strafbar gewesen.

Eine juristische Einordnung dieser Datenweitergabe gab es dann doch noch, über ein Jahr später, da weitere angebliche Auszüge aus diesem Freundinnen-Chat in der Folge auch beim Stalker landeten. Jetzt bot sich dem Rentner die Gelegenheit, mich erneut anzuzeigen. Man wusste offenbar, dass ich mit ihm zu meinem eigenen Schutz vor Jahren ein gegenseitiges Stillschweigeabkommen getroffen hatte. Und plötzlich war ausgerechnet dieser alte Mann im Besitz von vermeintlichen Textkopien aus dem Freundinnen-Chat und behauptete gegenüber den Behörden, ich hätte in diesem Chat über ihn gesprochen. Er reichte dem Strafgericht ein paar Textkopien als Beweisstücke ein und reiste zur Verhandlung beim Zuger Strafgericht an.

Zwei uniformierte Polizisten wurden bestellt, um an der Verhandlung für «Ruhe und Ordnung» zu sorgen. Außer dass der Stalker, der als

Privatkläger auftrat, der Richterin öfters ins Wort fiel und dafür gerügt wurde, passierte nicht viel. Selbst der anklagende Staatsanwalt forderte einen Freispruch. Das passte dem gerichtsnotorischen Rentner überhaupt nicht, und als anschließend mein Anwalt zu plädieren begann und zur Aufzählung der dreißig abgewiesenen Anzeigen des Rentners ansetzte, platzte diesem endgültig der Kragen. «Ich mache das nicht mehr mit, ich gehe, ich habe genug gehört», schimpfte er und zog von dannen, wie die Gerichtsreporterin Brigitte Hürlimann für die *Republik* die Geschehnisse nachzeichnete.[65] Sobald sich die Tür hinter dem erbosten Mann geschlossen hatte, verließen auch die beiden Uniformierten den Gerichtssaal. Die allenfalls gefährdete Ruhe und Ordnung war ab diesem Zeitpunkt kein Thema mehr.

Die vom Stalker eingereichten Textkopien waren nicht gut lesbar. Wie schon bei den von der *Tages-Anzeiger*-Journalistin auf ihrem Blog veröffentlichten Fragmenten fehlte auch da der Kontext, die Arial-Schrift wirkte für einen Messenger-Chat fremd und eine Browser-URL war auch nicht vorhanden. Es war offensichtlich, dass die eingereichten Textfragmente aus derselben Sammlung stammen, aus der die *Tages-Anzeiger*-Journalistin auf ihrem Blog veröffentlichte und deren Echtheit nicht überprüft werden konnte. Es sah so aus, als ob man nun tatsächlich angebliche Chatinhalte – nach Zwischenspeicherung und Neuformatierung in einem Textverarbeitungsprogramm – gerichtlich gegen mich verwenden wollte. Ich möchte an dieser Stelle erwähnen, dass Texte, die mutmaßlich in einem Textverarbeitungsprogramm verarbeitet und bearbeitet worden sind, keineswegs den forensischen Ansprüchen an die Erstellung von Beweismitteln genügen. Was es bei Beweisdokumenten braucht, damit sie gerichtsverwertbar sind, wusste ich aufgrund meiner Arbeit bei #NetzCourage längst.

Die Richterin fand deutliche Worte. Es müsse davon ausgegangen werden, dass die Beschaffung der Daten – also der Chats, die die *Tages-Anzeiger*-Journalistin auf ihrem privaten Blog für ihre Kampagne gegen mich publizierte und die dann seltsamerweise beim Stalker landeten – widerrechtlich erfolgt sei. Die Richterin ging noch weiter: Sie erläuterte, dass, selbst wenn das Datenschutzgesetz nicht zur Anwendung käme, aufgrund der Beschaffung, der teilweisen Veröffentlichung und vor allem auch der Weiterreichung an den Stalker wohl eine widerrechtliche Persönlichkeitsverletzung vorliege. Was für mich offensichtlich war, griff nun auch die Richterin auf: Es stand im Raum, dass diese angeblichen Screenshots manipuliert waren, mit dem Ziel, mich vor dem Strafgericht verurteilt zu sehen. Im Urteil heißt es:

> «Sodann bestehen aufgrund der Tatsache, dass der Privatkläger von der mutmasslichen Nachricht vom 4. Januar 2022 zwei unterschiedliche, nicht ohne weiteres miteinander vereinbare ‹Screenshots› eingereicht hat, Zweifel an deren Authentizität/Unverfälschtheit.»

Strafgericht Zug, 22. Januar 2024, Urteil SE 2023 43

Ich wurde freigesprochen, der Stalker musste mich entschädigen. [66]

Bevor es aber so weit war, wandte sich der Rentner noch ans Obergericht und reichte dort angebliche weitere Screenshots derselben Texte als «Beweismittel» ein. Diese Beweise, so der Stalker, habe er nach meinem erstinstanzlichen Freispruch zugeschickt bekommen, von den zwei Frauen, die neben der kurzzeitigen Interimspräsidentin ebenfalls aus dem Verein #NetzCourage ausgeschlossen werden mussten. Diese hätten sich bereit erklärt, den Stalker mit ihrer Zeuginnenaussage zu unterstützen.[67]

Es tauchen immer mehr Details auf, die vermuten lassen, dass die drei Frauen aus dem ehemaligen #NetzCourage-Umfeld, die beiden Stalker und die *Tages-Anzeiger*-Journalistin koordiniert gegen mich und den Verein vorgegangen sind. Was genau der Antrieb dafür war, weiß ich nicht. Ich vermute einen gescheiterten Versuch, den Verein zu unterwandern. Ein klärendes Gespräch wollte keine der drei Frauen, die früher Mitglieder bei #NetzCourage gewesen waren. Die Staatsanwaltschaft ermittelt inzwischen gegen alle drei wegen mehrfacher Verleumdung, medialen Schutz gibt es nicht.

2022 bestätigte der Vorgesetzte der *Tages-Anzeiger*-Journalistin mir gegenüber und vor mehreren Zeug:innen, dass Tamedia sämtliche juristischen Kosten für ihre Mitarbeiterin übernimmt, sowohl für Verfahren im Zusammenhang mit dem geschriebenen Buch als auch für die Strafverteidigung im Verleumdungsprozess, der seinen Ursprung in einem privat geäußerten Tweet der Journalistin hat. Die Fürsorgepflicht von Tamedia wird – in Zeiten einer erst kürzlich aus Spargründen angekündigten und teilweise bereits vollzogenen Entlassungswelle von gesamthaft 375 Mitarbeitenden[68] [69] – großzügig ausgelegt und zeigt deutlich, dass das alles keine Privatsache ist. Auf der einen Seite steht der mächtigste Medienverlag der Schweiz, auf der anderen meine Familie und ich, die wir seit bald zehn Jahren mit beschränkten Ressourcen für unsere Privatsphäre kämpfen müssen.

Die Journalistin wirft auf ihrem privaten Blog, ihren Social-Media-Accounts und in einem Artikel der *SonntagsZeitung* immer wieder die Frage auf, wie ich mir die juristische Verteidigung meiner Rechte und die Aufarbeitung meines Falles leisten könne. Als ob es verwerflich wäre, rechtlich gegen Fehlleistungen von Medienschaffenden vorzugehen:

> *«Auch Jolanda Spiess-Hegglin selbst scheint schier unerschöpfliche Geldquellen für ihren Kampf zur Verfügung zu haben. Wer ihren Kampf gegen das Buch finanziert, den sie jetzt auch vor den Europäischen Gerichtshof für Menschenrechte gebracht hat, bleibt offen.»*
>
> SonntagsZeitung, «Das verbotene Buch: Was hinter den Kulissen geschah», 5. Februar 2023

Auch auf Twitter fragt die *Tages-Anzeiger*-Journalistin in die Runde, wer mich eigentlich finanziere, und betont in diesem Kontext vehement, dass sie diejenige sei, die von mir mit «Verfahren eingedeckt wurde».[70]

Dass sich die erstinstanzlich verurteilte Journalistin tatsächlich als «mein Opfer» fühlt, nehme ich ihr ab. Es ist so absurd, aber ich glaube wirklich, dass sie davon überzeugt ist, ich sei für ihre Situation verantwortlich. Ihre juristischen und beruflichen Perspektiven haben sich in den letzten Jahren sicher nicht verbessert. Aber ich habe weder fehlerhafte Artikel über sie geschrieben oder Videos zu ihren Ungunsten veröffentlicht noch ein Buch voller mutmaßlicher Persönlichkeitsverletzungen publiziert. Das tat allein sie. Dafür wird sie abgestraft. Nicht von mir, sondern von der Öffentlichkeit. Meist kommt diese Strafe in Form von peinlichem Schweigen. Sie hat sich in etwas verrannt, aber niemand stoppt sie. Schon gar nicht ihre Arbeitgeberin, die eigentlich eine Fürsorgepflicht ihr gegenüber hätte. Für die Konsequenzen, den Gegenwind und den bestimmt schmerzhaften Glaubwürdigkeitsverlust macht sie wiederum mich verantwortlich. Würde man mich in Ruhe lassen und nichts Ehr- oder Persönlichkeitsverletzendes über mich schreiben, sondern journalistischen Standards entsprechend über mich berichten (falls es denn überhaupt Anlass dazu gibt), hätte man keine Strafanzeigen oder Zivilklagen zu befürchten. Man brettert nicht mit 200 km/h über die Autobahn und bezeichnet sich dann als Opfer der Blitzkästen, wenn man gebüßt wird.

Die *Tages-Anzeiger*-Journalistin insinuiert in diesem Zusammenhang aber immer wieder, es gebe einen dubiosen Sponsor im Hintergrund, der meine Prozesse finanziere. Ihre Vermutungen zum angeblichen Sponsor wurden mit der Zeit immer konkreter: «Wer finanziert Jolanda Spiess-Hegglin (...) Und wer ist ‹Carl›? Stay tuned», hieß es auf Twitter im Sommer 2023. Damit meinte sie Carl Hirschmann, einen reichen Unternehmer, der von seinem Vater ein großes Vermögen geerbt hat, es in der Schweiz vor zwanzig Jahren über alle Maßen krachen ließ und ein knappes Jahr in Halbgefangenschaft verbrachte.

Ich weiß nicht, weshalb unsere Prozessfinanzierung für die Journalistin so wichtig ist. Vielleicht zielen ihre Behauptungen zu Hirschmann darauf ab, mich insbesondere in feministischen Kreisen zu diskreditieren. Ich habe aber kein Problem damit, festzustellen, dass ein Täter, der seine gerechte Strafe abgesessen hat, auch in der öffentlichen Wahrnehmung ein Recht auf Wiedereingliederung hat. Alles andere halte ich für schädlich. Ich bin enorm froh darüber, dass wir hier in der Schweiz in einem Rechtsstaat leben. Unser System hat viele Mängel. Es ist von patriarchaler Denkweise geprägt. Und die juristischen Mühlen mahlen zu langsam. Trotzdem sind Werte wie die Unschuldsvermutung oder der Grundsatz, dass strittige Sachverhalte im Zweifel für die Angeklagten ausfallen müssen, aus meiner Sicht unverhandelbar. Das ist vielleicht nicht so einfach nachzuvollziehen. Gerade in Sexualstraffällen kommen viel zu viele Männer straffrei davon. Hier müssen dringend die gesamte Forensik und die hohen Hürden der Beweispflicht von Opfern dramatisch verbessert werden. Trotzdem dürfen juristische Grundprinzipien nicht über Bord geworfen werden. Auch aufgrund meiner eigenen Erlebnisse bin ich froh, dass in der Schweiz eine Rechtsprechung gilt, die sich – vom Grundsatz her – dem Recht des Stärkeren entgegenstellt. Sie ist alles andere als perfekt und muss laufend revidiert und angepasst werden.

Die finanzielle Komponente einer solchen jahrelangen Aufarbeitung ist ein wichtiger Faktor. Man muss es sich leisten können, zu seinem Recht zu kommen. Die Verwicklung in kostspielige juristische Auseinandersetzungen kann ein Weg sein, Interessen durchzusetzen, wenn man über entsprechende finanzielle Mittel verfügt. Eine Schweizer Durchschnittsfamilie, wie wir es sind, hat beschränkte Mittel zur Verfügung. Wir leben bescheiden und konnten auf Erspartes zurückgreifen. Und, dank des Einverständnisses unserer Familien, einen Teil unseres Erbes vorbeziehen. Es ist außergewöhnlich und unbezahlbar, wie uns meine und Retos Familie tragen und unterstützen. Zudem erfahren wir viel Solidarität, sodass sich auch mit einem Crowdfunding größere Beträge sammeln lassen. So konnten wir sämtliche juristischen Kosten bislang stemmen – ohne die Hilfe von Carl Hirschmann.

Gezählt acht von zehn Journalisten, die mal etwas mit der Berichterstattung über Jolanda Spiess-Hegglin zu tun hatten, haben mir im Gespräch versichert, dass ihre Artikel im Nachhinein betrachtet nicht ganz korrekt waren. Dann haben sich aber fast alle beeilt, mich zu warnen, dass ich die Finger vom Fall Spiess-Hegglin lassen solle. Sie behaupten, Jolanda habe bezüglich Journalisten schwer einen an der Waffel. Woher kommt das? Womit muss ich rechnen?

> Das sind vermutlich die gleichen Leute, die von Richtern oder Presseräten auf die Finger bekommen haben. Sie können sich entspannen.

Reto Spiess gegenüber Hansi Voigt im Watson-Interview, 2017

Nochmal von vorne

2023, es ist Frühling. Lange habe ich gezögert, das Buch der *Tages-Anzeiger*-Journalistin überhaupt anzufassen. Nun liegt es vor mir, eingeschweißt in Plastikfolie. Ich habe es nicht gekauft, sondern mehrfach ungefragt zugeschickt bekommen, darunter auch eines mit einer eingetrockneten weißen Flüssigkeit auf dem Umschlag.

Ich entferne die Folie mit einem klammen Gefühl, als würde ich einen Tatort betreten, und beginne zu lesen. Mein Körper reagiert, es juckt plötzlich überall. Ich höre meinen eigenen Puls. Jedes Wort ist eine Qual, jeden Satz empfinde ich als eine auf mich gerichtete Waffe. Mit dem Leuchtstift versuche ich die Zeilen zu bändigen, einzuordnen, mit unterschiedlichen Farben zu kategorisieren. Mir wird schlecht.

Erschöpft lege ich das Buch nach dem Vorwort und dem ersten Kapitel zur Seite. Der Inhalt ist ein einziges Durcheinander von Persönlichkeits- und anderen Verletzungen. Diese Publikation war ein Vergehen auf Ansage. Die Autorin ist die wegen Verleumdung gegen mich verurteilte Journalistin. Im Auftrag ihres Arbeitgebers und angetrieben von ihrer rätselhaften Fixierung auf mich, lässt die Autorin ihrer Auffassung, dass ich für die Abneigung, die sie selbst im Internet erfährt, verantwortlich sei, freien Lauf und vernachlässigt dabei ihre Berufsethik. Sie ist offenbar bereit, dafür einen hohen Preis zu bezahlen. Immer mehr einstige Leser:innen und Fans wandten sich von ihr ab. Inzwischen erntet sie fast ausschließlich von Claqueuren aus dem rechtskonservativen Lager noch Applaus. Es ist eigentlich eine traurige Geschichte und bestimmt kein Sachverhalt, den man auf misogyne Begriffe wie «Zickenkrieg» oder «Bitchfight» reduzieren sollte. Denn damit tut man der Autorin unrecht und bedient lediglich das Framing der Männer, die ihr heute noch zustimmen.

Nichts wäre mir lieber, als die Lektüre zu delegieren. Doch wie so oft schon: Um gegen das, was mir schaden soll, juristisch vorgehen zu können, muss ich mich damit auseinandersetzen. Eine unappetitliche Arbeit, die viel Kraft kostet, weil sie verheilt geglaubte Wunden aufreißt, mich aufwühlt und ratlos zurücklässt.

Und nun soll ich nochmals Gegenbeweise aufbringen, damit dieses Buch, dessen Erscheinen ich mit allen juristischen Mitteln zu verhindern versucht habe, genauso erfolgreich als Persönlichkeitsverletzung festgemacht wird wie die Artikel im *Blick* oder die Schmähschrift in der *Weltwoche*. Es wird mir bewusst, dass es harte Fakten und schon wieder unendlich viel Kraft braucht, um eine wirksame Zivilklage gegen diese Publikation voller diffuser Anschuldigungen einzureichen.

Ich kämpfe mich an diesem Vormittag durch ein Dickicht von polizeilichen Aktennotizen und juristisch formulierten Richtersprüchen. Ich kenne meine Akten mittlerweile wie meine eigene Westentasche. Aber ich komme einfach nicht weiter, da ist stockdichter Nebel überall.

Ich resigniere beinahe, als ich mich an meine erste Einvernahme bei der Polizei erinnere. Sie war damals auf Video aufgezeichnet worden, wie es bei Befragungen zu möglichen Sexualdelikten üblich ist.

Die Aufnahme entstand am 22. Dezember 2014, also zwei Tage nach der Landammannfeier und zwei Tage vor der fatalen ersten *Blick*-Schlagzeile, anlässlich einer polizeilichen Vorladung, in der ich zur Zeuginnenaussage verpflichtet wurde. Zu dieser Vorladung kam es, weil eine Oberärztin des Krankenhauses, in dem ich untersucht wurde, ohne mein Wissen eine voreilige Meldung an die Behörden gemacht hatte. In dieser Videoaufnahme formulierte ich zum ersten Mal meine Erinnerung. Ich vermute, dass ich schon damals alles genau so sah, wie ich es heute noch sehe. Trotzdem bin ich verunsichert. Was, wenn meine Erinnerung falsch ist und einige meiner Aussagen einen Spielraum zulassen, der sich doch gegen mich verwenden lässt? In der Hoffnung, dass es irgendwo ein Transkript dieser Einvernahme gibt, suche ich nach Stichworten und finde nur ein A4-Blatt, auf dem das eineinhalbstündige Gespräch mit ein paar polizeilichen Eckdaten zusammengefasst ist. Aber ein Transkript meiner Aussagen gibt es tatsächlich nicht. Das ist seltsam. Wären meine damals geäußerten Überlegungen und Schilderungen nicht eigentlich wichtig gewesen, vor allem, weil sich dieser Falschbeschuldigungsvorwurf teilweise bis heute hartnäckig hält?

Dieses Video habe ich über all die Jahre beinahe vergessen. Doch mein damaliger Anwalt übergab mir eine Kopie der Aufnahme auf einem

Memorystick, nachdem alle Verfahren abgeschlossen waren. Das heißt, dass es noch irgendwo sein müsste. Ich kann meine Gefühle nicht einordnen, ist es Erleichterung oder pure Angst? Ich überlege nochmals ernsthaft, ob ich das wirklich will: mir in Bild und Ton nochmals begegnen, in diesem desolaten, verzweifelten Zustand, in dem ich damals war.

Plötzlich klärt sich meine Erinnerung. Mir fällt ein, wo ich den Memorystick versteckt habe. Er befindet sich tief vergraben in einer Schachtel, die in meinem Büro etwas verstaubt hinter den digitalisierten Bundesordnern lagert. Ich schwor mir damals, den Deckel dieser Schachtel nie mehr zu öffnen, geschweige denn dieses Video anzuschauen, das mich an einen der dunkelsten Momente in meinem Leben erinnerte. Über all die Jahre war ich beim Aufräumen oder Umstellen der Büroeinrichtung schon mehrmals kurz davor, diese Schachtel in den Müll zu werfen. Zum Glück habe ich es nicht getan. Nun sehe ich mich gezwungen, mir selbst während dieser polizeilichen Einvernahme nochmals zu begegnen.

Wie viel Zeit seit damals vergangen ist, machen mir die technischen Hürden bewusst, gegen die ich erst stundenlang ankämpfe. Das Format der Datei muss ich konvertieren, erst nach einem mehrstündigen Prozedere mit Google-Recherche, der Installation von Videoprogrammen und diversen gescheiterten Speichervorgängen habe ich es geschafft und das eineinhalbstündige Video ist endlich abspielbar. Aber will ich das jetzt wirklich? Es ist bereits Nachmittag. Ich schließe mein Büro ab und lasse den Schlüssel von innen stecken. Das mitgenommene Sandwich liegt noch immer auf dem Tisch, der Tee vom Morgen ist inzwischen kalt und bitter. Ich setze meine großen Overhead-Kopfhörer mit Geräuschunterdrückung auf. Nichts soll mich bei der Begegnung mit meiner Stimme von damals stören. Nichts aus meiner heutigen zurückerkämpften, befreiten Welt soll in Berührung kommen mit der damaligen Zeit. Ich spiele das Video ab.

Es ist eine zugleich verstörende wie auch versöhnende Begegnung mit jener Jolanda vom 22. Dezember 2014. Knapp zehn Jahre schmelzen mit einem Klick dahin. Meine Haare sind mit einer Spange hochgesteckt – wie sie es danach nie mehr sein würden. Ich trage meinen damaligen

Lieblingspullover mit einem Hirschgeweih-Aufdruck, den ich kurze Zeit später in die Altkleidersammlung brachte. Alles, was mich an diese Zeit erinnert, habe ich aus meinem Leben weggeschafft. Und doch sehe ich eine Jolanda, die genau so denkt und fühlt wie heute. Eine, die Details wiedergibt, an die sie sich auch heute noch genau so erinnert; die klar und präzise über beteiligte Menschen spricht, ohne sie zu verurteilen; die sachlich beschreibt, was sie weiß, die Fragen offenlässt, die sie nicht beantworten kann, und sich selbst unzählige Fragen stellt. Vor allem aber sehe ich eine verängstigte, tief verunsicherte Frau, die allein in diesem kalten Raum an einem Tisch sitzt, vor sich einen unberührten Plastikbecher mit stillem Wasser. In den Befragungspausen, als sie selbst nicht mehr daran denkt, dass sie während einer polizeilichen Befragung gefilmt wird, verzweifelt und zerbricht sie fast. Ich schaue das ganze Video ohne Unterbruch und fühle diese Stimmung von damals erneut: Hilflosigkeit, Ohnmacht. Kaum ist das Video fertig, schneide ich reflexartig die Passagen mit den wichtigsten Aussagen zusammen und schicke den Zusammenschnitt meiner Medienanwältin. Sie ruft mich am Abend an und sagt aufgewühlt, sie habe es eben im Auto über den Lautsprecher gehört, lediglich den Ton. Sie sagt, ihr sei jetzt erstmals das ganz persönliche Ausmaß meiner letzten Jahre bewusst geworden. Es sei ein großes Wunder, dass ich nicht daran zerbrochen sei.

Mir ist schlecht. Keinen Bissen bringe ich an diesem Tag runter. Als ich mich am nächsten Morgen wieder etwas gefasst habe, spüre ich plötzlich eine Wut. Mir wäre viel erspart geblieben, hätten all jene, die mir eine Falschbeschuldigung unterjubeln wollten, dieses Video gesehen. Wieso blieb es unter Verschluss? Wieso durfte es von niemandem eingesehen werden? Mit welchem Recht? Wieso gab es nie ein Transkript des Videos? Ich selbst habe es ja auch fast vergessen.

Wenigstens ist das nun geklärt. Wäre ich heute nicht dazu gezwungen gewesen, mich nach fast zehn Jahren mit diesem verletzenden Buch auseinanderzusetzen, hätte ich das Video meiner ersten Befragung vom 22. Dezember 2014 niemals angeschaut. Es ist das wichtigste Aktenstück gegen diese elenden Falschbehauptungen. Als ich das realisiere, breche ich in Tränen aus. Vor Erleichterung, und vielleicht auch vor Erschöpfung.

Meinen Sie, diese Sache geht jemals vorbei? Wann wäre es aus Ihrer Sicht vorbei?

Es hat schon ein bisschen angefangen, vorbei zu sein. Ein kleines bisschen. Die Presseratsverurteilung der «Blick»-Berichterstattung, das erstinstanzliche Urteil gegen (...) «Weltwoche»-Artikel, die Entschuldigung in der «Zuger Zeitung», das sind alles wichtige Schritte. Leider braucht die Rehabilitation unendlich lange. Aber immerhin kann Jolanda in ihrer Argumentation jetzt auf Gerichtsentscheide zurückgreifen.

Reto Spiess gegenüber Hansi Voigt im Watson-Interview, 2017

10 Jahre später

Verstörung und Versöhnung

Reto holt nie einen 2014er Wein aus dem Keller. Vielleicht besitzen wir gar keinen dieses Jahrgangs, so genau weiß ich das nicht. Aber es passt gut: Am Tag des Heiligabends 2014 begann für mich eine neue Zeitrechnung. Alle meine Erinnerungen teile ich in «vorher» und «nachher» ein. Ich trage keine Kleidung mehr aus der Zeit davor. Und sollte es mal ein Wein mit Jahrgang 2013 sein, werde ich melancholisch. Ich erinnere mich wirklich nicht, dass es bei uns jemals einen 2014er gegeben hätte. Ich würde Reto niemals verübeln, wenn er doch einmal einen 2014er auftischen würde, ehrlicherweise glaube ich aber, dass es ihm gleich geht wie mir, ohne dass wir darüber reden müssen. Dieses Verdrängen ist schon ziemlich einschneidend. Es fällt mir bis heute auch schwer, das damals erschienene Album «Finitolavoro» zu hören. Obwohl ich Patent Ochsner über alles liebe.

Ich bin mir sicher, dass Reto den Kleidersack aus der Rechtsmedizin längst entdeckt hat, den ich vor zehn Jahren in der Garage hinter den Ersatzpneus versteckt habe. Immerhin hievt er die Autoräder im Herbst und im Frühling in den Kofferraum und nicht ich, ich fahre jeweils damit in die Werkstatt. Eventuell hat er sogar schon mal reingeschaut. Vielleicht ist der Sack längst auseinandergefallen, und die Ratten in der Tiefgarage haben sich in meinem edlen Wintermantel von damals eingenistet. Vielleicht nervt es Reto, dass ich den Sack nicht wegräume. Manchmal vermisse ich meine damalige Lieblingsbluse, an der noch die neue Brosche mit dem Zuger Wappen stecken müsste, die wir an der Kantonsrats-Vereidigung bekommen haben. In den letzten zehn Jahren wollte ich den Sack bestimmt schon dreimal verbrennen. Getan habe ich es nie.

Als der *Blick*, die auflagenstärkste Boulevardzeitung der Schweiz, am 24. Dezember 2014 mein Foto und meinen Namen veröffentlichte, war dies der schlimmste Tag meines Lebens – nicht die Nacht nach der Feier, denn daran habe ich bis heute aufgrund eines achtstündigen Blackouts keine Erinnerungen.

Ich erinnere mich aber an alles, was am 24. Dezember 2014 geschah, jedes noch so unbedeutende Detail hat sich in meinem Kopf eingebrannt. Obwohl ich an diesem Tag und in den folgenden Wochen nur eine bleiche, stille Hülle war.

Es stand ein mutmaßliches Sexualdelikt im Raum, das sich möglicherweise nach der Landammannfeier 2014 des Kantons Zug ereignet hatte. Heute weiß man, dass man nichts weiß, es gibt keine verurteilten Täter. Die Ermittlungsverfahren wurden vor Jahren eingestellt. Unter anderen Umständen hätte ich damit längst abgeschlossen.

Mit dieser identifizierenden Berichterstattung an Heiligabend fiel jedoch der Startschuss zu einer nicht enden wollenden Medienkampagne. Die *Süddeutsche Zeitung* schrieb Jahre später, dass man diese «mediale Schmutzkampagne (...) in der Schweiz so noch nicht gesehen hatte».[71]

Man kommt nicht umhin, an «Die verlorene Ehre der Katharina Blum» zu denken, viele meiner Stationen der letzten Jahre kann man auf die Schlüsselpassagen von Heinrich Bölls Roman aus den Siebzigerjahren adaptieren.

> *«Da ist eine junge Frau gut gelaunt, fast fröhlich zu einem harmlosen Tanzvergnügen gegangen, vier Tage später wird sie (...) zur Mörderin, eigentlich, wenn man genau hinsieht, aufgrund von Zeitungsberichten.»*
>
> Heinrich Böll, Die verlorene Ehre der Katharina Blum, S. 131

Ich war eine unbekannte Zuger Politikerin, noch keine Woche Kantonsrätin, als Newcomerin hatte ich sogar erst eine zweistündige Sitzung im öffentlichen Amt hinter mir. Die Zeitung wird bis heute gegenüber dem Gericht darauf bestehen, ich sei damals eine öffentliche Person und meine Identifizierung deshalb gerechtfertigt gewesen. Nur haben mutmaßliche Sexualdelikte – erst recht dann, wenn der Opferschutz ins Spiel kommt – ohnehin nichts mit einem politischen Amt und öffentlicher Relevanz zu tun.

Tausende Artikel mit geringem Wahrheitsgehalt und den immer gleichen Storylines wurden ab Weihnachten 2014 über mich geschrieben. Allein bei *Blick* waren es fast 350 einzelne Artikel und Videos an rund 150 Tagen. Nie gab ich mein Einverständnis zur Berichterstattung oder dazu, dass mein voller Name genannt oder ein Bild von mir gezeigt wird. Nie gab ich mein Einverständnis dazu, dass man sich öffentlich über mein intimstes Trauma ausließ oder dass man die Leser:innen mit aus dem Zusammenhang gerissenen Aussagen von mir bespaßte, dumme Witze auf meine Kosten machte, mich verleumdete. Und das alles, um möglichst viel Geld mit meinem Namen zu verdienen, den die Zeitung mit ihrer persönlichkeitsverletzenden Berichterstattung und nach allen Regeln der Boulevardkunst zum gewinn- und klickträchtigen Selbstläufer gemacht hat. Ich war ein Geschäft. Ich wurde zum Geschäft gemacht, gegen meinen Willen. Für mich war es fast das Ende meiner Tage. Für den *Blick* und seine Reporter:innen war es Business as usual. Der Schweizer Boulevard hat ein mutmaßliches Sexualdelikt vermarktet, sorgfältig ausgebeutet, dabei in Kauf genommen, dass Menschen öffentlich vernichtet werden, und damit mächtig Kohle gemacht.

> *«Es wird nie mehr so sein, nie mehr. Sie machen das Mädchen fertig. Wenn nicht die Polizei, dann die ZEITUNG, und wenn die ZEITUNG die Lust an ihr verliert, dann machen's die Leute.»*
>
> Heinrich Böll, Die verlorene Ehre der Katharina Blum, S. 40

Aber wann hört es auf? Und wie? Wenn man, bereits völlig traumatisiert vom Ereignis an sich, auch noch durch den medialen Fleischwolf gedreht wird, was dann? Was soll man dann noch tun? Auswandern? Seinen Namen ändern? Sich für immer zu Hause verstecken? Zu allem schweigen? Von der Brücke springen?

Warten, bis Gras über die Sache wächst. Das haben mir alle geraten.

Ich muss im Nachhinein sagen: Ich hatte nicht das geringste Interesse daran, dass über diese Ungerechtigkeit auch noch Gras wächst. Ich wollte mich wehren. Ich wollte die Rolle, die mir die Gesellschaft und Medienschaffende zugewiesen haben, nicht spielen. Ich wollte mich wehren gegen die Zuschreibungen und Projektionen, die so viele Medienopfer verpasst bekommen, bevor sie verschwinden und mit einer falschen, aber für immer ins kollektive Gedächtnis eingebrannten Geschichte leben. Obwohl sie reine Medienfiktion ist, entstanden aus journalistischer Fahrlässigkeit und Gewinnstreben. Ich weigerte mich, ein Opfer der Medien zu sein.

> *«In diesem Augenblick erst zog Katharina die beiden Ausgaben der ZEITUNG aus der Tasche und fragte, ob der Staat – so drückte sie es aus – nichts tun könne, um sie gegen diesen Schmutz zu schützen und ihre verlorene Ehre wiederherzustellen.»*
>
> Heinrich Böll, Die verlorene Ehre der Katharina Blum, S. 60

In Bölls Roman ging die Dynamik von der ZEITUNG aus und entwickelte sich durch eine überspitzt gezeichnete Zusammenarbeit zwischen Reporter und Polizei zum Desaster. Die ZEITUNG schrieb einfach, was sich gut verkaufen ließ. Alle lasen die ZEITUNG. Was in der ZEITUNG stand, war die Wahrheit.

Kaum hatte der *Blick* die Geschichte, die mich fortan nie mehr loslassen würde, mit meinem Bild und meinem Namen in die Welt gesetzt, verselbständigte sie sich. Zunächst wurden daraus Männerfantasien, dann vermeintliche Politthriller, dann mittelalterliche Hexenprozesse. Ohne dass Beweise für irgendetwas vorlagen. Beweise dauern sowieso zu lange, wenn das mediale Kopfkino erst einmal angeworfen ist und täglich nach neuem Stoff verlangt. Für die *Weltwoche* war es die linke Frau, die den rechten Mann fertigmachen wollte; in der *Zuger Zeitung* fehlte plötzlich jeder Qualitäts- und Ehrverletzungsfilter; anstatt erwartungsgemäß einzuordnen und zu deeskalieren, feixte die *NZZ*, als behandle man das Skript eines Dorfschwanks, und im *Tages-Anzeiger* arbeiteten sich Autoren und Autorinnen im Abgleich mit ihrem vermeintlich feministischen Weltbild an meinem Fall ab und behandelten ihn direkt auf der Metaebene, nicht ohne auf misogyne Bemerkungen und verurteilende, nicht überprüfte Pauschalitäten zu verzichten. Die *WOZ* wollte sich wohl lieber nicht die Finger verbrennen, und auch *SRF* und das Newsportal *Watson* schwiegen. Die anderen schrieben einander die in die Welt gesetzten Spekulationen und Unwahrheiten ab, als gäbe es kein anderes Thema. Sobald ich etwas sagen, mich zur Wehr setzen wollte, folgte sofort der nächste Bericht mit dem Grundtenor, ich sei offensichtlich mediengeil. Oder man warf die Frage auf, ob ich nicht endlich den Mund halten könne. Jahre später habe ich verstanden, wie so etwas passieren konnte. Und weshalb.

2014 und 2015 kamen Social Media in der Schweiz endgültig bei allen an, zunächst Facebook und Twitter, später auch Instagram. Facebook strafte noch keine Posts ab, die Links enthielten, und alle Onlinemedien richteten sich danach aus, auch über Social Media möglichst viel Reichweite zu finden. Je viraler, desto besser. Klassische Medien merkten, dass die Post online abging und Onlinemedien bekamen enorm viel Relevanz. Gerade in dieser Zeit, als die Blattmacher der klassischen Zeitungen plötzlich die Klickmessungen der digitalen Artikel in Echtzeit entdeckten, wurden die übelsten medialen Sünden begangen. Es gab kaum noch Regeln, der Onlineraum wurde von Proleten als digitaler Stammtisch genutzt, die Strafbarkeit ehrverletzender Kommentare war den meisten nicht bewusst. Medien verlinkten ihre Artikel auf Facebook und Twitter und ließen sie von der aufgebrachten Menge für gute Klicks kommentieren, meist unmoderiert und zeitlich unbeschränkt. Die auf den großen Screens in den Redaktionen für jeden Artikel sichtbar gemachten Klicks generierten viel Geld. Das war der Mechanismus. Wenn man einmal einen Namen etabliert hatte wie «Geri Müller» oder «Jolanda Spiess-Hegglin», Ausdrücke wie «Schnäbi-Selfies» oder «Zuger Sex-Affäre» über Tage in die Schädel der Leser:innen gehämmert hatte, lief es wie von selbst. Da konnte man schreiben, was man wollte, Hauptsache, man schrieb irgendwas. Wenn möglich mehrere Artikel pro Tag.

Das Resultat war eine aufgebrachte Menschenmenge in den Kommentarspalten der Medien und auf Social Media, und das machte mir

Angst. Ich konnte nicht abschätzen, wie viele es waren und wie ernst sie es meinten, schließlich erlebte ich so etwas zum ersten Mal. Ich bekam die Menschen, die mich online verleumdeten oder mir ihre Vergewaltigungsfantasien ungefragt offenbarten, nicht zu Gesicht. Diese digitalen Gewalttaten konnte ich auch nicht an einzelnen Menschen festmachen, denn es war stets eher eine Lawine, die mich überrollte. Dass sich die Einzelnen, die sich an dieser zerstörerischen Lawine beteiligten, keine Gedanken über meinen psychischen Zustand und mich als Mensch oder die Auswirkungen für meine Familie machten, gibt mir bis heute zu denken. Es entstand eine gewaltvolle Gruppendynamik auf Onlineplattformen und in den Kommentarspalten einiger Medien, eine enthemmte Form von digitalem Hass.

Inmitten eines digitalen Orkans zu sitzen, bedeutet eine absolute psychische Ausnahmesituation. Ohne einzelne ganz nahe und für mich enorm wichtige, unterstützende Stimmen hätte ich diese Stürme, die wieder und wieder über mich hineinbrachen, keine zwei Tage überstanden.

Allen voran verletzte der *Blick* mit dieser allerersten Schlagzeile meine Intimsphäre «in krasser Weise», wie das Gericht viel später festhalten würde. Außerdem wurde mit der Fragestellung «Hat er sie geschändet?» ein Zuger SVP-Kantonsrat mit vollem Namen zum Täter gemacht. Von den Medien und nicht von mir. Auch das war aufgrund der Unschuldsvermutung falsch und verheerend. Als Täter in den Fokus gerieten also zunächst der Kantonsrat und dann ich, als Falschbeschuldigerin. Die wahren Falschbeschuldiger sind die Medien. Ich wünschte mir, auch der SVP-Kantonsrat hätte seine Peiniger verklagt.

Bis heute erzählen fehlbare Medien und insbesondere die *Tages-Anzeiger*-Journalistin immer wieder, ich hätte den Politiker als Täter beschuldigt. Doch das stimmt nicht. Ich habe diese Behauptung nie aufgestellt, was mehrfach gerichtlich festgehalten wurde. Und inzwischen liegt auch das Video meiner ersten Einvernahme in voller Länge vor. Darin erkläre ich ausdrücklich, dass ich niemanden beschuldigen kann, da ich einen vollständigen Filmriss für die fraglichen Stunden hatte. Wie sollte ich also? Ich hatte vor und nach dieser Nacht nie mehr eine solche Lücke in meiner Erinnerung. Auf die Frage der einvernehmenden

Polizistin hin, weshalb ich nicht sofort zur Polizei gegangen sei, antworte ich, dass ich zuerst im Krankenhaus meine körperliche Integrität abklären wollte. Und weiter, weil ich gerade nicht an einer strafrechtlichen Aufarbeitung interessiert sei.

Ich bin, seit ich – kurz vor meiner Befragung und zwei Tage vor der verheerenden *Blick*-Schlagzeile – mit dem SVP-Politiker telefonierte und er mir dieselben Symptome und denselben Filmriss beschrieb wie bei mir, davon überzeugt, dass er genau wie ich Opfer einer Straftat wurde und eine sedierende und euphorisierende Substanz verabreicht bekommen hat. Dass mehrere Zeug:innen berichteten, man habe den Politiker und mich «auffällig nah und zugewandt» wahrgenommen – andere berichteten hingegen Gegenteiliges –, erschüttert meine Überzeugung, in dieser Nacht unbemerkt Drogen verabreicht bekommen zu haben, keineswegs. Sogenannte K.-o.-Tropfen machen nicht auf Anhieb k.o. oder ohnmächtig, wie man aus ihrer Bezeichnung schließen könnte. Ihre Auswirkungen hängen stark von der Substanz und Dosierung ab. GHB zum Beispiel wird auch zur Stimulanz und Euphorisierung genommen. K.-o.-Tropfen sind ein unscharfer Oberbegriff für eine ganze Reihe von Substanzen. Sie alle können bei einer hohen Dosierung zu einem absoluten Filmriss führen. Und sie alle sind nach einmaliger Einnahme nur schwer nachweisbar. Meine Symptome in dieser Nacht und am folgenden Morgen passen zu einem Stoff, der häufig als Partydroge verwendet wird, wie Jahre später ein chemisch-toxikologisches Gutachten eines bekannten Rechtsmediziners feststellt.

Heute sind diese Informationen über sedierende Substanzen und deren Missbrauchspotenzial allgemein bekannt. Teenager werden bereits im Oberstufenalter darüber aufgeklärt – zum Glück. Vor zehn Jahren war das, jedenfalls in meiner Umgebung, noch anders. Ich als ausgesprochenes Landei hatte mich zuvor noch nie im Leben ernsthaft mit Partydrogen auseinandergesetzt.

Ich äußerte gegenüber dem Krankenhauspersonal und später auch gegenüber der Polizei lediglich den Verdacht, dass ich mir den Filmriss nur mit der Einnahme irgendwelcher Substanzen erklären konnte. Heute bin ich mir sicher, dass mir an der Landammannfeier 2014 unbemerkt

Drogen verabreicht wurden. Vielleicht war die Absicht dahinter, dass sich mein Gesprächspartner oder ich mich vor aller Augen blamieren, was für unsere Glaubwürdigkeit nicht förderlich gewesen wäre, denn wir standen beide am Anfang unserer Karrieren. Er wurde zwei Tage vor dieser Feier von seinen eigenen Leuten überraschend nicht in die renommierte Staatswirtschaftskommission gewählt. Man sägte ihn, den eigenen Präsidenten, ab und schlug überraschend einen anderen SVP-Politiker zur Wahl vor. Die Gründe kenne ich nicht. Und ich selbst war bereits vor meinem Amtsantritt in Zuger Politkreisen ein rotes Tuch, weil ich den Rohstoffkonzern Glencore öffentlich kritisierte. Wenige Monate davor hatte ich die Stadt Zug aufgefordert, Steuereinnahmen in die Abbauländer zu retournieren.[72] Die Idee wurde in der Luft zerrissen, ich wolle unsere heilige Kuh verkaufen, war die Antwort im Rat. Aufgrund dieser Forderung bat mich aber der CEO von Glencore zu einer Aussprache.[73] Zum ersten Mal kam es zu einem Treffen zwischen dem mächtigen Mann und einer Kritikerin – das war ausgerechnet ich. Aber vielleicht war ich an dieser Feier auch nur ein Zufallsopfer.

In meinem Blut wurden, nach einer langen Wartezeit im Krankenhaus, 0,0 Promille Alkohol und keine Drogen gefunden. Sichergestellt wurden lediglich zwei fremde, männliche DNA-Spuren in meinem Intimbereich. Die DNA, die in meiner Vagina gefunden wurde, konnte dem SVP-Politiker, der ebenfalls auf der *Blick*-Titelseite abgebildet war, zugeordnet werden, die andere – an meinem Slip und unter meinen Fingernägeln gefunden – bleibt bis heute unidentifiziert.

Der SVP-Politiker besteht darauf, ausschließlich zu viel Alkohol getrunken zu haben. Warum, bleibt eines der großen Rätsel in diesem Fall. Es ist bezeichnend, dass in Texten von teils verurteilten Medienschaffenden und auf Social Media von unzähligen gleichgeschalteten Troll-Accounts und auf diversen anonymen Blogs bis heute behauptet wird, die zweite DNA sei eine Lüge, die ich mir bloß ausgedacht habe. Als Beleg für diese Lüge dient die Einstellungsverfügung des damaligen Strafverfahrens gegen den SVP-Politiker. Darin wird erwähnt, dass man seine DNA in mir gefunden habe. Ermittlungsergebnisse außerhalb seines Strafverfahrens (die DNA-Ergebnisse sind Teil meiner Akten) gehören aber nicht in ein solches Behördendokument. Und auch die *Tages-Anzeiger*-Journalistin geht in ihrem Buch nicht auf die zweite DNA ein.

Im Nachhinein kann ich die Strategie des SVP-Politikers verstehen. Von seiner Erzählung eines Filmrisses in der ersten Befragung wich er in den nächsten Tagen und in Begleitung seines Anwalts immer mehr ab. Zunächst in Richtung «vermutlich zu viel Alkohol getrunken», dann in Richtung «Fremdküssen». Er konnte nicht damit rechnen, dass ich ihn – angesichts der DNA und letztlich aufgrund der medialen Stoßrichtung, die ihm Schändung vorwarf –, nicht beschuldigen würde. Und welches Gericht würde die Möglichkeit miteinbeziehen, dass auch er ein Opfer sein könnte, wenn Behauptung gegen Behauptung steht? Mir hat das mit den K.-o.-Tropfen auch niemand geglaubt. Warum hätte man es ihm glauben sollen?

Bis heute wissen weder ich noch der Zuger Kantonsrat, was wirklich vorgefallen ist. Wir beschuldigen uns gegenseitig nicht. Trotzdem muss ich mich ständig rechtfertigen, vor wildfremden Leuten, die keine Ahnung, aber eine klare Meinung haben. Mit welchem Recht? Weshalb fühlen sich so viele Außenstehende dazu berufen, ohne Aktenkenntnis meine Geschichte zu kapern und zu ihren Gunsten zu erzählen? Mit welcher Absicht?

Die zweite männliche DNA gibt es. So steht es im Bericht des Instituts für Rechtsmedizin der Universität Zürich. Ich bin froh, dass nicht auch noch dieses Dokument im Internet herumgereicht wird, wie es etwa mit anderen Akten meiner gynäkologischen Untersuchung gemacht wurde und noch immer gemacht wird, da sie vor Jahren vom damaligen Anwalt des SVP-Politikers online gestellt wurden. Die zweite gefundene DNA wurde mit dem zweiten SVP-Politiker, gegen den ebenfalls eine Strafuntersuchung wegen Schändung geführt wurde, nicht abgeglichen. Ich weiß nicht, weshalb. Alle Verfahren wurden ergebnislos eingestellt.

Ich habe gelernt, damit zu leben. Dabei half mir die Attestierung der Staatsanwaltschaft, dass ich davon ausgehen durfte, Opfer einer Straftat geworden zu sein. Einen Täter gibt es aber nicht. Das ergibt auch Sinn. Diffuser werden die Vorkommnisse jener Nacht ohnehin erst weit nach

Mitternacht, als ich gemäß Zeug:innenaussagen am Landsgemeinde-platz in Zug in ein Taxi stieg. Trotz eines theoretisch kurzen Nachhause-wegs von fünf Fahrminuten kam ich erst eineinhalb Stunden später zu Hause an. Niemand weiß, was während der Taxifahrt geschehen ist und wo ich war. Wer für meine Unterleibsschmerzen verantwortlich ist. Wo-her die blau unterlaufene Wunde an meinem Bein kam, die aussah wie ein Biss. Und was das alles mit dieser Out-of-Body-Experience zu tun hatte, mit der ich lange fast nicht fertig wurde.

Ich habe mir an einem Jahrestag der damaligen Ereignisse ein Tat-too stechen lassen. Eine Lotusblüte. Lotusblumen können Dreck abper-len lassen, sie wachsen sogar im Schlamm. Erst wollte ich die Blume auf meinem Rücken haben. In letzter Minute entschied ich mich für den Unterarm. Ich wollte sie jeden Tag sehen. Die Zeit heilt alle Wunden, sicher. Aber verheilt geglaubte Wunden reißen schneller wieder auf, als man denkt.

Die verlorene Ehre der Jolanda Spiess-Hegglin erinnert fatal an den ähnlich lautenden Roman von Heinrich Böll. Dort wird ein Hausmädchen, das sich in einen flüchtigen Terrorverdächtigen verliebt, nach allen Regeln der Medienkunst durch die Mangel einer Boulevardzeitung gedreht. Am Schluss erschiesst Katharina Blum den Reporter. Aus Sicht des Betrachters schon fast in Notwehr, jedenfalls in einer nachvollziehbaren Logik. Irgendwelche Exekutionsgelüste gehabt?

> (Lacht). Ich habe mich lustigerweise schon früher einmal sehr intensiv mit dem Buch von Heinrich Böll auseinandergesetzt. Während des Gymis für eine Arbeit. Damals hielt ich das für faszinierend, aber weitgehend für überzeichnet. Ich konnte mir allenfalls vorstellen, dass das in Deutschland in der «Bild»-Zeitung möglich ist. Aber hier nicht. Da hab ich zu sehr an unsere Gesellschaft geglaubt.

Zu Unrecht?

> Ich hab das Buch seither wieder gelesen. Und ich muss sagen, ich bin über die Parallelen zu unserem Fall erschrocken. Für mich ist etwas, das ich 1990 für Fiktion hielt, im Jahr 2015 zur Realität geworden. Die von Böll beschriebenen Abläufe über Medienprozesse, Projektion von aussen, Ohnmacht, Sprachlosigkeit und Ehrverlust haben wir fast 1:1 so erlebt.

Reto Spiess gegenüber Hansi Voigt im Watson-Interview, 2017

Hätte ich bloß die Klappe gehalten

Noch am selben Tag dieser denkwürdigen Instruktionsverhandlung zur Gewinnherausgabe vor Ostern 2024, von der ich im ersten Kapitel dieses Buches erzählte, verstand ich, dass aufgrund der Einschätzung des Richters in den Monaten bis zum Urteil nochmals die ganz große Ladung Dreck und Druck zu erwarten sein würde. Als Schlussbouquet sozusagen. Ich bin davon überzeugt, dass es erst aufhören wird, wenn ein rechtsgültiges Urteil vorliegt. In den Tagen nach der Verhandlung waren wir einfach froh, so lange durchgehalten und es bis hierhin geschafft zu haben.

Man hat uns lange nicht zugehört. Denn tatsächlich kündigte mein damaliger Opfer-Anwalt Stephan Zimmerli bereits in den ersten Januartagen 2015 sämtlichen Redaktionen eine Zivilklage und meinen Anspruch auf Gewinnherausgabe an – damals in einem Schreiben per Fax. Die E-Mail-Korrespondenz meines ehemaligen Kommunikationsberaters mit dem damaligen *Blick*-Chefredaktor liest sich wie aus einer schlechten und überzeichneten Komödie. Ich habe diese Rechtfertigungen erst kürzlich für Gerichtszwecke zusammengetragen. Sie sind ein Graus und entblößend – für den *Blick*.

Nachdem der *Blick* 2016 vom Presserat deutlich gerügt worden war, schrieben wir dem Verleger einen langen, persönlichen Brief. Wir appellierten an ihn, die Kampagne gegen mich zu beenden. Als Antwort erreichte uns ein Dreizeiler des Ringier-Anwalts mit der Frage, was uns eigentlich einfalle. Ringier wollte zu diesem Zeitpunkt nicht mit uns reden. Wer waren wir schon? Eine gewöhnliche Durchschnittsfamilie aus dem Mittelstand. Man konnte davon ausgehen, dass wir es uns finanziell nicht leisten konnten, das millionenschwere Medienunternehmen herauszufordern.

Es dauerte sechs Jahre, bis Ringier für den initialen Artikel und meine mediale Identifizierung von einem Gericht rechtsgültig verurteilt wurde und eines Morgens im August 2020 auf der Titelseite des *Blicks* tatsächlich geschrieben stand: «Entschuldigung, Jolanda Spiess-Hegglin».[74]

Das hatte niemand erwartet, am wenigsten wir. Ich hatte zuvor versucht, *Blick* gerichtlich zu einer Entschuldigung zu zwingen, worauf die Ringier AG seitenlang argumentiert hatte, weshalb sie dies nicht tun wolle. Die freiwillige Entschuldigung tat mir und meiner Familie gut. Der Ringier-CEO rief an und schickte ein paar nette Nachrichten per WhatsApp.

Davor hatte uns der Konzern wie erwartet Geld angeboten, einen Betrag, der unsere gerichtlichen Kosten nicht im Ansatz gedeckt hätte. Die *Republik* stützte sich in einem Artikel auf eine Ringier-Quelle und nannte einen Betrag von 150 000 Franken.[75] Diesen Pauschalbetrag würde man uns zugestehen, falls wir die Klagen zurückzögen und nicht weiterprozessierten, also auf die Gewinnherausgabe verzichteten. Mehr liege nicht drin, beteuerte der CEO des Konzerns, der jährlich eine knappe Milliarde Franken Umsatz erwirtschaftete. Und eine freiwillige Gewinnherausgabe der illegalen, zwei Jahre andauernden und über 150 Artikel umfassenden Schmutzkampagne über mich komme nicht infrage. Die Frau des Verlegers lud mich zum Glühwein in ein nobles Lokal im Zürcher Seefeldquartier ein und unterbreitete mir den Vorschlag, dass die *Blick*-Redaktion die Unklarheiten und die offenen Fragen meines Falles nochmals recherchieren könne, falls wir juristisch alles fallen ließen. Irgendwie war das alles so zynisch. Ich besprach mich mit Reto. Wir lehnten ab und reichten die Klage zur Gewinnherausgabe ein.

Ein Zivilprozess ist mit enormen Kosten verbunden. Um ihn zu ermöglichen, organisierte Fairmedia, ein gemeinnütziger Verein für fairen Journalismus aus Basel, für uns zwei Crowdfundings. So mussten wir nicht das gesamte Risiko allein tragen. Wir wussten, dass es ein langer, harter Weg wird. Doch wir hatten uns entschieden, diesen Weg zu gehen, zumal wir inzwischen von überallher starken Rückhalt spürten.

Heute denke ich manchmal, ich hätte nicht öffentlich sagen sollen, dass wir ein rechtsgültiges Urteil erzwingen wollen. Hätte ich die Klappe gehalten, wäre uns möglicherweise einiges erspart geblieben. Andererseits ist die Transparenz von Absichten auch ein Schutzschild, und eine Zeit lang konnte ich wenigstens auf Social Media Gegensteuer geben.

Dass der *Blick* gleich alle der über 150 Artikel über mich aus dem gesamten Onlinearchiv sowie aus der offiziellen Schweizer Mediendatenbank SMD hat löschen lassen, mag eine Maßnahme zur Schadensbegrenzung gewesen sein. Sie veranlasste den Schweizer Presserat, die Aktion in einer Mitteilung scharf zu verurteilen, denn: «Damit auch spätere Generationen ein getreues Bild erhalten, muss ein Archiv (möglichst) vollständig sein.»[76]

Auch wenn ich froh bin, dass diese Artikel zumindest offiziell nicht mehr abrufbar sind – im Webarchiv findet man nach wie vor alle Artikel innerhalb von Sekunden –, finde ich es dennoch problematisch, dass ein Konzern auf Knopfdruck versucht, eine Hetzkampagne verschwinden zu lassen, um keine finanzielle Verantwortung für begangene Fehler übernehmen zu müssen. Spätestens nach der Löschung aller *Blick*-Artikel in der Mediendatenbank SMD wussten wir, dass der Kampf eröffnet war, und konnten vermuten, mit welch harten Bandagen er geführt würde. Und wir wussten: Jetzt nimmt uns die Gegenseite ernst, es bleibt ihnen nichts anderes übrig.

Gerade Ringier hat meiner Meinung nach in letzter Zeit erstaunlich an Qualität zugelegt. Es ist, als ob man das Gewinnherausgabe-Urteil bereits inhaltlich vorwegnehmen würde. Die damaligen Schreibtischtäter:innen sind weg. Die Titelsetzung bei Sexualdelikten wird öfter sachlich gewählt, und beim *Blick* wurde die Rubrik «Star des Tages» 2017 endgültig abgeschafft.

Eigentlich müsste ein Gewinnherausgabe-Urteil Ringier gar nicht mehr beunruhigen – abgesehen von den finanziellen Folgen in meinem Fall. Wer wie Ringier dem Boulevard öffentlich abgeschworen hat und keine Persönlichkeitsverletzungen mehr als Geschäftsmodell betreibt, kann nicht verklagt werden. Das Urteil wird andere Verlage und andere Zeitungen im Kern treffen. Zum Beispiel *20 Minuten* und damit Tamedia, den größten Schweizer Medienkonzern. Das ist die zentrale Überlegung, die man machen muss, um all das, was sich während der letzten Jahre um mich herum ereignet hat, zu verstehen.

In der Schweiz fasst keines der vier großen Medienhäuser die Aufarbeitung meiner Mediengeschichte und somit dieses Medienversagens an. Unter Schweizer Medienschaffenden herrscht weitgehend Schweigen. Man schaut lieber weg als richtig hin, wenn es die eigene Branche betrifft. Zudem sitzt man in der kleinen Schweiz meist im Glashaus, was damals vielleicht ebenfalls zur Skandalisierung beitrug. Dabei gibt es auch einige Artikel, die das falsche Bild korrigieren. Sie erschienen etwa in der *Republik* («Die Zerstörungsmaschine»,[77] gemeint ist Tamedia) in der Wochenzeitung *WOZ* («Unter Druck»)[78] oder in ausländischen Medien wie der *Süddeutschen Zeitung,*[79] im österreichischen *Standard*[80] sowie in der *ARD* und im *ORF*.

Es gibt ein paar faire Artikel über einzelne meiner Gerichtsurteile, etwa von der *NZZ*.[81] Ringier – selbst prozessual beteiligt – schweigt mich richtigerweise tot, während ich von Tamedia seit Jahren schlechtgeschrieben werde. Viele andere Verlagshäuser sehen dem Treiben von Tamedia schweigend zu. Denn wer sich in solch grundsätzlichen Fragen gegen die vermeintlichen Interessen der Medien stellt, muss allgemein nicht auf objektive Berichterstattung hoffen. Inzwischen ist es immerhin für Außenstehende erkenn- und fassbar, was hier gespielt wird.

Es ist möglich, dass Ringier den richterlichen Entscheid zur Gewinnherausgabe in eine zweite oder dritte Instanz ziehen wird. Aber letztlich bezweifle ich, dass das Reproduzieren der damaligen Titel für Ringiers Reputation förderlich ist. Das ist auch der große Unterschied zu damals: Heute herrscht Konsens darüber, dass sexistische und verletzende Artikel einfach nicht gehen. Für *Blick* und *SonntagsBlick* könnte es sich aufgrund ihres kommunizierten Vorhabens, «sauberen Boulevard» produzieren zu wollen, und des sich auf die Fahne geschriebenen Bekenntnisses zur Gleichstellung aller Geschlechter lohnen, die Sache so schnell wie möglich zu beenden.

Reto sagt immer wieder: «Mir machet, bis es grächt isch.» Ein profaner Satz, aber irgendwie so schweizerisch wie die Tell-Geschichte.

Man versteht diesen Satz noch etwas besser angesichts des Drucks auf ihn und insbesondere unsere Kinder. Als Frau und Mutter muss ich, aber auch Reto, immer wieder mit dem öffentlich gemachten Vorwurf umgehen, meine Interessen auf Kosten unserer Familie in den Vordergrund zu stellen. Aber wenn im Bus zwischen der Schule unserer Kinder und ihrem Zuhause schon wieder ein Exemplar von *20 Minuten* mit der nächsten Schandmeldung über mich auf der Titelseite herumliegt, hoffe ich, dass sie den Kontext, den wir ihnen seit der Landammannfeier vermittelt haben, abrufen können und sie die Artikel nicht an sich heranlassen. Wir finden, wir sind es vor allem auch unseren Kindern schuldig, dass sie nicht in einer Welt aufwachsen, in der eine solche Ungerechtigkeit, wie sie uns als Familie widerfahren ist, ohnmächtig akzeptiert werden muss.

Sobald das Urteil zur Gewinnherausgabe gefällt, akzeptiert und rechtsgültig ist, «isch es grächt». Für mich, für uns und für alle, die Kinder großziehen, in einem Umfeld, wo nicht einfach die Mächtigen und Vermögenden machen können, was sie wollen, ohne dass es Konsequenzen hat.

Aber Sie planen nicht, einen Journalisten zu erschiessen?

(Lacht nicht). Die Gewalt richtet sich normalerweise bei so einer Medientraumatisierung gegen sich selbst. Niemand hätte sich wundern dürfen, wenn sich Jolanda Gewalt angetan hätte. Umso besser ist es, dass Jolanda einen anderen Weg gewählt hat.

Welchen Weg meinen Sie?

Sie hat ihre Ohnmacht überwunden, indem sie sich wehrt. Einerseits gerichtlich, andererseits aber auch, indem sie sich, vor allem in den sozialen Medien, Gehör verschafft und offen mit ihrem Fall umgeht. So anstrengend das ist, ich glaube, ohne die Möglichkeit, sofort auf Facebook auf alles reagieren zu können und zu merken, dass es doch ein paar Leute auf ihrer Seite gibt, wäre Jolanda verzweifelt.

Reto Spiess gegenüber Hansi Voigt im Watson-Interview, 2017

Projektionsfläche

Wer in der öffentlichen Wahrnehmung kein mediales Korrektiv hat, verliert seinen Schutzfilm. Jeder und jede kann sich an mir abarbeiten. Aufgestellte Behauptungen bleiben im Großen und Ganzen unwidersprochen. Und wenn man auf jemanden öffentlich und sogar anonym verbal einprügeln kann, zieht das eine ganz besondere Klientel an. In meinem Fall konnte sich, insbesondere über Social Media, eine ganze Schar von Wichtigtuern in meinem Leben einnisten. Menschen, die nichts anderes vereint als ihre Abneigung gegenüber mir. Menschen, die intensiv zusammenarbeiteten, um mir zu schaden; ob politisch motiviert, aus persönlicher Kränkung, aus enttäuschter Liebe nach einer fast madonnenartigen Überhöhung oder aus kommerziellen und professionellen oder sogar sadistischen Motiven. Diese Bestrebungen hängen sicher damit zusammen, dass ich mit #NetzCourage den digitalen und konkreten Hass sichtbar machte. Hass, den so viele im Internet erleben. Er traf auch mich, seit ich gegen meinen Willen zu einer öffentlichen Figur gemacht worden war. Dass ich danach noch eine Zeit lang versucht habe, das falsche Bild von mir oder die heftigsten Lügen in einzelnen Artikeln zu widerlegen, wurde mir – von den Medien selbst! – als «Mediengeilheit» ausgelegt. Trotzdem gelang mir mit #NetzCourage so etwas wie die Wiederherstellung meines Namens in der Öffentlichkeit. Der Hass im Netz war allgegenwärtig. Und mein Versuch, dem Internet mit Unterstützung vieler anderer endlich Manieren beizubringen, wurde plötzlich mit Wohlwollen wahrgenommen. Ich traf viele verbal entgleiste Missetäter persönlich. Etwa vor dem Termin bei der Staatsanwältin oder dem Strafrichter. Viele davon sind angesichts des drohenden Urteils vor allem über sich selbst erschrocken und haben realisiert, was sie angerichtet haben. Nicht wenige waren aufgrund ihrer verbalen Entgleisungen zum ersten Mal überhaupt mit dem Gesetz in Konflikt geraten. Und fast alle sagten, sie seien überrascht, wie sympathisch ich ihnen jetzt in Person erscheine, und im Übrigen entspräche ich nicht dem Bild, das sie sich aufgrund ihrer *Blick*-Lektüre von mir gemacht hätten. In solchen Fällen habe ich die Anzeige eigentlich immer zurückgezogen und lud sie auf einen Kaffee ein. Nicht wegen der Schmeicheleien, sondern weil diese Personen es mit ihrem Schwarz-Weiß-Denken so schon schwer hatten.

Im Nachhinein muss ich mich über meine anfängliche Naivität wundern. Sich vor meist anonymen Hassern mit offenem Visier, vollem Namen und im Kontext eines Vereins hinzustellen, führte zwar dazu, dass das Thema viel mehr öffentlich diskutiert wurde. Es ging mir und #NetzCourage allerdings sehr schnell wie anderen Vereinen, die sich aktiv gegen Hass, Diskriminierungen und Missstände einsetzen. Etwa wie dem Schweizer Verein JASS (Just a simple Scarf) oder der deutschen Organisation HateAid: Wo es nur geht, werden deren Exponent:innen übel angegriffen und in Endlosschlaufe verunglimpft.

Bei uns ging es lange gut, aber irgendwann, als wir die ersten nachhaltigen Erfolge verbuchen konnten, wurden der Verein und auch ich als Person wieder zur Zielscheibe verschiedenster absurder Anschuldigungen. Heute denke ich, dass es vielleicht anmaßend von mir war, eine digitale Opferberatung und eine Stelle für anständigen Umgang im Netz ins Leben zu rufen. Wir waren uns immer einig, dass die Namen meiner Mitarbeiterinnen in der Kommunikation nirgends auftauchen dürfen, es ist zu gefährlich. Letztlich wäre unsere Arbeit eigentlich eine staatliche Aufgabe mit entsprechendem Gewaltmonopol bei der Durchsetzung. Leider bringt die Schweizer Politik bis heute nichts zustande, was in diese Richtung geht, sie setzt auch nicht die Istanbul-Konvention (ein Übereinkommen des Europarats zur Prävention und Bekämpfung von häuslicher Gewalt und Gewalt gegen Frauen) mit entsprechendem Auftrag im Bereich der digitalen Gewalt um.

Wer 1998 schon genug alt für Nachrichtensendungen war oder Zeitung las, hat ihr Bild sofort vor sich: Monica Lewinsky war «Patient Zero», als das Internetzeitalter anbrach und sie als junge Frau medial hingerichtet wurde, wie Lewinsky selbst in einem viel beachteten TED-Talk erläuterte.[82] Ihr einziger Fehler war gewesen, sich in ihren Chef zu verlieben. Sie sei froh, dass es damals Social Media noch nicht gab, entnahm ich jüngst einem Artikel der *Basler Zeitung*.[83] Sonst hätten noch weit mehr Menschen sie beschimpfen und bedrohen können. Heute steckt Lewinsky die Angriffe mit viel Humor weg. Damals verzweifelte sie daran, dass keiner sie mehr als Mensch wahrnahm, sondern nur noch als Objekt eines Skandals, auf das man ungestraft feuern durfte.

Nach nur einer Minute auf Twitter – heute X, doch aus Gewohnheit bleibe ich bei Twitter – wird einem klar, dass sich ungeheuer viele Menschen auf den Social-Media-Plattformen tummeln, mit einem unbändigen Drang nach Selbstdarstellung, und zu diesem Zweck jede und jeden beurteilen und kritisieren. Nirgends wird Mitlesenden der Dunning-Kruger-Effekt – eine kognitive Verzerrung im Selbstverständnis inkompetenter Menschen: sie überschätzen ihr Wissen und Können maßlos – so exemplarisch aufgezeigt wie auf Twitter. Die Möglichkeit, seine Meinung öffentlich kundzutun, bringt grundsätzlich positive Aspekte mit sich. Aber eben: Neben narzisstischer Wichtigtuerei sind harsche Kritik und herablassende Kommentare leider häufiger als Lob und Anerkennung. Bedenkenswert ist dabei, dass hinter den virtuellen Profilen echte Menschen mit Gefühlen stehen, die durch Hasskommentare und Cybermobbing schwerwiegende psychische Folgen erleiden können.

Die erschütternde Geschichte von Monica Lewinsky dient als abschreckendes Beispiel für die Macht und die Brutalität der medialen oder anonymen, allumfassenden, öffentlichen Demütigung. Lewinsky wurde mit 24 Jahren völlig unbedarft zur Zielscheibe einer gnadenlosen Hetzkampagne. Auf einen Schlag verlor die junge Frau jegliche Deutungshoheit über ihr Leben, ihren Charakter, ihren Körper und ihre Geschichte. Diese schrieben fortan andere für sie: *Fox News* ließ beispielsweise seine Zuschauer darüber abstimmen, ob Lewinsky ein normales Mädchen sei oder «eine junge Rumtreiberin auf der Suche nach Thrills».[84] Das Late-Night-Fernsehen machte sie zu einem übergewichtigen, doofen Flittchen, über das ältere Männer hüstelnd Witze rissen, die Requisiten dieses Skandals – die Zigarre als Sexspielzeug, das blaue Kleid mit den Spermaflecken des Präsidenten, die Baskenmütze, die sie bei einer Begegnung mit Clinton trug – wurden zu Lach-Props. Damals, als wir uns lachend Lewinsky-Witze erzählten, waren wir uns einer Sache nicht bewusst: Monica Lewinsky ist eine reale Person. Eine Person, die alles, was über sie geschrieben wird, irgendwie mitkriegt. Die gar nicht genug schnell reagieren kann. Die eigentlich nur verschwinden kann. Und «verschwinden» bedeutet nicht «aus der Öffentlichkeit verschwinden». «Verschwinden», damit es aufhört, bedeutet eigentlich Exitus. Heute steigt auch mir die Schamröte ins Gesicht, wenn ich daran denke, wie lustig ich Lewinsky-Witze Ende der Neunzigerjahre fand.

Denn während das Leben für Lewinskys Umfeld weiterging, blieb ihres stehen. Trotz Psychologiestudiums erhielt sie auch nach über fünfzig Bewerbungsgesprächen keine seriöse Stelle. Freunde und Freundinnen heirateten, kauften ein Haus, bekamen Kinder. Sie selbst blieb «eingefroren in der Zeit»[85], wie sie es gegenüber der *New York Times* ausdrückte. Gefangen in der Geschichte, die andere über sie erzählten. Sie tauchte ab und gab zehn Jahre lang kein Interview. Ihr Glück war, ähnlich wie bei mir, dass sie sich auf ein stabiles Umfeld verlassen konnte. Dank diesem fand sie letztlich die Kraft, sich von ihrem Stigma zu befreien und ihre Erfahrungen in etwas Positives zu verwandeln. Im Juni 2014, wenige Monate vor dem ersten Artikel über mich, schrieb Monica Lewinsky in einem eindrücklichen Essay mit dem Titel «Shame and Survival»: [86] «Ich habe vor, meiner Geschichte ein anderes Ende zu verpassen. Ich habe mich dafür entschieden, endlich meinen Kopf zu heben, mir mein Narrativ wieder anzueignen und meiner Vergangenheit einen Zweck zu geben.»

Dass sie ihre Vergangenheit in ihr Leben integriert hat, als Strategie, um ihre Scham zu überleben, berührte mich besonders. Ein Jahr später stand sie auf der erwähnten TED-Talk-Bühne und sprach über ihre Erfahrungen mit Mobbing. Das Video wurde fast 22 Millionen Mal aufgerufen.[87] Bis heute unterstützt Monica Lewinsky Organisationen, die sich für Mobbingopfer engagieren.

Mit Lewinsky wurde an allen Fronten gut Geld verdient, sie galt als sicherer Wert im Klick-Business. Zeitungen und Magazine verkauften sich hervorragend, sobald ihr Gesicht auf dem Titelblatt zu sehen war, gute Einschaltquoten in den Nachrichtensendungen waren garantiert, wenn über sie berichtet wurde. Nur sie selbst durfte aus ihrer eigenen Demütigung keinen Profit schlagen, nachdem sie durch eigene Projekte wieder ein einigermaßen eigenständiges Leben herstellen konnte. Immer lautete der Vorwurf, sie mache ihre zweifelhafte Berühmtheit jetzt auch noch zu Geld.

Über Nacht plötzlich in einem solchen Kontext in der Öffentlichkeit zu stehen, ist kein Spaziergang. Auf einen Schlag ist man berühmt, man hasst aber alles daran. Denn wer in der Öffentlichkeit steht – oder hineingezerrt wurde –, muss damit rechnen, Opfer von massiven Anfeindungen zu werden, von Beleidigungen und von digitaler Gewalt.

Alle können eine Meinung haben und sie äußern. Als öffentliche oder öffentlich gemachte Person wird man aber zu einer Projektionsfläche für alles Mögliche. Bei einer jungen Frau kommen zu allem anderen noch ausgelebte schmutzige Fantasien dazu. Für einige dieser fernen und unbekannten Gestalten wird man zur regelrechten Obsession. Aus nicht erwiderter Zuneigung oder Faszination wird schnell einmal Hass und Verachtung. Für die einzelnen Betroffenen, die sich mit Stalkern im Internet abfinden müssen, aber auch für die Gesellschaft ist das eine wirkliche Belastung. Viele Menschen, vor allem Frauen, reagieren mit Rückzug aus der Öffentlichkeit.

Sarah Akanji, Zürcher Kantonsrätin mit Migrationshintergrund aus Winterthur, hat der Politik vor Kurzem den Rücken gekehrt. Ihre Begründung: «Als Person of Color bin ich ohnehin schon vermehrt solchen Angriffen ausgesetzt, und aufgrund meines Kantonsratsmandats hat sich die Situation nun zugespitzt.»[88] Nun ziehe sie eine Grenze und verzichte, zumindest vorläufig, auf ein politisches Amt. Zermürbt von all den Anfeindungen und vermeintlichen Diskussionen auf Social Media und all den Hassbriefen, gibt Akanji ihr politisches Mandat auf. Bekämpft wurde nie, was sie politisch forderte. Bekämpft wurde immer nur ihre Person.

In diversen Gemeinden lässt sich inzwischen niemand mehr für das Amt des Gemeindepräsidenten oder der Gemeindepräsidentin finden. Das Lokalradio *TOP* vermeldete, dass Zürcher Gemeinden zunehmend Mühe haben, Exekutivmitglieder zu finden. Dies gaben vierzig Prozent der Gemeinden bei einer Befragung an.[89] Besonders akut sei das Problem bei kleineren Gemeinden. Die *NZZ* schrieb, dass es im Kanton Zürich den sogenannten Amtszwang gibt, der jüngst sogar angewendet werden musste.[90] Der erstgenannte Grund für die Unlust, sich öffentlich zu exponieren, ist die Angst vor persönlichen Anfeindungen und der täglichen Auseinandersetzung damit.

Man könnte die Anfeindungen Einzelner als harmlos abtun und zum dicken Fell raten. Doch diese Anfeindungen werden gefährlich, wenn sich Handlanger und Helfershelfer finden lassen, die sie im Netz immer weiter transportieren, etwa durch Likes und Retweets auf Twitter. Und es ist kein allzu langer Weg von haltlosen Anschuldigungen auf Social Media bis zu einem Artikel, der ein «Gerücht» aufgreift, das «in den sozialen Medien diskutiert wird».

Meine Erfahrungen der letzten zehn Jahre haben auf eindrückliche Weise gezeigt, wie anonyme, digitale Belästigungen, Cyberstalking und Diffamierung überhaupt funktionieren und ihre zerstörerische Kraft entwickeln können. Nämlich dann, wenn sich Mittäter und Komplizen finden lassen. Dann wird Diffamierung zum organisierten Verbrechen, mit dem Ziel, Existenzen zu zerstören.

Wenn ich auf die vergangenen zehn Jahre zurückblicke und mir vergegenwärtige, was die größte Herausforderung für mich war, dann ist es, nach allem, was passiert ist, dies: nicht mein Vertrauen in Menschen zu verlieren. Lange habe ich mir überlegt, ob ich in diesem Buch, das neben der Aufarbeitung auch ein Loslassen zum Ziel hat, jenen Menschen einen Platz einräumen soll, die sich in meinem Leben eingenistet haben und zu Täter:innen geworden sind. Sie wurden von den Gerichten dafür verurteilt, dass sie an mir Persönlichkeits- und andere Verletzungen begangen haben.

Zuerst wollte ich ganz darauf verzichten. Ignorieren als Teil einer Überlebensstrategie kenne ich. Schreiben als Teil eines Heilungsprozesses kann bedeuten, die Menschen nicht zu erwähnen, die an einer ständigen Retraumatisierung aktiv beteiligt sind. Doch ebenso klar war für mich, dass ich die Ambivalenz zum Ausdruck bringen möchte, die mich jenseits dieser konfrontativen gerichtlichen Auseinandersetzungen zum Schutz und zur Wiedererlangung meiner Würde begleitet. Es rumort in mir, wenn ich über die Menschen nachdenke, die sich über all die Jahre an mir abarbeiteten – sei es als obsessive Stalker, als persönlich verletzte

Medienschaffende oder als ehemalige Verbündete. Sie begannen damit, mich zu belästigen oder gar zu hassen. Hass ist ein starkes Wort, das ich fast nie verwende. Es sind ein paar wenige Menschen, die mir das Leben schwer machten und eine Besessenheit für mich entwickelten. Nachdem diese Menschen mit mir Kontakt aufgenommen hatten, ließen sie nicht mehr los. Es kommt mir vor, als würden die Gedanken an mich in ihren Köpfen festsitzen. Manchmal empfinde ich Mitleid für sie. Und doch sind sie mit ihrer unglaublichen Energie wesentlich daran beteiligt, dass ich auch nach zehn Jahren noch nicht zur Ruhe kommen kann.

Ich fragte mich, weshalb ich so vielen Menschen als Projektionsfläche diene, weshalb es sich Personen in meinem Umfeld bequem machen konnten, die irgendwann zu ärgsten Gegnerinnen und Gegnern wurden. Wie konnte ich das bloß zulassen? Die Antwort ist komplex und wahrscheinlich in einer anfänglichen Gutgläubigkeit meinerseits zu finden. Es dürfte vor allem auch am System Social Media liegen. Seit man sich über Facebook, Twitter oder Instagram mit Menschen verbinden kann, die vor dieser Zeit nur schwer erreichbar waren, hat sich die Kommunikation verändert. Heute reicht ein Klick und man kann mit einer beliebigen Person in direktem Kontakt stehen. In meinem Fall erreichten mich diese Direktnachrichten meistens via Twitter. Dort, wo sich eigentlich neben ein paar Mitleser:innen vor allem Journalist:innen, Politiker:innen und anonyme Störenfriede tummeln.

Es gab Zeiten, da setzten sich täglich gegen hundert Menschen mit mir in Verbindung. Ich erhielt so viele persönliche Nachrichten, dass ich nur einen Teil beantworten konnte. Wem ich antwortete, war letzten Endes Zufall, vielleicht konnte aber eine sehr persönliche Nachricht, ein Kompliment oder eine scheinbar dringende Frage meinen Entscheid beeinflussen, auf wessen Kontaktaufnahme ich einging. Und heute zeigt sich: Ein großer Teil dieses Grüppchens, das mich heute bekämpft oder wie im Wahn verleumdet, fiel schon damals mit der Tür ins Haus, machte mir Komplimente, wollte mir etwas zeigen. Ich war offen für diese Nachrichten. Es war, im Nachhinein gesehen, für diese Menschen ein Leichtes, mich in meiner vulnerabelsten Zeit für sich zu gewinnen.

Das zu realisieren, schmerzte, und das Verständnis um diesen Mechanismus hat mich geprägt und verändert. Ich möchte weiterhin eine offene Person sein, die nicht überall das Schlechte vermutet. Wirklich zugänglich bin ich für Freund:innen, die seit Jahren dieselben sind. Ich gehe für sie durchs Feuer. Aber gegenüber Social-Media-Bekanntschaften bin ich vorsichtig geworden. Wenn Zweifel aufkommen, breche ich den Kontakt lieber ab.

Um mich, meine Person, mein Engagement gegen Hatespeech und um #NetzCourage scharen sich die zwei wohl hartnäckigsten Social-Media-Stalker der Schweiz. Mir ist kein Fall von vergleichbarer Intensität bekannt, obwohl ich mich mit möglichst vielen Betroffenen vernetze. Erstmals Kontakt mit mir aufgenommen haben die Stalker kurz nachdem ich vor zehn Jahren an die Öffentlichkeit gezerrt worden war. Entspannt hat sich die Situation bis heute nicht, im Gegenteil. Das Stalking hört nicht auf, trotz inzwischen durchgeführter Hausdurchsuchung, gespiegelter Festplatten, sichergestellter Beweismittel, Verhaftung, Kontaktverbot, Namensnennungsverbot und mehrerer Urteile. Unser Justizsystem ist auf diese Art der digitalen Belagerung und Belästigung überhaupt nicht vorbereitet. Systematisches, digitales Stalking ist, trotz der rasant zunehmenden Verbreitung und der teilweise lebensbedrohlichen Konsequenzen, noch immer kein Straftatbestand. Während ich dieses Buch schreibe, diskutiert das Schweizer Parlament die Einführung eines Stalking-Artikels,[91] an der Vernehmlassung habe ich mich im Namen von #NetzCourage beteiligt. Doch bis zur Umsetzung kann es wohl noch Jahre dauern.

Was Stalker eint und stärkt, ist die gesellschaftliche Hilflosigkeit in Bezug auf die Frage, wie man sich vor ihnen schützen kann. Die Gesetzgebung ist auf analoge und nicht auf digitale Räume ausgelegt und sehr träge. Und so hetzen die Stalker – unter wechselnden Namen und unzähligen anonymen Accounts – immer weiter.

Die Hetze der Stalker bleibt nicht ohne Wirkung. Ihre Voten werden immer wieder irgendwo aufgenommen, vor allem, wenn sie vermeintlich politisch ins antiliberale Framing passen, sei es nur, weil sich gerade ein anderer Wichtigtuer oder ein Rechtspopulist finden lässt, der die

Schimpftiraden der Stalker gegen mich zu seinen Zwecken missbrauchen kann.

Die Stalker und Hater bekommen nur deshalb Aufmerksamkeit, weil es eine mediale Aufschaukelung gibt. Ihre Posts werden manchmal in sogenannten Medienkritikblogs aufgenommen. Weshalb ich da so oft Thema bin, weiß ich nicht. Von Meldungen auf dem Blog geht es weiter, wenn der verantwortliche Blogger etwa Gastbeiträge auf *Ostschweiz.ch* oder in der *Weltwoche* schreibt. Diese Beiträge sind manchmal Anlass genug, dass *20 Minuten* oder die *SonntagsZeitung* die Erzählung ohne eigenen Faktencheck übernimmt und vervielfältigt. Mit gutem Journalismus haben solche Vorgänge nichts zu tun.

Nachdem ich den Podcast «Cui Bono: Wer hat Angst vorm Drachenlord?»[92] gehört hatte, verstand ich, dass aus der Hetze gegen mich auch so etwas geworden war wie das «Drachengame», das der deutsche Journalist Khesrau Behroz im Podcast schildert. Es ist die Geschichte des YouTubers Rainer Winkler, der sich im Internet «Drachenlord» nennt. Er veröffentlichte jahrelang Videos, präsentierte darin seine liebsten Metal-Bands, schmierte sich Stullen, spielte Videospiele. Von Anfang an mit dabei: eine immer größer werdende Gruppe von Menschen, die sich über Winkler lustig macht. Als er diese Menschen auf YouTube thematisiert und seine «Hater» mit fränkischem Akzent «Haider» nennt, beginnt die Situation zu eskalieren. Die Hater organisieren sich zu einer korrespondierenden Masse. Einer nach dem anderen versucht über die verschiedenen Kommunikationskanäle des Internets, Winkler zu einer Aussage zu provozieren, über die man sich als Nächstes lustig machen kann. Die Hater werden immer mehr, sie drangsalieren den Drachenlord, beschimpfen ihn und greifen ihn an. Erst nur im digitalen Raum, doch dann auch physisch, vor seinem Haus, denn sie haben inzwischen herausgefunden, wo er wohnt. Winkler wehrt sich und überschreitet dabei manchmal Grenzen. Es ist eine beispiellose Eskalationsspirale, die den Fall Drachenlord zum größten Fall von Cybermobbing in Deutschland macht. Er zeigt, was passiert, wenn Hass unkontrollierbar ausufert.

Winkler wurde nach sorgfältiger Absprache der Hater untereinander von diesen in Strafverfahren verwickelt. Irgendwann war er aus finanziellen Gründen gezwungen, sein Haus zu verkaufen und seinen Safe Space zu verlassen. Seit einem Jahr ist Winkler mit einem Bus in Deutschland unterwegs und immer wieder wird sein Aufenthaltsort von irgendeinem Spieler des Drachengames geoutet. Fotos von Winkler in einem beliebigen Straßencafé machen in den einschlägigen Foren die Runde.

Die «Haider» hetzen Winkler immer weiter. Aber bis wohin? Und weshalb?

Fälle wie dieser lassen eine Gesellschaft an ihre Grenzen stoßen, sie fordern Justiz, Polizei, Medien und unser Mitgefühl heraus. Und sie haben tatsächlich mehr mit jedem von uns zu tun, als wir glauben. Hass oder Spott gegen die gleiche Projektionsfläche ist eine erstaunlich verbindende Kraft. Anonyme Hater finden über ihr gemeinsames Hassobjekt zusammen und stacheln sich gegenseitig an. Endlich Gleichgesinnte, gemeinsamer Hass als Hobby. Dieser Hass kann ständig neu getriggert werden, solange man auf Provokationen reagiert oder lediglich in der Öffentlichkeit steht. Bei mir ist, im Gegensatz zu Rainer Winkler, die digitale Belagerung zum Glück nie in die wirkliche Welt, ins Physische, übergesprungen.

Der Hass gegen mich drohte auf Social Media erneut zu eskalieren, als ich mein Vorhaben eines Gewinnherausgabe-Urteils ankündigte. Einzelne Trolle hatte es schon immer gegeben. Aber plötzlich waren sie nicht mehr zählbar. Plötzlich war aus einzelnen kleinen Feuern ein Flächenbrand geworden.

Als ich endlich öffentlich rehabilitiert war und ich mir mit #Netz-Courage eine neue Existenz aufgebaut hatte, setzte eine breit abgestützte und sorgfältig inszenierte Rufmord-Kampagne gegen mich und gegen die von mir gegründete Organisation ein. Auch Personen, die mich oder #NetzCourage unterstützen, gerieten in den Fokus. Ein renommierter Journalist und damals publizistischer Leiter einer Mediengruppe, der über meine Gerichtsprozesse fair berichtete, wurde fortan nicht nur von Trollen, sondern auch von rechtsgerichteten Medienschaffenden von *Weltwoche*, *Inside Paradeplatz* und *Nebelspalter* als mein «Büttel»[93] verunglimpft. Wer zu mir hielt, sich öffentlich und anderweitig unterstützend oder einfach nur neutral verhielt, musste damit rechnen, selbst unter Beschuss zu geraten. Während man eindeutige Gerichtsurteile totschwieg oder als «Skandalurteil»[94] kommentierte, wurden absurde Social-Media-Bagatellen zum Skandal aufgeblasen. Als ich kurz vor dem zweiten Gerichtsprozess gegen den *Weltwoche*-Vizechefredaktor ungefragt ein Probeexemplar seiner Zeitschrift in unserem Briefkasten vorfand, malte ich auf das Bild des zu Werbezwecken aufgedruckten *Weltwoche*-Verlegers einen Schnurrbart und schrieb gut leserlich «Réfusé!» darauf. Bevor ich die Zeitschrift mit der Post retournierte, fotografierte ich das verzierte Exemplar und stellte es online. Dies hatte mehrere Artikel auf rechten Medienportalen zur Folge. Man suchte nach Gründen, mich als liederliche Person darzustellen. Mein Like auf Twitter unter einem missglückten satirischen Meme wurde von zehn Artikeln in den Tamedia-Zeitungen begleitet.[95] Gleichzeitig wurde versucht, #NetzCourage als Organisation zu unterwandern und wenig später auszuhebeln.[96] Ein neues Vorstandsmitglied wurde mit abenteuerlich konstruierten Geschichten aktiv bei seinem Arbeitgeber angeschwärzt. Und in absurden Hateleaks-Kampagnen gaben rechtsgerichtete Medien einigen Internet-Randexistenzen ihre 15 Minuten Berühmtheit, während gleichzeitig eifrig Täter-Opfer-Umkehr betrieben wurde.[97]

Es gibt über ein Dutzend Hassblogs über mich. Sie sind an sich unbedeutend, werden aber verfasst von den immer gleichen Trollen, die über unzählige Null-Follower-Accounts verfügen, um den Anschein zu erwecken, es seien mehr Personen an diesen Blogs beteiligt als die zwei oder drei, die tatsächlich dahinterstecken.

Mit vereinten Kräften wollte man das zerstören, was für meine Aufarbeitung und den anstehenden Gewinnherausgabe-Prozess mein wichtigstes Kapital war: meine Glaubwürdigkeit.

Twitter ist nicht der richtige Ort, um wahre Freunde zu finden. Man findet dort eher geschwätzige Selbstdarsteller:innen mit Interesse für Politik und Medien. Und gerade unter den Medienvertretern finden sich einige, denen es wichtig zu sein scheint, eine Fassade aufrechtzuerhalten, die sie größer erscheinen lässt, als sie sind. Die Fähigkeit, zuzugeben, dass man nicht alles weiß oder dass man sich geirrt, vorschnell etwas veröffentlicht oder schlichtweg einen Fehler gemacht hat, gehört nicht immer zu den Eigenschaften etablierter Journalist:innen. Es gibt Medienschaffende, die sich in meiner Geschichte heillos verrannt haben.

Twitter ist auch ein Brutkasten für längst widerlegte Thesen. Irgendein Drei-Follower-Account liefert immer noch Zuspruch, der als nachträgliche Rechtfertigung dienen kann. Längst widerlegte Falschbehauptungen werden so von politisch motivierten Pöblern und Troll-Accounts beklatscht und am Leben gehalten. Denn irgendwas ist ja immer dran an diesen Geschichten. Bevor man endgültig mit einer Unwahrheit auffliegt, kann man so lange die Fassade des vermeintlich investigativen Journalismus aufrechterhalten, wie man behaupten kann, dass da noch ganz viel anderes sei. Diesem Mechanismus fallen zum Glück längst nicht alle Medienschaffenden zum Opfer, ich habe inzwischen auch mit sehr vielen Profis zu tun gehabt.

Rückblickend gab es Situationen, in denen ich erst aus Notwehr handelte, doch daraus entwickelten sich Dynamiken, die – mit etwas Abstand betrachtet – klar außer Kontrolle gerieten. Das bedaure ich. Während es mir kurz nach der Landammannfeier nur durch Social Media überhaupt möglich war, Falschmeldungen und Verleumdungen zu korrigieren, entwickelten sich die Online-Communitys, insbesondere auf Twitter, danach immer mehr zu unkontrollierbaren Kampftruppen. Es war eine Eigenart meiner Reichweite auf Twitter, dass sie missbraucht werden oder sich in eine problematische Richtung entwickeln konnte. Rechtzeitig einzuschreiten und wenn nötig die Notbremse zu ziehen, erfordert Reflexion und Ruhe. Beides besaß ich in meiner Verletztheit damals nicht immer.

Heute weiß ich, was Gruppendynamiken anrichten und welche zerstörerische Kraft sie entwickeln können und – aus eigener, schmerzhafter Erfahrung –, was sie bei Betroffenen auslösen und bewirken können.

Was machen Sie gegen dieses Image? Auch auf Facebook einsamen Wutbürgern hinterherjagen, um sie zur Rechenschaft zu ziehen, wie Ihre Frau?

Ich gehe auf sehr viele Menschen, die mir nahe sind oder waren, direkt zu. Ich rede mit ihnen oder schreibe ihnen Mails. Ich gehe da einen anderen Weg als Jolanda, die sich stark über soziale Medien artikuliert. Das liegt mir nicht. Ich habe erst seit letztem Jahr ein Handy.

Wie gehen Sie vor?

Leuten, die sich in der Debatte im Ton vergriffen haben oder Unsinn verbreiten, habe ich ein freundliches Mail geschrieben. Etwa so tönte das dann: «Sehr geehrter Herr Parteipräsident XY, ich bin der Ehemann von Frau Spiess-Hegglin ...» In der Regel ist den Konfrontierten dann nicht mehr viel eingefallen. Die meisten wurden ruhig, einige wurden einsichtig und einige haben wir aus dem Bekanntenkreis aussortiert.

Reto Spiess gegenüber Hansi Voigt im Watson-Interview, 2017

Stabiler als
das Gotthardmassiv

Reto

Reto und ich haben ein unerschütterliches Fundament, auf das wir uns in der vergangenen, turbulenten Zeit verlassen konnten.

Unsere Hochzeitsfeier stieg 2006 in einem Gotthard-Bunker, in einer Reduit-Festung im Steinmassiv, zwischen Hospental und Airolo. Das hatte für uns keine politische oder historische Bedeutung, sondern war damit erklärbar, dass sich Reto während seines Geografiestudiums in Geologie vertiefte. Am Hochzeitsfest erzählte uns mein Vater von einer weiteren Symbolik: Mein Großonkel, der 25 Jahre lang Bundesrat gewesen war, hatte vor dem Zweiten Weltkrieg offenbar den Bau dieses Bunkers in Auftrag gegeben. Und heute kommt noch eine weitere Symbolik dazu: Vielleicht hat unsere Beziehung das heftige Erdbeben Ende 2014 und seine Folgen auch aufgrund der Hochzeitsfeier, umgeben von Granitgestein, überstanden.

Wir lernten uns drei Jahre vor unserer Hochzeit kennen, es war Liebe auf den ersten Blick. Reto ist bedächtig und ruhig, ich eher spontan und extrovertiert. Das passte gut, denn wir zogen uns in dieser Unterschiedlichkeit gegenseitig enorm an. Dazu gehört auch, dass wir uns gerne mit dem befassen, was den anderen interessiert. Von uns beiden bin ich sicher die Anpassungs- und Begeisterungsfähigere. Obwohl wir auf der einen Seite sehr eigenständig im Leben unterwegs sind, brauchen wir uns gegenseitig. Wir teilen jedes Detail miteinander. Es war wichtig, dass er mich sah, als ich damals, nach dieser Feier, nach Hause kam, registrieren konnte, in welchem Zustand ich mich befand mit meiner ganzen Verwirrung. Wenn er das nicht gesehen hätte, wäre er vielleicht doch auch verunsichert gewesen.

Reto nutzt keine Social Media, das war in turbulenten Zeiten hilfreich. Er hat diese Flut von Nachrichten und diesen ganzen Hass, der sich über mich ergoss, nie direkt miterlebt. Das hat uns ein Stück weit als Paar immunisiert. Was ihm hingegen auch entging, waren die positiven Rückmeldungen im Internet, die es etwa auf sein *Watson*-Interview im Sommer 2017 gab.

Manchmal stellen wir uns vor, wie es sein wird, wenn wir alles hinter uns haben. Wir besprechen, welchen Wein wir anbauen könnten, wenn wir uns irgendwann einen Rebberg kaufen würden. Wir wissen bereits, wie ich die Etikette male und wie Reto die Speisekarte ausgestalten wird, wenn wir eine kleine Beiz eröffnen. Eigentlich passen solche Träumereien gar nicht zu ihm, denn er ist von seinem Wesen her sehr bodenständig und mit seinen 25 Dienstjahren als Raumplaner wirklich ein richtiger Beamter. Aber Träumen hat er von mir gelernt.

Ich habe von ihm gelernt, was es heißt, sich auf vermeintlich einfache, unwichtige Situationen und Umgebungen einzulassen und damit ein Fundament für vieles zu schaffen. Als wir uns kennenlernten, wollte er mir das Ruhrgebiet zeigen. Ich verstand nicht. Ich meine: das Ruhrgebiet! Obwohl auch er seine Wurzeln im Kanton Zug hat, faszinierte ihn diese Gegend, sie weckte sein Interesse für die Industriekultur, die er mit analoger Schwarz-Weiß-Fotografie festhielt.

Im Spätsommer 2003 saßen Reto und ich also auf einer Holzbank auf dem Alsumer Berg in Duisburg. Sie nennen diesen Ort leicht optimistisch «Berg», eigentlich ist es ein Hügel, und wir blickten in die Ferne. Genau genommen saßen wir auf einer Schuttdeponie, wo auch Kriegstrümmer entsorgt wurden. Anders als viele weitere Halden im Revier ist dieser Hügel nicht durch den Bergbau einer nahe gelegenen Zeche entstanden, an die in der Gegend meist nur noch verrostete Fördertürme erinnern. Der «Berg» wurde renaturiert, und man konnte sich auf Infotafeln über die Schwerindustrie im Ruhrgebiet informieren. Wir saßen da und blickten auf den Duisburger Norden mit dem Stahlwerk Bruckhausen, der großen ThyssenKrupp-Anlage und der Hamborner Ofengruppe im Blickfeld. Es war die Gegend, in der sich «Tatort»-Kommissar Schimanski prügelte und den Duisburger Stadtteil übers

Ruhrgebiet hinaus berühmt machte, und genauso verbraucht sah es hier auch aus. Die Kokerei Schwelgern und die beiden Großhochöfen erkannte man knapp, Bottrop oder gar Bochum sah man nicht. Die Sicht war trüb, ich vermutete Smog, jedenfalls nichts Gesundes, Rauch schoss aus den Kaminen. Es schlotete um uns herum, und ich machte mir Sorgen um meine Bronchien. Auf der Holzbank sitzend sagte ich erst mal gar nichts. Ich, umweltbewusst, lange Zeit mit dem Traumjob Greenpeace-Aktivistin, konnte es irgendwie nicht fassen, wo wir unsere ersten gemeinsamen Ferien verbrachten. Auf diesem hässlichen, dreckigen Hügel in dieser dreckigen Stadt mit forschen Menschen im verrauchten Ruhrgebiet. Ich hätte mir eher etwas mit einem Strand vorgestellt.

Ich staunte, dass ich mich – blind vor Liebe – hierhin hatte schleppen lassen, und schrieb dies meiner ausgesprochenen Anpassungsfähigkeit zu. Es fehlten mir noch immer die passenden Worte, und ich glaube, ich verdrückte ein paar Tränen, vielleicht auch, weil meine Augen vom Smog gereizt waren, aber nicht nur. Verrostete Fördertürme, leer stehende Areale mit Hochöfen, Kneipen, Spelunken, überall Bier – dabei mochte ich Bier nicht. Und Fußball, in alten, zwar geschichtsträchtigen, aber maroden Stadien. Ich mochte Fußball noch weniger als Bier. Man konnte es nicht schönreden: Ich war entsetzt. Dies war nun also die Welt des Mannes, in den ich mich unsterblich verliebt hatte. Doch Reto strahlte, es schien, als sei er gerade der glücklichste Mensch der Welt. Wir öffneten das Pils, das wir uns unten in der Trinkhalle gekauft hatten, und teilten es. Es war seltsam, denn das Bier war wirklich gut.

Wir kauften uns Tickets für die Ostkurve im Ruhrstadion und schauten uns den VfL Bochum gegen Bayer Leverkusen an. Thomas Zdebel schoss den VfL in der 64. Minute zum Sieg, die Stadionwurst war legendär. Und als Anthony Kiedis mit den Red Hot Chili Peppers «Under the Bridge» anstimmte und im Duisburger Landschaftspark der stillgelegte Hochofen 5 mit Scheinwerfern aller Farben in Szene gesetzt wurde, war es definitiv um mich geschehen: Ich verliebte mich ein weiteres Mal. Ins Himmelbett für Tauben, wie es Herbert Grönemeyer in seiner Heimat- und VfL-Stadionhymne «Bochum» besingt. Es folgten unzählige Reisen ins Ruhrgebiet. Zu Beginn noch zu zweit, dann zu dritt, zu viert und seit einigen Jahren zu fünft.

Diese Auszeiten in einem anderen Land mit einer komplett anderen Lebenskultur waren und sind für mich sehr wichtig. Auch wenn ich die Offside-Regel noch immer nicht auf dem Platz erkenne, besuchten wir mit der Zeit auch in anderen Ländern Fußballspiele. Denn die Idole unserer Kinder spielen eher bei Barcelona oder Manchester City. So kommt es, dass wir inzwischen unsere Ferien nach den Spielplänen ausrichten und auch sonst so ziemlich jedes Wochenende auf Schweizer Fußballplätzen verbringen, um unsere Kinder an ihre Meisterschaftsspiele zu begleiten.

Das Wertvollste an diesen Auszeiten ist, dass uns selten jemand erkennt und wir noch nie unangenehm angestarrt wurden. Es zählt nur, dass das Runde ins Eckige muss, wie die Trainer-Legende Sepp Herberger einmal sagte. Man vergisst alles um sich herum, und es ist fast so, als wäre nichts passiert.

Und wie sieht es jetzt mit Ihrer Beziehung aus? Wenn man Ihnen zuhört, hat man ja fast das Gefühl, dass Sie einander unheimlich nah sind.

Das kann ich so bestätigen. Meine Liebe zu Jolanda ist eher noch stärker als vorher. Ich weiss nicht, ob es daran liegt, dass unsere Hochzeit im Gotthard-Bunker stattfand, aber wir haben ganz sicher etwas Unerschütterliches.

Reto Spiess gegenüber Hansi Voigt im Watson-Interview, 2017

Tante Frieda

WhatsApp-Nachricht von Tante Frieda, 17. Juni 2019, 21:57 Uhr:

Liebe Jolanda, wie ich vernommen habe, steht dir wieder ein schwerer Tag bevor. Ich wünsche dir viel, viel Glück und nur das Allerbeste. Welcher Tag es ist, weiss ich nicht, ich würde eine Kerze anzünden.

Alles Liebe und Gute, Frieda

Es gab Momente, da weiß ich aus heutiger Sicht nicht, wie ich sie überstehen konnte, und es ist ein großes Wunder, dass unsere Familie nicht daran zerbrochen ist. Keine zwei Tage hätte ich diesen Weg gehen können, hätten Reto und ich alleine kämpfen müssen. Einen großen Teil meiner Kraft habe ich der Unterstützung von Tausenden Menschen aus der ganzen Schweiz und darüber hinaus zu verdanken.

Doch ich erkenne für mich rückblickend auch ein Phänomen, aus dem ich vorzu Kraft schöpfen konnte. Es klingt sicherlich etwas seltsam, doch ausschlaggebend für mein Durchhaltevermögen war die Intensität der ganzen Geschichte. Wären all die verbalen Angriffe, die täglichen sexuellen Belästigungen im Internet, die Einschüchterungsversuche aus der Anonymität und die existenzbedrohenden Erniedrigungen der mächtigen Medienkonzerne nicht ganz so heftig ausgefallen, hätte ich mir auch keine Mühe geben müssen. Ich bin mir sicher, wenn ich mir Pausen und Auszeiten hätte gestatten können, hätte meine Kraft und Zuversicht mit der Zeit nachgelassen. Ich lernte wie nie zuvor, mich zu fokussieren und durchzuhalten. Auf Dinge, die mich nicht interessieren, kann ich mich schlecht einlassen. Sobald es aber wichtig ist, lasse ich meistens gleich alles hinter mir. Dann gelingt es, innert Kürze das Unmögliche zu bewältigen. Diese Fähigkeit setzte ich in meinem Leben stets gezielt ein, da ich ein eher bequemer Mensch bin, um es vorteilhaft auszudrücken. Aber ich sehe, welche Aufgaben wichtig sind, und besonders unter Zeitdruck oder in chaotischen Situationen funktioniere ich sehr gut.

Dazu kommt ein ausgeprägter Gerechtigkeitssinn. Und dank dieser Kombination gelang es mir, nach dunklen, schweren Zeiten aus positiven Ereignissen wieder Kraft zu schöpfen. Ich wurde Meisterin darin, meine Familie und mein engstes Umfeld mental zu stärken, aber auch zu schützen. Auch bei nicht besonders wichtigen Entscheidungen überlegte ich stets vorher, wie sich meine Handlung auf meine Familie, vor allem auf unsere Kinder, auswirken würde. Wichtige Entscheide diskutierte ich mit Reto, ausgehend von derselben Fragestellung.

Ein einziges Mal haben wir uns über eine Vorahnung, die sich dann als tatsächliche Reaktion unseres Umfelds bestätigte, hinweggesetzt. Als wir 2016 erwogen, den *Blick* und damit den millionenschweren Ringier-Konzern gerichtlich zur Verantwortung zu ziehen, löste dieser Entscheid bei meinen Eltern Beklemmung und leichte Konsternation aus. Sie wussten jedoch längst, dass mir ein Vorhaben, bei dem es darum geht, Gerechtigkeit zu erkämpfen, nicht auszureden wäre. Auch meinen Schwiegereltern bereitete diese Ankündigung große Sorgen. Und mein Schwager, der heute als Partner in einer Zuger Rechtsanwaltskanzlei tätig ist und von uns allen am ehesten eine Vorstellung davon hatte, was uns erwarten würde, rechnete uns die Chancen vor – und riet von unserem Vorhaben ab.

Für Reto und mich gab es keine Alternative. Wir hätten uns aber auch niemals vorstellen können, dass wir heute, eine Dekade später, noch immer mit Prozessieren beschäftigt sind. Die Medienhäuser tun alles dafür und schöpfen sämtliche Möglichkeiten aus, dass die Urteile so spät wie möglich, so kompliziert wie möglich und so teuer wie möglich erstritten werden müssen.

Meine Verwandtschaft ist groß. Ich habe einst über fünfzig Cousinen und Cousins gezählt. Ich habe so viele Tanten und Onkel – viele sind Bauern –, die noch immer in dieser Zuger Berggemeinde inmitten einer wirklich atemberaubenden Moränenlandschaft leben und vermutlich die Landesgrenze selten bis nie überschritten haben. Meine Eltern wie auch meine Schwiegereltern haben bereits goldene Hochzeit gefeiert, also fünfzig Jahre Ehe, und meine sowie Retos Geschwister haben alle vor Jahren Familien gegründet und leben seither kinderreich,

glücklich und unaufgeregt. Eigentlich ist das alles so unfassbar lang-
weilig und wir alle so normal, dass eine solche Geschichte, wie ich sie
erlebt habe, für uns alle zwar eine sehr außerordentliche und heraus-
fordernde Situation darstellte, aber ebenso klar war, dass alles vorbei-
ziehen wird, ohne dass allfällige Erschütterungen tatsächlich nach-
haltig etwas gefährden würden. Zwei von zweiundfünfzig Cousinen
verhielten sich daneben. Auf alle anderen – zumindest auf jene, die ich
näher kenne – konnte ich mich verlassen. Einige wurden zu Seelenver-
wandten, und Tante Frieda aus der Ostschweiz zur Ikone. Wie eine femi-
nistische Vorkämpferin zeigte die fast neunzigjährige Bäuerin in ihrem
konservativen Umfeld Kante, wenn ihr jemand in Bezug auf mich blöd
kam und sich auf *Blick*-Artikel oder Gerüchte berufen wollte, die man
am Stammtisch aufgeschnappt hatte. Immer wenn sie in der Zeitung
von meinen Urteilen liest, schickt sie mir eine liebe WhatsApp-Nachricht – bis heute.

Vor allem auf den Rückhalt in der engeren Familie, also auf unsere
Eltern und Geschwister, konnten wir uns immer verlassen. Das war ele-
mentar. Denn zeitweise war die psychische Belastung so enorm, dass ich
nach einem intensiven Tag im Büro vor der Wohnungstür stehen blieb,
um geistig ein paar Bleikugeln draußen vor dem Eingang abzulegen,
und erst dann die geschützte Festung der Familie betrat.

An solchen Tagen war selbst das Abfragen des Passé composé oder
des kleinen Einmaleins wie ein Jahresvorrat an Sauerstoff im Weltall.
Unserem Zuhause und der Zeit mit den Kindern und Reto habe ich es zu
verdanken, dass meine psychische Gesundheit intakt blieb. Die räum-
liche Abgrenzung zwischen Liebe und Hass war eine wichtige Maßnahme, die ich bis heute strikt befolge. Ich lasse mir noch heute selbst die
unverdächtigste Briefkorrespondenz, die entfernt etwas mit den Angriffen und Prozessen zu tun hat, in mein Büro schicken. Lieber mache
ich an Tagen, an denen ich nicht arbeite, einen Spaziergang ins Büro, als
irgendwelche Verfügungen von Staatsanwaltschaften oder Gerichtsentscheide in unserer Wohnung zu lesen. Ich habe ein ausgeprägtes
Foto- und Bildgedächtnis, dank dem ich meine Schulzeit ohne Aufwand
hinter mich brachte. Wenn ich beispielsweise einen Screenshot im Foto-

speicher meines Mobiltelefons suche, suche ich oft über die Ortungs- und Landkarten-Funktion, weil ich weiß, wo ich mich gerade befand, als ich den Screenshot erstellt habe. So wollte ich über die Jahre verhindern, dass unser Zuhause mit der Konfrontation belastender Nachrichten beschmutzt wird und sich das in meinem Kopf festbrennt, was mir, glaube ich, gut gelungen ist.

Vor 2014 war ich der ungeduldigste Mensch auf der Welt. Das musste ich ändern, dazu wurde ich gezwungen, und heute halte ich Situationen der Ungewissheit prima aus.

Wann immer jemand aus meinem Bekanntenkreis sagt: «Das bringt ja alles nichts, lass es doch bleiben», dann macht mich das wütend. Ich empfinde das als übergriffig. Denn ich werde nicht aufhören, mich zu wehren gegen Verleumdungen und Hass. Von meinem engeren Umfeld erwartete ich, dass man Haltung und Rückgrat zeigt. Wer schweigt, stimmt zu.

Es gab menschliche Enttäuschungen. Nicht ganz alle Freund:innen konnten Empathie für unsere Situation entwickeln. Doch wir haben etliche Menschen im Umfeld, die sich lästernden Leuten gegenüber als unsere Freund:innen oder Nachbarn outeten. Das beeindruckt mich immer wieder, wenn Menschen Stellung beziehen. Sie bemerkten den Lästerern gegenüber stets: Stell dir mal vor, das würde deiner Tochter oder Schwester passieren. Wie würdest du dann reagieren? Das reichte bereits.

Solche Menschen waren wie ein Geschenk des Himmels, und sie bildeten das Fundament, auf dem wir uns sicher fühlen konnten. Zu diesem Kreis stießen auch neue Menschen dazu, die wir vorher nur entfernt kannten, die uns aber einen neuen Raum eröffneten, um einfach wir selbst sein zu können.

WhatsApp-Nachricht von Tante Frieda, 15. Oktober 2019, 22:01 Uhr:

Liebe Jolanda, ich freue mich für dich, dass endlich die Wahrheit ans Tageslicht gekommen ist. Ich gratuliere dir zu deinem Durchhaltewillen.

Ganz liebe Grüsse und alles Gute, Frieda

Ich glaube an das Schweizer Justizsystem. Doch war dieses Vertrauen in die Justiz zu Beginn stark gestört. Das Rechtssystem ist enorm komplex. Heute verstehe ich es als eine große Schachtel mit ganz vielen Fächern, die man zuerst einmal verstehen muss, um dann alles optimal – oder wenigstens einfach korrekt – zusammenzustecken. Ich kaufte mir irgendwann, wahrscheinlich etwa ein Jahr nach den ersten Drohungen, ein kommentiertes Strafgesetzbuch und las es genau durch. Dann befasste ich mich mit Medienrecht und verstand plötzlich die Zusammenhänge. Nach und nach konnte ich mit den destruktiven Kräften der Medienhäuser umgehen, und gemeinsam mit meiner Medienanwältin und ihrem Team wurde uns mit der Rechtsprechung Gerechtigkeit ermöglicht.

Natürlich kann ich damit nicht alle Wunden heilen, die diese Verletzungen in mir hinterlassen. Doch konnte ich ein Gefühl der Ohnmacht und Schutzlosigkeit ablegen, als ich lernte, mich mit Hilfe des Rechtssystems zu verteidigen. Der Preis ist aber sehr hoch, denn Anwälte sind teuer, und die Genugtuungen sind lächerlich und stehen in keinem Verhältnis dazu. Das empfinde ich denn auch als ungerecht, dass sich eigentlich nur wehren kann, wer ein finanzielles Polster hat. Das müsste sich ändern, damit die Voraussetzungen für alle gleich sind.

Bereits wenige Wochen nach der Landammannfeier wurde klar, dass wir aufgrund der nicht enden wollenden Medienkampagne eine Spezialistin brauchten. Mein damaliger Anwalt Stefan Zimmerli kannte Rena Zulauf aus dem Studium, so nahm ich mit ihr Kontakt auf. Heute erzählt sie mir immer wieder von unserem ersten Telefongespräch: Ich rief in ihrer Kanzlei an und wurde durchgestellt. Da habe sie sich bei der Erwähnung meines Namens gedacht: Oh nein, so jemand, die sich in den Medien so vordrängt und immer nur redet. Dieses Bild hatte sie von mir. Erst als ich ihr dann konkret erzählte, was eigentlich passiert war und ich eben gerade nicht unnötig kommunizierte, habe sie realisiert, dass sogar sie, die auf Medienrecht spezialisiert ist, sich bereits ein falsches Bild von mir und dem Vorgefallenen gemacht hatte. Selbst bei der ersten *Blick*-Schlagzeile habe sie vorher meine Mitschuld vermutet. Ich erzählte ihr, was vorgefallen war, und sie sagte: Ja, klar. Wir müssen!

Am Tag unseres ersten gemeinsamen Erfolges, des klaren Presse-ratsurteils, betrat ich in Zürich das nächstbeste Tattoo-Studio und ließ mir einen Stern unters Handgelenk stechen. Einen, wie ihn die Fussball-clubs nach drei Meistertiteln erhalten. Aber auch, weil Reto und ich am selben Tag, am 24. Juni 2016, zehn Jahre miteinander verheiratet waren. Wir gewannen Schritt für Schritt einen Prozess nach dem anderen. Vor-zu beschleunigten wir und bereiteten die Zivilklage aufgrund der Iden-tifizierung vor. Einen Prozess, den wir ebenfalls gewannen. Ich unterließ es aber, noch mehr Sterne zu tätowieren. Schon bald lernte ich Manuel Bertschi kennen. Er war mit An-Lac Truong Dinh Co-Geschäftsleiter von Fairmedia, dem gemeinnützigen Verein für fairen Journalismus in Basel, der – damals noch präsidiert vom heutigen Bundesrat Beat Jans – mir in den Prozessen gegen Ringier und die *Weltwoche* eine wertvolle Stütze war und zwei Crowdfundings für uns organisierte. Heute arbeitet Manuel Bertschi als Partner in Rena Zulaufs Kanzlei. Sie waren ein Glücksfall für mich. Um die strafrechtlichen Verfahren der Stalker küm-merte sich bald schon Martin Steiger, ein spezialisierter Anwalt im di-gitalen Raum. Mit seinem technischen Wissen fand er den entscheiden-den Hinweis auf die Urheberschaft des anonymen Hassblogs – in den Metadaten eines Bildes. Martin Steiger engagiert sich zudem zusammen mit Claude Longchamps, Cornelia Diethelm, Malte Polzin und Sibylle Forrer im Beirat von #NetzCourage. Auf ständige Angriffe und Provoka-tionen über all die Jahre reagierten sie stets kühl bis gar nicht und lie-ßen sich nicht beirren, wofür ich ihnen unendlich dankbar bin.

Über die letzten zehn Jahre haben auch einige wenige, ganz nahe Freund:innen aus meiner damaligen Partei sehr viel dazu beigetragen, dass ich das Wichtige nie aus den Augen verlor. Mein langjähriger Ar-beitgeber, der ehemalige Zuger Regierungsrat Hanspeter Uster, und sei-ne Frau Kathrin Staubli, aber auch die damalige Regierungsrätin und heutige Nationalrätin Manuela Weichelt haben über all die Jahre emi-nent wertvolle psychologische Arbeit geleistet. Sie verstanden meine Geschichte vom ersten Tag an.

Die größte Stütze der letzten Jahre war für Reto und mich Hansi Voigt. Kennengelernt haben wir uns, als die *Tages-Anzeiger*-Journalistin ungefragt einen ziemlich miesen und fehlerhaften Artikel über ihn schrieb, den der Journalist und *Watson*-Gründer in seiner ruhigen Art auf Social Media zerpflückte. Ich nahm Kontakt mit ihm auf. Kurz darauf interviewte er Reto, und wir blieben in Kontakt. Er sagte einmal, meine Geschichte habe seine Achtung vor seinem Berufsstand erschüttert. Hansi Voigt sprang ein, als die ehemalige #NetzCourage-Interimspräsidentin aus dem Verein ausgeschlossen wurde. Er ließ sich ohne Zögern zum Präsidenten wählen und steuerte das Schiff sicher in den nächsten Hafen. Als einer von drei Medienexperten beurteilte er Ringiers Klickzahlen in einem Gutachten. Wäre er nicht dazu bereit gewesen, uns mit seinem Wissen über das ganze Medien-Onlinesystem zu unterstützen, gäbe es noch lange kein Gewinnherausgabe-Urteil und auch keine Gerechtigkeit für uns und für künftige Medienopfer. Hansi Voigt hat für uns viel aufs Spiel gesetzt. Als seine Unterstützung allmählich publik wurde, wurde auch er zum roten Tuch in der Branche und fortan gemieden, verspottet und mit allen möglichen Mitteln bekämpft.

Zur Aufarbeitung dieser unfassbar komplexen Mediengeschichte kam der Bereich der digitalen Gewalt dazu, wo es noch fast keine Gesetze gibt, die anwendbar sind. Weiter galt es, die Stalker in den Griff zu bekommen. Aktuell warten wir auf mehrere Gerichtsurteile zu Cyberstalking. Und ein Leiturteil ist bereits entstanden.[98] Das war ebenfalls alles sehr kompliziert, sodass ich vermehrt auch begann, mein Wissen weiterzugeben, einerseits an Opferhilfestellen, andererseits an Betroffene, die in vergleichbare Situationen geraten waren. Bald soll Stalking in der Schweiz zu einem Straftatbestand werden – endlich. Ich glaube inzwischen, dass ich mit dieser vielschichtigen Bearbeitung dieser Themen das politische System in der Schweiz mehr verändere, als ich es als Politikerin je hätte tun können.

Wenn dieser ganze Wahnsinn dann mal vorbei ist und es uns gelungen ist, das Geschäft mit Persönlichkeitsverletzungen zum Einsturz zu bringen, dann hat es sich gelohnt, für die Gesellschaft und die Nachwelt eine Dekade lang zu kämpfen.

Meine persönliche Aufarbeitung der Geschichte ist dieses Buch. Und die Rechtsschriften sind eingereicht. Es ist ein Zustand des Abwartens, und irgendwann liegt – hoffentlich – die Ziellinie hinter uns. Dazu gehört auch, sich nicht auf die Provokationen einzulassen, die ständig gestreut werden. Einfach ruhig zu bleiben, war – Sie haben keine Vorstellung davon, wie kurz meine Zündschnur früher war – wirklich nie meine Stärke. Doch mittlerweile geht auch das recht ordentlich.

Und selbst wenn sich einzelne Menschen, Medienschaffende oder Medienkonzerne als vierte Gewalt auch künftig immer im Recht fühlen und nicht aufhören, über mich und meine Geschichte zu richten: Selbst dann werde ich versuchen, nach jeder Urteilssprechung der Gegenpartei die Hand zu reichen. Aber noch besser wäre doch, man würde über den eigenen Schatten springen, sich bereits vorher auf ein ehrliches Gespräch auf Augenhöhe einlassen und Fehler eingestehen. Dann würden manche der laufenden Gerichtsverfahren obsolet. Meine Türen bleiben jedenfalls offen.

WhatsApp-Nachricht von Tante Frieda, 30. Juni 2022, 19:22 Uhr:

Hoi Jolanda

Ich gratuliere dir zu diesem Entscheid und dass du wieder einmal aufschnaufen kannst.

Nid lugglah gwünnt!

Alles Gute und liebs Grüessli Frieda

Sind Sie stolz auf Ihre Frau?

Das war ich schon immer und bin es auch jetzt. Wie man so ungebrochen aus so einer Psycho-Hölle hervortreten kann, das finde ich unfassbar. Und der Optimismus, den sie dabei an den Tag legt, auch in den ausweglosesten Zeiten, und die Energie und das positive Denken, mit der sie den ganzen Müll abschüttelt, das finde ich unglaublich. Wir konnten uns immer gegenseitig stützen. Aber Jolanda ist fast noch schneller aus dem ganz tiefen Tal herausgekommen als ich. Wir mussten und müssen ja auch immer an die Kinder denken. Und inzwischen hat Jolanda wieder so eine positive Ausstrahlung und einen Optimismus, sie gibt uns allen wieder Kraft.

Reto Spiess gegenüber Hansi Voigt im Watson-Interview, 2017

Auf der *Watson*-Redaktion, als in Zug die Boulevard-Hölle losbrach

Ein Text von Hansi Voigt, Gründer und ehemaliger Chefredaktor von *Watson*

«Vergiss es! Besoffen oder nicht. So what?!» Raffaela, die damalige *Watson*-Praktikantin, machte ihren Punkt klar und uns alten Klickhasen in den Führungspositionen einen berufsethischen Strich durch die Traffic-Rechnungen.

«Es gibt kein öffentliches Interesse an den sexuellen Handlungen zweier völlig unbekannter Lokalpolitiker in der Zentralschweiz. Ob einvernehmlich oder nicht, klärt die Staatsanwaltschaft. Alles, was wir machen, verletzt die Intimsphäre. Das kann man drehen und wenden, wie man will. So oder so. Die Namen hätten nie genannt werden dürfen. Vergiss es. Das hat nichts mit Journalismus zu tun.»

Die empörte Praktikantin zitierte noch ein paar weitere Grundregeln aus ihrer Hochschulausbildung und ließ uns vor der flachen Chartbeat-Kurve stehen. Die Redaktionssitzung im *Watson*-Büro war damit beendet. Schweigen. Auseinandergehen. Der dünne Hund der Gesellschafts-Ressortleiterin machte weiterhin Rollen und andere Kunststücke auf dem grauen Filzteppich vor dem pinken Logo. Niemand achtete auf ihn.

Raffaela hatte recht.

Es war Ende Januar 2015. Man konnte fast täglich sehen, wie sich im *Blick* der Zuger «Sex-Skandal» überschlug. «Das Schiff», «die Captains Lounge», «Fremdküssen». Jolanda Spiess-Hegglin, die schöne Zuger Grüne und der stiernackige SVPler, die werweißenden Kantonsräte. Das Kopfkino der Redaktionen und Leser:innen lief im Dauerbetrieb. Der

Blick trommelte seit einem Monat in täglichen Schlagzeilen. Die Schweizer Journalist:innen-Meute rannte hinterher.

Ich hatte in der Redaktionssitzung gefragt: «Was machen wir zum Sex-Skandal?», und meinte, um vermeintlichen journalistischen Tiefgang bemüht, wir sollten uns da irgendwie dranhängen und was machen. Vielleicht aus Frauensicht. Aber eigentlich brauchte ich die Klicks.

Endlich hatten wir einen Lauf bei *Watson*, denn erste Leute begannen, sich an uns zu gewöhnen. Wir brauchten dringend neuen Stoff.

So zynisch, wie es klingt, war es auch. Am 7. Januar 2015, also nur ein paar Wochen zuvor, überfielen Chérif und Saïd Kouachi die Redaktion von *Charlie Hebdo* und ermordeten zwölf Menschen in Paris auf brutalste Art und Weise. Wenige Tage später tötete Amédy Coulibaly eine Pariser Polizistin und vier weitere Menschen bei der Geiselnahme in einem Pariser Supermarkt. Hinter den Anschlägen wird das Terrornetzwerk Al-Kaida im Jemen und die Dschihadistenmiliz Islamischer Staat (IS) vermutet. In Paris! Drei Stunden im TGV ab Basel. Die Anteilnahme und das Interesse waren riesig. Die Liveticker aller Newsportale liefen heiß. Auch bei *Watson*. Endlich! Die Leser:innen hatten uns als weitere Quelle entdeckt. Seither lief es, im letzten Moment.

Watson war im Januar 2014 als Newsportal gestartet. Aus dem Nichts. Mit sechzig Mitarbeiter:innen. Wir wollten alles besser und anders machen. Meterlange Artikel. Auf Augenhöhe. Einfach alles. Den Journalismus neu erfinden. Drunter ging es nicht. Doch das Internet ist groß und niemand hat auf uns gewartet.

Ich war Gründer, Geschäftsführer und Chefredaktor und hatte früher oft behauptet, ich könne mit Druck umgehen. Keiner brauchte uns. Aber wir brauchten die Klicks. Bis jetzt verlief die steil nach oben zeigende Beachtungskurve gemäß Businessplan. Das war die einzige Sicherheit. Der Investor, dem ich die Mehrheit der von mir gegründeten Fixxpunkt AG gegen die Zusicherung einer ausreichenden Finanzierung in deutlich zweistelliger Millionenhöhe in den nächsten vier Jahren abgetreten hatte, war für alles Mögliche bekannt, aber nicht für seine Geduld. Im zweiten Jahr war also steiles Wachstum eingeplant. Und das, obwohl die ganze Branche eigentlich auf unser Versagen wartete. Wer sechzig redaktionelle Mitarbeiter, fast alle von *20 Minuten Online* und vom *Tages-Anzeiger*, dazu bringt, ihre etablierten Jobs zu kündigen, um an einem Himmelfahrtskommando unter meiner Leitung teilzunehmen, macht sich im mächtigen Teil der Verlagsbranche wenig Freunde. *Watson* hatte zu scheitern. Und zwar möglichst bald.

«Hat er sie geschändet?», «Was geschah auf der MS Rigi?», «Zeigen Sie uns mal die Captains Lounge». Im *Blick* wird jeden Tag die meistgeklickte Geschichte aufgelistet. An manchen Tagen in diesem Januar 2015 handelten gleich zwei der Top-Artikel vom «Zuger Sex-Skandal». Trotz *Charlie Hebdo*-Attentat. *20 Minuten* kam gar nicht nach mit Abkupfern. Auch der *Tages-Anzeiger* lieferte. Nur *SRF* enthielt sich.

Und *Watson*?

Wenige Monate vorher hatte ich der Redaktion an einer Sitzung erklärt, dass wir bei *Watson* nicht an der Hetzkampagne gegen den Badener Stadtammann Geri Müller teilnehmen würden. Die sei durch nichts zu rechtfertigen und ein grober Verstoß gegen sämtliche Regeln. «Breites Interesse und öffentliches Interesse sind zwei Paar Schuhe», hatte ich damals gesagt. Das hatte ich jetzt davon.

Und so galt auch im Fall Jolanda Spiess-Hegglin für uns: «kein öffentliches Interesse, Intimsphäre respektieren».

Danke, Raffaela.

Watson war so etwas wie der gelungene Fluchtversuch der Online-Redaktion von *20 Minuten*. Rund fünfzig Mitarbeiter:innen kündigten bei *20 Minuten Online*, nachdem sie das Onlineportal der Gratiszeitung zur klaren Nummer eins unter den Schweizer Newsportalen gemacht hatten. Bei *20 Minuten Online*, das von der Printausgabe des Heftes redaktionell fast völlig getrennt war und das ich von 2008 bis 2014 als Chefredaktor leitete, herrschte eine einmalige Kultur. Weil vom Schmuddelportal einer Gratiszeitung eh niemand etwas erwartete, konnten wir damals ausprobieren, Fehler machen, lernen. Und das am Anfang fast unter Ausschluss der Öffentlichkeit. Sobald wir mal drei Fakten richtig miteinander verknüpften, war die Branche positiv überrascht. Wir waren überall schneller, agiler und vor allem besser im Gespräch mit der Community, als die gesamten etablierten Konkurrenztitel. Die machten sich lange lustig über unsere Schmuddeltruppe. Und auch bei Tamedia, dem Mutterhaus, ist der Erfolg von *20 Minuten Online* einfach «passiert» und keineswegs geplant gewesen. Tamedia setzte auf die alten Brands, wie etwa den *Tages-Anzeiger*, den man online zu einem Newsnetz zentralisieren und vermarkten wollte. Bei *20 Minuten Online* setzten wir aber ein paarmal genau auf das richtige Pferd. Etwa als wir die erste deutschsprachige News-App für das iPhone waren. Rund zwei Wochen nach dem Verkaufsstart des iPhones in der Schweiz, des Handys, das den gesamten Newskonsum, ja den gesamten Alltag der Menschen umkrempeln sollte, waren wir im App-Store und am Start. Zum Teil Jahre vor der schläfrigen Konkurrenz, die sich vor allem darin gefiel, zu behaupten, es würden noch hundert Jahre lang Zeitungen gedruckt, nachdem sie Jahre zuvor schon überzeugt gewesen waren, das Internet verschwinde sowieso irgendwann wieder.

Bei *20 Minuten Online* waren wir auch keine Kinder von Traurigkeit. Wir lernten das Klick-Geschäft von der Pike auf. Schon von meinem Vorgänger übernahm ich den sogenannten Content Dictator, ein Display, das jedem Verfasser eines Artikels mit rund zwei, drei Minuten Verzögerung darstellt, wie oft sein Artikel in Echtzeit angeklickt wird. Und diese unmittelbare Sichtbarkeit verändert alles.

Musste ich, etwa in meiner Zeit als Produktionschef und als interimistischer Chefredaktor der Wirtschaftszeitung *Cash* die Redakteur:innen noch dazu anhalten, doch ab und an etwas Volksnähe zu suchen und ihr journalistisches Schaffen um den Faktor Verständlichkeit zu erweitern, war es mit dem Content Dictator völlig umgekehrt. Die Journalist:innen checkten ihre Artikel ein, liefen von ihrem Computer weg, rannten zum großen Bildschirm über meinem Desk und warteten auf den ersten Ausschlag-Balken für ihre Geschichte. Nachdem kaum zwei Minuten vergangen waren und der Balken deutlich über 100 Page-Impressions pro Minute lag, riefen sie «Yessss!» und gingen zum Kaffeeautomaten oder zum Kühlschrank, um sich eine verdiente Erfrischung zu holen. Als Chef bedeutete das für mich plötzlich, die Leute dazu anzuhalten, zwischendrin auch Substanz zu liefern. Und wir beschlossen, gnadenlos quer zu subventionieren. Für einen gut recherchierten Bundeshaus-Artikel oder für ein aufwendiges Interview mit einem Bundesrat, das niemand klickte, das aber wichtig war, machte die Praktikantin ein Listicle, beispielsweise über peinliche «Busenblitzer». Ich versuchte, unser Angebot als Hausmannskost im Restaurant Rössli zu beschreiben. Es braucht für ein anständiges Essen ein Kotelette, etwas Gemüse und ein Häufchen Kohlenhydrate. Dann kommt der Gast morgen wieder. Wenn es immer nur Dessert gibt, freuen sich am Anfang alle sehr. Aber irgendwann hängen sie über der Toilettenschüssel.

Uns, der Schmuddelredaktion des Gratisonlineportals, war immer bewusst, dass wir hier zum Teil absolutes Neuland betraten. Wir versuchten, so verantwortlich damit umzugehen, wie es etwa ging. Als wir zum Beispiel merkten, dass fast die gesamte Schweiz die *20 Minuten*-App heruntergeladen hatte und auch nutzte, erfanden wir den «Leserreporter». Wir merkten schnell, dass die Leute uns das schickten, wovon sie dachten, wir würden es bringen. Wenn wir Bilder und Artikel von Autounfällen zeigten, schickten sie Autounfälle. Wenn wir einen Artikel über einen Tramunfall brachten, schickten sie Trambilder. Wir bekamen aber am Anfang auch jedes Mal Bilder, wenn Roger Federer irgendwo gesehen wurde. Es war meines Erachtens ein wichtiger Entscheid, solche Leserbilder in meiner Zeit nie zu bringen. Die Folge wäre gewesen, dass sich kein Promi mehr vor die Tür hätte wagen können.

Es gibt noch eine ganze Reihe von Beispielen, die aufzeigen, dass seit den Nullerjahren eine ganz spezielle Medienzeit angebrochen ist. Leider hinkt unser Bewusstsein für den Umgang mit den neuen technischen, vernetzten Möglichkeiten immer um Jahre hinter der Entwicklung her. Und in dieser Diskrepanz zwischen vorhandenen technischen und medialen Möglichkeiten und dem Bewusstsein für die entsprechende Verantwortung liegen die größten medialen und gesellschaftlichen Tiefpunkte unserer jüngeren Zeit.

Ich erinnere mich gut daran, als der Content Dictator einen insgesamt eher flauen Ausschlag zeigte, sodass ich die Redaktion fragte, ob wir nicht irgendeine «Pornolehrerin verführt Schüler zu Sex»-Schlagzeile auf den Schirm bekommen könnten. Und siehe da, irgendwo in Nevada hatte sich tatsächlich vor drei Wochen eine 23-jährige Lehrerin in ihren 19-jährigen Schüler verknallt und war von der Schule geflogen. Allein über die Google-Suche flog uns der Traffic zu. Unser Tag war klickmäßig gerettet.

Unser Glück war, dass wir unsere Fehler zu einem Zeitpunkt machen konnten, als *20 Minuten Online* noch kaum Relevanz hatte, und schon früh unsere Learnings daraus zogen. Ich bedaure aber heute Geschichten wie die über die Lehrerin aus Nevada zutiefst. Für uns auf der Redaktion waren das damals gar keine wirklichen Menschen, die hinter diesen Schlagzeilen standen. Es waren eher fiktive Charaktere, die Teil unseres Mechanismus waren. Und wir waren irgendwie der letzte Teil einer abstrakten Verwertungskette. Was soll daran schon schlimm sein, was wir in Zürich tun? Das merkt ja eh niemand in Nevada. Heute bin ich mit verschiedenen Medienopfern in Kontakt und weiß, dass gerade diese scheinbare Abstraktion die Ursache der größten Ohnmacht ist. Wenn sogar in Zürich die Lehrerin aus Nevada vorgeführt wird, wie, wo und vor allem gegen wen soll sich die Frau dann noch wehren? Denn diese Lehrerin gibt es wirklich. Sie ist ein Mensch, und die Geschichte vom High-School-Flirt war vermutlich komplett anders als von einigen Medien dargestellt. Aber sie wird nie mehr aus der Welt zu bringen sein.

Trotzdem haben wir es bei *20 Minuten Online* damals geschafft, eine aus heutiger Sicht unglaublich positive Community aufzubauen und ein paar wirkliche Meilensteine zu erreichen.

Als das Mutterhaus Tamedia trotz enormen wirtschaftlichen Erfolgs darauf bestand, dass die beiden in ihrem kulturellen Verständnis komplett unterschiedlich aufgestellten *20 Minuten*-Redaktionen zusammengelegt werden sollten, war es Zeit, zu gehen. Wir lieferten, nur online, einen knapp zweistelligen Millionen-Ebitda ab. Wir wussten, wie es geht. Inhaltlich und wirtschaftlich. Und trotzdem wollten wir bei *Watson* vieles anders machen.

Für Boulevardmedien gibt es diesen relativ groben, aber doch gut zutreffenden Dreiklang: Was in Deutschland mit «Titten, Tiere, Tränen» umrissen wird, heißt in der Schweiz «Busen, Büsi, Blech». Beschrieben sind damit die Emotionen, die die Leser:innen erst zum Kauf der Boulevardzeitung oder zum Anklicken des Boulevardartikels verleiten. Also

Geilheit (etwa in Form des «Seite-3-Girls»), Mitgefühl und Empathie (etwa in Form des süßen Kätzchens, das von der Feuerwehr gerettet werden muss) oder Angst und Schrecken in Form von Blechschäden auf der Autobahn, Meldungen über Verbrechen, (Ausländer-)Kriminalität, Ausgrenzung und geschürtem Hass.

Während sich der *Blick* zu dieser Zeit noch wacker des Busens (Geilheit) bediente und *20 Minuten Online* nach unserem Abgang Ausgrenzung als größten Quotentreiber entdeckte, wollte *Watson* bei den klassischen Boulevard-Themen, wenn schon, auf positive Emotionen setzen. Also auf «Büsis». «Katzennews sind auch News» hieß denn auch der Claim der ersten Werbekampagnen. Darunter der *Watson*-Slogan «News unfucked». Und siehe da, *Watson* konnte zwar nicht die alten Platzhirsche *Blick* und *20 Minuten* überholen, zeigte aber, dass man auch mit einer anständigen Berichterstattung junge Leute erreichen und als Schweizer Onlineportal sogar in die Gewinnzone kommen kann.

Als es Jahre später um die Frage ging, wie viel Erlös mit den persönlichkeitsverletzenden Artikeln über Jolanda Spiess erzielt worden war, kamen mir die Zeiten bei *20 Minuten Online* und bei *Watson* immer wieder in den Sinn. Ich hatte diverse Male Businesspläne für die beiden Onlineportale erstellt und den verschiedenen Verwaltungsräten oder Investoren vorgeführt. Am Anfang des Online-Geschäftsmodells stand immer der Klick. Beziehungsweise die Anzahl Klicks, die man braucht, um genügend Werbung einzublenden und damit den nötigen Umsatz zu machen, um die Kosten wieder reinzuholen. Das hatte sehr viel mit Bauchgefühl zu tun, das die Excel-Weltmeister aus dem Controlling dann auf monatliche Entwicklungsschritte so lange herunterbrachen, bis es fast schon wissenschaftlich exakt daherkam. Am Schluss weiss man genau, wie viele Klicks und wie viele Artikel man machen muss, um den Businessplan einzuhalten. Bei Spiess-Hegglin lief die Rechnung zum ersten Mal umgekehrt. Man fragte sich: Wie viel Business wurde mit meinen Klicks und mit meinen widerrechtlich veröffentlichten Artikeln gemacht? Das ist ein definitiver Gamechanger. Oder «ein scharfes Schwert», wie es der NZZ-Chefredaktor einmal formulierte. Bei *Watson* hatten wir 2014 das Privileg, die ganze Online-Lernkurve von *20 Minu-*

ten mitnehmen zu können. Wir hatten das Wissen, die Leute, die Marke und das Konzept, bekamen von *Spiegel Online* gegen unser Knowhow alle Auslandartikel und brauchten eigentlich nur noch eine Bank.

In diese Zeit, 2014–2015, fielen die größten journalistischen Fehlleistungen der Schweizer Mediengeschichte. Und das ist kein Zufall, sondern die Konsequenz daraus, dass plötzlich die Online-Redaktionen, die lange verlachten Copy-Paste-Schmuddelabteilungen, zu strategischen Hoffnungsträgern wurden. Der Content Dictator hatte auch die etablierten Redaktionen der Qualitätsmedien erreicht. Und gerade zu dieser Zeit erreichten Social Media, vor allem Facebook, aber auch Twitter, eine mehr als ernst zu nehmende Verbreitung, wurden fester Teil der medialen Verwertungskette und gleichzeitig oft die Quelle der nachfolgenden Berichterstattung. Bei jedem Onlineartikel war auch in den Qualitätszeitungen in Echtzeit ablesbar, wie groß das vermeintliche Interesse der Leser:innen ist.

Das Resultat war, vor allem für die Medienopfer, aus heutiger Sicht, verheerend. Solange der *Blick* oder *20 Minuten* eine viel beschriebene neue Sau durchs Dorf jagte, waren es die Schmuddeltitel der Branche mit einem entsprechend schmalen Wahrheitsgehalt. Als aber plötzlich der *Tages-Anzeiger* oder CH Media auf gut klickende oder selbst gemachte Kampagnen aufsprangen, war das umso schlimmer. Bis vor Kurzem war es noch die Aufgabe der Qualitätstitel, eine überbordende Kampagne der Boulevardtitel auf die Meta-Ebene («Typisch *Blick*») zu holen, differenziert einzufangen und damit zu beenden. Die Medienopfer konnten immerhin auf die differenzierten Artikel zurückgreifen und versuchen, damit zu leben. Doch seit der Klick-Anzeiger in den klassischen Print-Redaktionen Einzug hielt, war es vorbei mit der deeskalierenden Aufgabe der Qualitätsmedien. Den Rest der ungefähren Berichterstattung beziehungsweise des umfassenden Rufmords erledigten Social Media, die dann oft genug wieder die Quelle für die gerüchtegestützte Folgeberichterstattung waren. Die widerwärtige Kampagne und Klickorgie («Pimmel-Gate») gegen den Badener Stadtammann Geri Müller hätte nie so eine Wucht entfalten können, wenn sie nicht der Feder des renommierten Chefredaktors von CH Media entsprungen wäre.

Statt zu sagen, die *Blick*-Kampagne gegen die beiden Zuger Kantonsräte nach der Landammannfeier 2014 sei illegal, intimsphärenverletzend und zerstörerisch, schrieb der *Tages-Anzeiger*, ohne davor mit Jolanda Spiess-Hegglin gesprochen zu haben, sie schade den Frauen, in deren Namen sie spreche. Wenn man im *Tages-Anzeiger* keinen Content Dictator montiert gehabt hätte, wäre das niemals passiert. So aber wusste man genau, was klickt und was morgen schon wieder vorbei ist. Also setzte man sich an den Computer und haute einen Artikel raus. Wie ich seinerzeit 2007 oder 2008 mit der «Sexlehrerin aus Nevada». Mit dem Unterschied, dass der *Tages-Anzeiger* 2015 eine ganz andere Stellung, Beachtung und Aufgabe hatte, als verantwortungslos einfach ein paar Klicks zu machen. Es gibt, nach einem solchen Artikel in einer Qualitätszeitung, eigentlich keine Deeskalationsmöglichkeit auf die mediale Metaebene mehr und kein Zurück zur journalistischen Nüchternheit. Für das einzelne Medienopfer ist diese Entwicklung fatal, wenn die großen Zeitungen nicht mehr einordnen und so als Korrektiv gegenüber den Boulevardmedien wirken können. Den Rest erledigt Social Media.

Ich habe mich dem Fall Spiess-Hegglin 2017 als Journalist genähert. Mich interessierte das Medienereignis, das aus meiner Sicht bereits da eine Dimension angenommen hatte, wie sie noch kein Schweizer Medienfall vorher kannte. Ich machte ein Interview für *Watson* mit Reto Spiess, dem Ehemann. Das war keine leichte Sache. Ich musste Reto lange überreden. Ich wollte aber unbedingt ihn als Interviewpartner und seine Sicht der Dinge hören. Was mich am meisten überraschte, war die Offenheit, mit der mir Reto und Jolanda Spiess-Hegglin Einsicht in sämtliche Dokumente, Unterlagen und Gerichtsakten gaben. Nach dem Veröffentlichen des Interviews passierten zwei Sachen: Erstens wurde mir zum ersten Mal klar, in was für ein Medien-Wespennest ich hier gestochen hatte, und zweitens, wie massiv die Versuche sind, die Familie Spiess mundtot zu machen beziehungsweise «zum Verschwinden» zu bringen.

Bei mir persönlich hat das – zum ersten Mal in meiner Karriere – dazu geführt, dass ich den journalistischen Pfad verlassen habe und heute klar sage, dass ich Partei ergriffen habe. Bis heute habe ich in keiner einzigen Situation je einen Widerspruch erkannt zwischen dem, was mir von den Spiess-Hegglins geschildert wurde, und dem, was in den Akten stand oder in den verschiedenen Gerichtsverfahren für oder gegen sie vorgebracht worden ist.

Für den Journalisten war es unmöglich, den Machenschaften, die es um den Fall Spiess-Hegglin zweifelsohne gibt, beizukommen. Man fordert keine Gewinnherausgabe mit branchenweiten Konsequenzen und hat dann noch Anspruch auf eine faire Berichterstattung. Und wer sich auch nur schon dafür einsetzte, dass die Gerichtsfälle einigermaßen objektiv geschildert werden, wurde als «Büttel von Jolanda» oder sonst irgendwie herabsetzend gebrandmarkt.

Der Weg zurück zum journalistischen Kompass führt in der Schweiz nicht über den Journalismus, sondern über die Finanzen beziehungsweise über die unabhängige Justiz. Erst wenn es sich nicht mehr lohnt, Menschen medial fertigzumachen, werden die Redaktionen, die unter enormem Spardruck stehen, darauf verzichten. Ich bin überzeugt davon, dass Spiess-Hegglin dem Journalismus einen großen Gefallen tut, wenn der sich von den Fertigmacher-Mechanismen entschieden abgrenzen muss. Wer das nicht glaubt, schaue sich einmal den publizistischen Wandel der Zeitung *Blick* an. Als würden die Ringier-Leute das Urteil schon seit zwei Jahren vorwegnehmen, glänzt die einstige Schmuddelpostille heute mit anständig recherchierten Geschichten und im Zweifel mit lauteren, journalistischen Grundsätzen, die inzwischen sogar meistens eingehalten werden. Wer hätte das gedacht – außer den Spiess-Hegglins.

Hartnäckiger Journalismus ist eminent wichtig für unsere Gesellschaft. Aber die Medienbranche macht Fehler und hat schon immer Fehler gemacht. Verheerend dabei ist, dass man nicht zu Fehlern steht, im Gegenteil. Entschuldigungen für offensichtliche Fehlleistungen müssen oft jahrelang vor Gericht erstritten werden und kommen dann auf Seite 23 unten links. Im besten Fall lässt man von dem Thema oder der Person, bei der man sich verrannt hat, ab. Aber Journalist:innen sind ein eitles Völkchen, durchaus mit einem gerüttelten Maß an Narzissten in seinen Reihen. Oft versucht man, noch irgendetwas anderes zu finden, wenn man in seinem Ursprungsartikel zu offensiv unterwegs war. Dass der Zuger Kantonsrätin von der gleichen Journalistin inzwischen von «Techtelmechtel» über «Falschbeschuldigung» bis zum «Betrug» ein ganzer Katalog teils justiziabler Taten in völlig verschiedenen Fällen vorgeworfen wird, ist vermutlich dieser, durchaus branchentypischen Eigenschaft zuzuordnen. Man kann einen Fehler einfach ums Verrecken nicht zugeben, sondern sucht lieber etwas anderes, woran man sich festbeißen kann. Auch dass bei Tamedia keinerlei Einsicht zu verorten ist, sondern geschlossene Reihen, die schon ein wenig an ein Stockholm-Syndrom gemahnen, ist kein atypisches Verhalten. Man schließt die Reihen, will, dass die Person, deren schiere Existenz an die eigenen Verfehlungen erinnert, endlich verschwindet, und lässt den damaligen Starautor einen Artikel wie «Das Klageweib» verfassen. Aber was heißt eigentlich Verschwinden im digitalen Zeitalter?

Was den Medienskandal Jolanda Spiess-Hegglin aus meiner Sicht so einzigartig macht, ist, dass hier eine Person nicht einmal fertiggemacht worden ist, sondern zweimal. Dass der *Blick* Kampagnen gefahren hat und notorisch Medienopfer erzeugt hat, ist gerichtsbekannt. Dass aber eine Person, die schon einmal durch diesen Fleischwolf gedreht worden ist, noch einmal in ihrer Existenz bedroht beziehungsweise «zum Verschwinden» gebracht werden soll, ist absolut einzigartig. Und wenn man sich fragt, wie das sein kann, kann es nur eine Antwort geben: Weil diese Person – anders als andere Medienopfer – immer noch da ist. Zum Leidwesen der halben Medienbranche. Denn allein die öffentliche Präsenz von Jolanda Spiess-Hegglin ist ein Mahnmal für die übelsten Medienmechanismen. Als ich vor einigen Jahren – zufällig – erfuhr, dass unter anderem Artikel von *20 Minuten Online* gegen Carl Hirschmann, der ebenso ein verurteilter Täter als auch ein Medienopfer ist, als Teil der gesamten Kampagne gegen ihn als persönlichkeitsverletzend eingeschätzt worden sind, habe ich sofort versucht, mich öffentlich zu entschuldigen. Mir fällt dabei kein Zacken aus der Krone. Im Gegenteil. Alle machen Fehler und dazu sollte man stehen. Unter anderem auch, um die Glaubwürdigkeit der Medien zu verbessern. Allerdings führte das in der Branche keineswegs zu Applaus. «Nestbeschmutzer» war noch die netteste Reaktion. Aber damit lässt es sich eben besser leben als mit einer nicht vorhandenen Fehlerkultur.

So serbelt die Branche, ohne erkennbares Businessmodell, im ständigen Spagat zwischen einem bisschen Aufmerksamkeit und dem letzten Rest an Glaubwürdigkeit. Unsere Gesellschaft braucht dringend zuverlässigen, glaubwürdigen und unabhängigen Journalismus, der nach fairen Regeln funktioniert. Die aufgeklärte Gesellschaft wird sich diese glaubwürdigen Informationsversorger leisten. Vermutlich wird Journalismus zu einem Kulturgut. Ob gerade die etablierten Medienmarken Teil dieses Kulturguts werden oder nicht, liegt an ihnen. Aber die erkennbar schwindende Glaubwürdigkeit zeigt deutlich, dass auf den einen oder anderen Klick dringend verzichtet werden sollte und dass der Umgang mit Fehlern wesentlicher Bestandteil dieser journalistischen Kultur sein müsste. Sonst braucht es diesen Journalismus nicht. Beziehungsweise das, was wir in solchen Kampagnen zu sehen bekommen, hatte noch nie etwas mit Journalismus zu tun.

Chronologie 2014–2024

20. Dezember 2014

Die Zuger Landammannfeier ist ein Fest zu Ehren des Regierungspräsidenten, das alle zwei Jahre stattfindet. Am 20. Dezember 2014 treffen sich die Zuger Regierung, Parlamentarier:innen, geladene Gäste und Politprominenz auf zwei am Steg des Landsgemeindeplatzes angelegten Passagierschiffen. Unter den Gästen befindet sich auch Jolanda Spiess-Hegglin, frisch gewählte Kantonsrätin der Grünen, sie präsidiert seit einem knappen Jahr die Grüne Partei des Kantons Zug. Ebenfalls anwesend ist ein neu gewählter SVP-Kantonsrat, Präsident der SVP des Kantons Zug.

Nach der offiziellen Feier begeben sich etwa fünfzig Personen in die Bar des Restaurants Schiff gleich nebenan, darunter Spiess-Hegglin und der SVP-Kantonsrat. Sie gibt später an, sich an den Ortswechsel bereits nicht mehr zu erinnern. Am folgenden Tag wacht sie gemäß eigenen Aussagen mit Unterleibsschmerzen, ohne Kater, aber mit Filmriss zu Hause auf. Ihr Mann, Reto Spiess, wird nachts um drei Uhr bei ihrer Rückkehr der wichtigste Zeuge und gibt später an, sie habe apathisch gewirkt, jedoch ohne Gleichgewichtsprobleme oder Alkoholgeruch.

21. Dezember 2014

Jolanda Spiess-Hegglin begibt sich am Morgen nach der Feier ins Krankenhaus. Um etwa 10 Uhr meldet sie sich am Schalter an, sie möchte ihre körperliche Unversehrtheit abklären, denn die Unterleibsschmerzen lassen sie erahnen, was mit ihr in dieser Nacht passiert ist.

Die Entnahme von Blut und Urin wird erst abends um 18:45 Uhr durchgeführt, obwohl Spiess-Hegglin immer wieder darum bittet. Man findet nach dieser langen Wartezeit weder Alkohol noch Drogen in ihrem Blut. In ihrem Intimbereich werden zwei männliche DNA sichergestellt. Eine davon kann dem SVP-Kantonsrat zugeordnet werden, die andere ist bis heute unbekannt, mit dem zweiten tatverdächtigen Mann wird sie nie abgeglichen. Spiess-Hegglin wird an diesem Sonntagabend vom Spitalpersonal versichert, dass das Krankenhaus die sichergestellten Spuren sechs Monate lang aufbewahrt. Ihr wird mitgeteilt, sie könne sich mit der Entscheidung, ob sie die Justiz einschalten möchte oder nicht, Zeit lassen und erst die Laborergebnisse abwarten. Die Ärzt:innen gehen von einem Sexualdelikt aus.

Als sich die behandelnde Ärztin mit der Patientin mehrmals in den Gängen des Krankenhauses verirrt und man gegen 21 Uhr in einer weiteren Abteilung einen Hepatitis- und HIV-Test durchführen will, bricht Spiess-Hegglin die Untersuchung ab und nimmt den nächsten Bus nach Hause.

22. Dezember 2014

Nachts klingelt mehrmals das Telefon. Es ist das Krankenhaus, das am Morgen des 22. Dezembers mitteilt, Spiess-Hegglin solle schnellstmöglich nochmals vorbeikommen, da mehrere Tests und Vorgänge falsch durchgeführt oder vergessen worden sind. Es fehlte unter anderem die Speicherkarte in der Kamera, mit der ihre Verletzungen fotografiert wurden. Als alles erledigt ist, teilt die Oberärztin Spiess-Hegglin mit, sie habe bereits mit der Polizei abgeklärt, dass dieser Vorfall gemeldet werden muss. Spiess-Hegglin merkt an, dass ihr dies am Vortag anders mitgeteilt worden sei und sie sich mit dem Entscheid Zeit lassen wolle. Spiess-Hegglin wird noch am selben Nachmittag von der Polizei als Zeugin vorgeladen, es findet eine erste Befragung statt, die auf Video aufgezeichnet wird. Im Anschluss an die Befragung eröffnet die Staatsanwaltschaft gegen zwei Männer, die an der Landammannfeier teilgenommen haben, je ein Strafverfahren.

Heiligabend 2014

Am 24. Dezember erscheint auf der *Blick*-Frontseite die Headline «Hat er sie geschändet?», flankiert von den Bildern und Namen des SVP-Kantonsrats und Jolanda Spiess-Hegglin. Es ist der Startschuss zu einer medialen Hetzjagd. Es werden über 150 *Blick*-Artikel und Videos folgen, ohne dass Spiess-Hegglin je ihr Einverständnis dazu gibt.

Mit dieser identifizierenden Berichterstattung verletzt *Blick* die Intimsphäre der beiden schwer. Mit der Fragestellung «Hat er sie geschändet?» wird der Zuger SVP-Kantonsrat von den Medien zum Täter gemacht. Es ist eine Behauptung, die Spiess-Hegglin selbst nie aufstellt, auch nicht anlässlich ihrer Befragung bei der Polizei. Sie sieht den Kantonsratskollegen seit Beginn und bis heute als Opfer und geht davon aus, dass auch sein Filmriss von verabreichten Substanzen herrührte. Der SVP-Politiker besteht darauf, nur Alkohol getrunken zu haben.

5. Januar 2015

Im *Tages-Anzeiger* erscheint ein Artikel einer Journalistin, in dem diese schreibt: «Eine Grüne und ein SVPler bechern auf einer politischen Feier so lange zusammen, bis es in den späten Abendstunden im Nebenzimmer zum Quickie kommt.» Nach einem weiteren Kommentar im März – «Die grüne Zuger Politikerin Jolanda Spiess-Hegglin schadet den Frauen, in deren Namen sie spricht» – reagiert Spiess-Hegglin erstmals auf die Versuche der Kontaktaufnahme der *Tages-Anzeiger*-Journalistin und es kommt zum persönlichen Gespräch. Es kommt zu potenziell justiziablen Behauptungen in einem weiteren Artikel, die der Anwalt von Spiess-Hegglin im letzten Moment verhindern kann.

2015

Bereits in den ersten Tagen der laufenden Strafuntersuchungen werden Medien nachweislich vom SVP-Politiker mit Akten versorgt. Die Berichterstattung richtet sich gegen die Integrität von Jolanda Spiess-Hegglin.

An Spiess-Hegglin arbeiten sich neben dem *Blick* auch viele andere Schweizer Medien in Tausenden von Artikeln ab. Spiess-Hegglin wird dadurch zu einer öffentlichen Person gemacht. Wenn sie sich gegen falsche Behauptungen wehren will und dagegen vorgeht, wird es ihr zum Vorwurf gemacht. In unzähligen Artikeln wird das Gerücht vervielfältigt, Jolanda Spiess-Hegglin beschuldige den SVP-Politiker eines Sexualdelikts. Das tut sie nie. Sie kann aber davon ausgehen, Opfer einer Straftat geworden zu sein, als sie sich, mit komplettem Filmriss und Schmerzen am nächsten Tag im Spital meldet. Der Mann wird von den Medien beschuldigt, nicht von Jolanda Spiess-Hegglin.

Die Medienstelle der Staatsanwaltschaft macht Aussagen, die klar in die Intimsphäre von Spiess-Hegglin eingreifen, interpretiert Ergebnisse falsch oder nicht vollständig oder lässt in Medienmitteilungen entscheidende Informationen weg. Die Medienberichterstattung zum Fall erreicht das tiefste Niveau. Obwohl längst alles zum Fall gesagt ist, werden weitere Thesen aufgetischt.

August 2015

Der *Weltwoche* werden vom SVP-Politiker zum wiederholten Mal vertrauliche Untersuchungsakten zugespielt. Der Vizechefredaktor veröffentlicht in einem Artikel Auszüge aus Zeug:innenprotokollen, nennt den vollen Namen des zweiten Beschuldigten im Strafverfahren und unterstellt Spiess-Hegglin, ein Sexualdelikt erfunden zu haben, um ihre Ehre zu retten. Seit der *Weltwoche*-Berichterstattung wird vehement und gerade von rechtspolitischen Kreisen gebetsmühlenartig wiederholt, die Frau habe den Mann bewusst verführt und später falsch beschuldigt. Der *Weltwoche*-Journalist wird später wegen übler Nachrede in zweiter Instanz rechtsgültig verurteilt.

Der Straffall wird dadurch zu einer politischen Auseinandersetzung zwischen links und rechts.

September 2015

In einem offenen Brief wird von den Zuger Parteien der Rücktritt Jolanda Spiess-Hegglins gefordert. Der Parteivorstand der Grünen stellt Spiess-Hegglin vor die Wahl: Sie kann schweigen und Gras darüber wachsen lassen oder gehen. Jolanda Spiess-Hegglin tritt aus der Partei aus, bleibt aber noch ein Jahr fraktionslos im Zuger Kantonsrat.

Die Strafuntersuchungen gegen zwei SVP-Politiker werden ergebnislos eingestellt. Viele Fragen bleiben offen.

Oktober 2015

Der einzige Artikel im Jahr 2015 über die «Zuger Sexaffäre», der nach Abschluss der Untersuchungen basierend auf den kompletten Akten geschrieben wurde, verschwindet aufgrund der Androhung rechtlicher Schritte, wegen eines Fehlers, der schnell korrigiert wird, nach kurzer

Zeit wieder vom Netz. Die Autorin Nadja Brenneisen listet darin diverse Ungereimtheiten und Ermittlungspannen auf.

Der Anwalt des SVP-Politikers verschickt über Twitter «im Auftrag seines Mandanten» intimste Untersuchungsakten, die im Spital nach der Untersuchung im Rahmen des vermuteten Sexualdelikts angefertigt worden sind.

Der SVP-Politiker zeigt Spiess-Hegglin wegen Falschbeschuldigung an. Die Staatsanwaltschaft verfügt darauf eine Nichtanhandnahme. Er reicht Beschwerde ein.

Erst drei Jahre später wird Spiess-Hegglin vom Vorwurf der Falschbeschuldigung entlastet: Die Behörden halten fest, dass sie davon habe ausgehen dürfen, Opfer einer Straftat geworden zu sein.

Dieses Ergebnis kommunizieren die Zuger Behörden nicht mehr.

2016

Der Schweizer Presserat urteilt: Der *Blick* hat die Privat- und Intimsphäre von Jolanda Spiess-Hegglin verletzt. Eine identifizierende Berichterstattung hätte nie stattfinden dürfen. *Blick* selbst publiziert das Urteil nicht.

Jolanda Spiess-Hegglin tritt als Kantonsrätin zurück. Am selben Tag gründet sie den Verein #NetzCourage.

2017

Im Mai 2017 steht der Vizechefredaktor der *Weltwoche* vor Gericht. In der Vorberichterstattung zum *Weltwoche*-Prozess räumt die *Tages-Anzeiger*-Journalistin dem *Weltwoche*-Autor sehr gute Chancen ein, freigesprochen zu werden.

Das Bezirksgericht Zürich verurteilt den Vizechefredaktor der *Weltwoche* wegen übler Nachrede. Es geht im Prozess um den Artikel mit den vertraulichen Untersuchungsakten. Nach dem Urteil schreibt die *Zuger Zeitung*: «Auch dieser Zeitung sind Fehler unterlaufen. Dafür möchten wir uns entschuldigen.» Die *Weltwoche* zieht das Urteil weiter.

CH-Media-Zeitungen bestätigen nach einer Akteneinsicht, dass die *Weltwoche*-Kampagne gegen Jolanda Spiess-Hegglin wohl von der SVP inszeniert worden ist. Für den *Weltwoche*-Artikel und die Falschbeschuldigungs-Anzeige sind teilweise identische Formulierungen verwendet worden. Akten aus der Strafuntersuchung zeigen, dass die *Weltwoche* und der Zuger SVP-Politiker dabei höchstwahrscheinlich in enger Absprache agiert haben.

Nachdem der *Weltwoche*-Journalist auch in zweiter Instanz verurteilt worden ist, akzeptiert die *Weltwoche* das Urteil. Sie muss Jolanda Spiess-Hegglin 2500 Franken Genugtuung plus einen kleinen Teil ihrer Anwaltskosten bezahlen. Drei Viertel der Kosten trägt sie selbst.

Im Juli 2017 gibt ihr Mann, Reto Spiess, dem Newsportal *Watson* ein Interview. Es ist ein Wendepunkt in der öffentlichen Wahrnehmung. Der Fall Spiess-Hegglin wird zu einem Skandal, bei dem die Medien versagt haben.

2018

Die *Süddeutsche Zeitung* veröffentlicht einen kritischen Hintergrundtext zum Medienversagen im Fall Spiess-Hegglin. Nun herrscht auch in der Schweiz Konsens: Was 2014 geschrieben wurde, war falsch.

Jolanda Spiess-Hegglin hält im November 2018 ein vielbeachtetes Eröffnungsreferat am Schweizer Reporter:innenforum.

2019

In der juristischen Aufarbeitung wird bald klar, dass Ringier den Kürzeren zieht. Das Zuger Kantonsgericht urteilt im Zivilprozess: *Blick* hat «schwere Persönlichkeitsverletzungen» begangen, der identifizierende Artikel von Heiligabend 2014 sei ein «krasser Eingriff in die Intimsphäre» gewesen. Es war falsch, im Ursprungsartikel «Hat er sie geschändet?» die Namen und Bilder der Betroffenen zu veröffentlichen. Ringier zieht das Urteil weiter.

Nach der Verhandlung gegen Ringier geht ein NZZ-Journalist auf die Familie Spiess-Hegglin zu und entschuldigt sich für seine Artikel von damals.

Ein solch klares Gerichtsurteil bedeutet: Die über 150 weiteren Artikel und Videos können ebenfalls entsprechend eingeklagt werden.

Ringier bietet Spiess-Hegglin und ihrer Familie einen Vergleich an, wenn sie nicht weiter klagen. Die angebotene Summe würde ihre Kosten nicht decken. Spiess-Hegglins lehnen das Angebot ab und kündigen an, den Gewinn für jeden einzelnen, persönlichkeitsverletzenden Artikel einzuklagen und zurückzufordern.

Ihre Chancen stehen gut. Bis jetzt konnten sich Verlagshäuser bei fehlbaren Printartikeln immer hinter der Behauptung verstecken, man wisse nicht, wie viele Zeitungsexemplare wegen eines einzelnen Artikels verkauft werden. Online ist jedoch jeder Klick pro Artikel registriert.

Als klar ist, dass Ringier das erstinstanzliche Urteil nicht akzeptiert, lanciert Fairmedia ein Crowdfunding. Innert Kürze kommen über 60 000 Franken zusammen. Jolanda Spiess-Hegglin kann damit weiter prozessieren.

2020

Der *Blick* schreibt auf seiner Titelseite: «Entschuldigung, Jolanda Spiess-Hegglin». Es ist der Schlusspunkt der *Blick*-Kampagne. Auslöser dafür ist das Urteil des Zuger Obergerichts, das Jolanda Spiess-Hegglin in zweiter Instanz recht gibt. Im Urteil steht, der *Blick* habe ihre Intimsphäre «in schwerwiegender Weise» verletzt, das Obergericht findet damit sogar noch deutlichere Worte als die Vorinstanz.

Mit dem von Ringier akzeptierten Urteil scheint der Gang der weiteren juristischen Auseinandersetzung bis zur Gewinnherausgabe für die weiteren über 150 *Blick*-Artikel und Videos eine Formalität, die in gesitteten juristischen Bahnen verlaufen könnte. Jolanda Spiess-Hegglin gibt öffentlich bekannt, die Gewinnherausgabe-Klage gegen *Blick* vorzubereiten.

Keinen Monat nachdem Ringier sich bei Jolanda Spiess-Hegglin entschuldigt hat, mischt sich Tamedia ins Geschehen ein.

Im Auftrag von Tamedia gibt die *Tages-Anzeiger*-Journalistin bekannt, dass sie die «Skandalnacht von 2014» neu aufrollen und ein Buch darüber schreiben will. Anlass dafür sind keine neuen Erkenntnisse. Begründet wird die Aufnahme der Recherche mit dem Gerichtsurteil, das gegen Ringier wenige Wochen zuvor ergangen und akzeptiert worden ist. Es ist aber nicht möglich, die Geschehnisse um die Landammannfeier noch einmal aufzurollen, ohne erneut die Intimsphäre der beiden Protagonist:innen zu verletzen. Das Zuger Kantonsgericht stoppt das Buchprojekt superprovisorisch. Konkret wird der *Tages-Anzeiger*-Journalistin untersagt, persönlichkeits- und intimsphärenverletzende Texte zu publizieren. Es ist kein Buchverbot, sondern ein Persönlichkeitsverletzungsverbot.

Die *Tages-Anzeiger*-Journalistin behauptet auf ihrem privaten Twitter-Account, Jolanda Spiess-Hegglin habe «einen Unschuldigen seit 5,5 Jahren einer Vergewaltigung» beschuldigt. Spiess-Hegglin zeigt die *Tages-Anzeiger*-Journalistin wegen Ehrverletzung an.

Tamedia gibt bekannt, nicht zu akzeptieren, dass ihrer Journalistin untersagt wird, persönlichkeitsverletzend über Spiess-Hegglin zu schreiben, und zieht das Urteil weiter. Tamedia übernimmt die Kosten für die juristische Auseinandersetzung ihrer Mitarbeiterin.

2021

Für ihre Pionierarbeit für mehr Respekt und gegen Hass im Internet wird Jolanda Spiess-Hegglin mit dem Ida-Somazzi-Preis ausgezeichnet.

Sie lanciert mit ihrem Verein #NetzCourage #NetzPigCock, ein 60-Sekunden-Anzeige-Tool für ungefragt erhaltene Penis-Bilder. Im ersten Betriebsmonat generiert das Tool 1178 Anzeigen.

3Sat veröffentlicht die Filmreihe «Starke Frauen», in einem Teil der Trilogie wird die Geschichte von Jolanda Spiess-Hegglin erzählt.

Die Geschichten dreier Frauen aus Deutschland, Österreich und der Schweiz zeigen auf, wie ungerecht und teils sexistisch Medien, das Justizsystem oder die Nutzer:innen von Social Media mit Frauen umgehen. Vor allem wird gezeigt, mit welch unbarmherziger Härte sich die Öffentlichkeit gegen Frauen wendet, die nicht in ihrer Opferrolle verharren.

Im Sommer 2021 widmen sich 10 Artikel in Tamedia-Zeitungen Jolanda Spiess-Hegglin. Auslöser ist ein missverständliches Meme auf Twitter, das sie gelikt hat. Die *Republik* bezeichnet Tamedia in der Folge als «Zerstörungsmaschine».

Noch während der Kampagne von Tamedia wird die *Tages-Anzeiger*-Journalistin – aufgrund eines privaten Tweets, in dem sie schrieb, dass

Jolanda Spiess-Hegglin seit Jahren einen Unschuldigen der Vergewaltigung bezichtige – wegen Verleumdung an Spiess-Hegglin verurteilt. Die Journalistin akzeptiert den Strafbefehl nicht.

In der Kategorie «Innovation» gewinnt Jolanda Spiess-Hegglin im Herbst den FemBizSwiss-Award 2021.

Das Zuger Obergericht entscheidet, dass die *Tages-Anzeiger*-Journalistin in ihrem geplanten Buch über das mutmaßliche Sexualdelikt im Dezember 2014 schreiben darf. Es begründet den Entscheid damit, dass diese Informationen ohnehin allgemein bekannt seien. Damit wird die Intimsphäre von Jolanda Spiess-Hegglin aufgrund langjähriger gerichtlicher Aufarbeitung und illegal verbreiteter Akten zum Gemeingut erklärt. Das Obergericht argumentiert, dass Spiess-Hegglin selbst immer wieder über Intimitäten gesprochen habe. Diese Behauptung wird später in einem Gutachten eines Medienprofessors widerlegt.

Der Verein Fairmedia unterstützt Spiess-Hegglin bei der Finanzierung einer Beschwerde ans Bundesgericht. Gegen 1000 Menschen beteiligen sich mit insgesamt 70 000 Franken an den Gerichts- und Anwaltskosten.

Auf einem Blog von zwei Stalkern Spiess-Hegglins tauchen nicht öffentliche Gerichtsdokumente aus der Auseinandersetzung um das Buch der *Tages-Anzeiger*-Journalistin auf. Der Tamedia-Anwalt bestätigt, dass ihre Journalistin mit einem von Spiess-Hegglins Stalkern «für Recherchegespräche» im Austausch gewesen sei. Tamedia unternimmt nichts dagegen.

2022

Drei Tage vor dem ersten Gewinnherausgabe-Prozess gegen Ringier publiziert die *Tages-Anzeiger*-Journalistin in der *SonntagsZeitung* einen vierseitigen Text, in dem sie Jolanda Spiess-Hegglin erneut als unglaubwürdige Täterin darstellt und ihr strafrechtlich relevante Taten unterstellt. Nach der Konfrontation mit dem Tamedia-Rechtsdienst wird eine Richtigstellung verweigert, einzelne Passagen werden jedoch ohne Deklaration aus dem Text entfernt. Dazu kommt in der *SonntagsZeitung* ein Interview mit dem «falsch beschuldigten» SVP-Politiker.

Die Stimmung an der Verhandlung gegen Ringier ist angespannt, es geht um die Feststellung von Persönlichkeitsverletzungen hinsichtlich der Gewinnherausgabe. Ringier streitet erneut ab, die Persönlichkeitsrechte von Jolanda Spiess-Hegglin überhaupt verletzt und mit den Artikeln über sie Geld verdient zu haben.

Auf die Beschwerde zum Buch der *Tages-Anzeiger*-Journalistin geht das Bundesgericht nicht ein. Man habe in der Beschwerde «kein Wort» darüber verloren, weshalb ein intimsphären- und persönlichkeitsverletzendes Buch «nicht wiedergutzumachende Nachteile» für Jolanda Spiess-Hegglin bedeute. Diese Feststellung ist falsch. Alle schwerwiegenden Folgen waren auf insgesamt 6 A4-Seiten in der über 40-seitigen Beschwerde detailliert aufgeführt. Das Bundesgericht versteckt sich hinter einer überspitzten Formalie. Der zuständige Richter ist SVP-Parteimitglied.

Jolanda Spiess-Hegglin verlangt vom Bundesgericht eine Revision des Entscheids, weil die Auflistung der «nicht wiedergutzumachenden Nachteile» auf über sechs Seiten nicht beachtet wurde.

Als Antwort auf Abonnementskündigungen, für die der Umgang mit Spiess-Hegglin als Grund genannt werden, verschickt Tamedia einen Serienbrief mit aufgedruckter Unterschrift des Chefredaktors. Das Tamedia-Buch «Qualität in den Medien» gibt es gratis dazu.

Das Bundesgericht weist das Revisionsgesuch ab, eine konkrete Begründung dafür bleibt aus. Bearbeitet und abgelehnt wird es vom selben SVP-Richter, der schon zwei Monate zuvor nicht auf die Beschwerde einging. Bezüglich des Buchs herrscht also Rechtsunsicherheit. Jolanda Spiess-Hegglin hat damit keinen provisorischen Schutz mehr, bis in einem ordentlichen Verfahren ein Entscheid vorliegen würde. Damit hat die *Tages-Anzeiger*-Journalistin vorübergehend ein paar Monate Zeit für die Publikation.

Die Beschwerde aufgrund der bundesgerichtlichen Rechtsverweigerung und der Frage des Intimsphärenschutzes von öffentlichen Personen nimmt beim Europäischen Gerichtshof für Menschenrechte in Strassburg eine schwere Hürde (98,5 Prozent der Beschwerden werden retourniert). Der EGMR schickt der Schweizer Regierung einen Fragekatalog zum Fall zu.

Die *Weltwoche* vermeldet, das Buch der *Tages-Anzeiger*-Journalistin werde bald im Eigenverlag publiziert.

Spiess-Hegglin nimmt noch einmal Anlauf für einen superprovisorischen Schutz beim Maßnahmengericht, diesmal in Basel. Sie argumentiert mit dem angekündigten Publikationstermin und mit dem erfreulichen Bericht des EGMR. Diese Erfolgsmeldung aus Straßburg will Spiess-Hegglin nicht öffentlich kommunizieren, sondern das Menschenrechtsgericht und den Bundesrat in Ruhe arbeiten lassen. Sie stellt beim EGMR den Antrag, ihr Verfahren ohne Namensnennung zu behandeln, weil sie keine Öffentlichkeit will. Deshalb beantragt sie auch beim Basler Gericht, die EGMR-Information nicht der Gegenseite – Tamedia – mitzuteilen. Sie teilt mit, dass sie, falls dies nicht möglich sei, das Gesuch um erneuten vorsorglichen Schutz zurückziehen würde. Das Basler Zivilgericht lehnt das Gesuch von Spiess-Hegglin ab und stellt Tamedia den EGMR-Entscheid zu. Die Information wird von der *Tages-Anzeiger*-Journalistin über Twitter geteilt.

Es folgt ein erster Zwischenentscheid betreffend Gewinnherausgabe: Ringier muss die Zahlen herausgeben. Das Kantonsgericht Zug heißt die Klage betreffend vier persönlichkeitsverletzende Artikel der damaligen *Blick*-Kampagne gut. Damit ist der Weg zur Berechnung und Herausgabe des digitalen Gewinns geebnet.

Sobald dieses Urteil rechtskräftig ist, käme auch das Kampagnen-Urteil «Hirschmann II» zur Anwendung, das besagt: Wenn wenige Artikel persönlichkeitsverletzend sind, ist es die gesamte Kampagne.

2023

Ringier: Drei international anerkannte Expert:innen erstellen ein Gutachten für die Berechnungsmethode, das im März 2023 beim Kantonsgericht Zug eingereicht wird.

Die *Tages-Anzeiger*-Journalistin publiziert ihr Buch im Januar 2023 im Eigenverlag, trotz dreier offener Gerichtsverfahren.

Nach einer ersten Prüfung zeigt sich, dass das Buch wohl hochgradig persönlichkeitsverletzend ist. Die bereits im Vorjahr eingereichte Unterlassungsklage wird auf Gewinnherausgabe abgeändert.

Die *Tages-Anzeiger*-Journalistin wird wegen Verleumdung dem Basler Strafgericht zugewiesen. Einige Tage vor ihrem öffentlichen Prozesstermin lanciert die *Tages-Anzeiger*-Journalistin einen Blog, auf dem sie und ihr «Recherche-Kollektiv», das sich als ein *Weltwoche*-Teilzeitautor herausstellt, private Chatnachrichten von Jolanda Spiess-Hegglin veröffentlichen. Diese wurden ihr von einer Person zugespielt, die aus dem Verein #NetzCourage ausgeschlossen wurde. Die Chatnachrichten, deren Echtheit nicht überprüft werden kann, werden von der *Tages-Anzeiger*-Journalistin kontextlos und rufschädigend als «Recherche» publiziert.

Das Strafgericht in Basel bestätigt die Vorinstanz, erhöht aber die Strafe wegen Verleumdung. Die *Tages-Anzeiger*-Journalistin wird während der Verhandlung das Video der Erstbefragung von Jolanda Spiess-Hegglin gezeigt, das wichtigste Aktenstück aus dem Strafverfahren von 2014/2015. Die *Tages-Anzeiger*-Journalistin sieht das Video zum ersten Mal. Es steht in diametralem Gegensatz zur These in ihrem bereits publizierten Buch. Sie akzeptiert das Urteil nicht.

2024

Aufgrund weiterer öffentlicher Äußerungen der *Tages-Anzeiger*-Journalistin über Jolanda Spiess-Hegglin ermitteln die Behörden wegen mehrfacher Verleumdung. Alle Verfahren, die die *Tages-Anzeiger*-Journalistin betreffen, sind zum Entstehungszeitpunkt dieses Buches noch offen.

Jolanda Spiess-Hegglin unterstützt mit #NetzCourage vermehrt Organisationen und Parteien im Hintergrund, reduziert ihr Pensum und lässt sich zum Mentalcoach ausbilden. Sie beginnt, mit der von ihr und ihrem Ehemann gegründeten Winkelried & Töchter GmbH Medienopfer zu beraten.

2024 finden mehrere Gerichtsprozesse wegen Cyberstalking statt, wegweisende Urteile mit Präzedenzcharakter treffen ein und sind teilweise bereits rechtskräftig.

Im Fokus steht 2024 aber vor allem der angesetzte Gewinnherausgabe-Prozess gegen die Ringier AG im Herbst, ein Urteil soll noch in diesem Jahr fallen.

Endnoten

1 oe1.orf.at/artikel/660014/Eine-Frau-allein-gegen-den-Boulevard

2 «‹Blick› ist nicht mehr Boulevard», Schweizer Journalist:in, Oktober 2022, S. 22 ff., 26

3 Im Zweifel für den Mann – «Himpathy» beschreibt die unverhältnismäßige Empathie und Nachsicht, die privilegierten Männern, insbesondere in Fällen von Machtmissbrauch oder sexueller Gewalt, entgegen gebracht wird. Der Begriff betont, wie oft das Leid von Frauen zugunsten des Schutzes oder der Verteidigung von Männern übersehen wird.

4 srf.ch/news/bundesgerichtsurteil-mehrjaehrige-freiheitsstrafe-fuer-frueheren-zuger-stadtrat-bestaetigt

5 nzz.ch/die_zuger_kommen-ld.1015475

6 nzz.ch/schweiz/der-zuger-finanzdirektor-zu-den-anspruechen-an-seinen-reichen-kanton-es-gibt-neidgenossen-die-wollen-dass-der-kanton-zug-immer-mehr-zahlt-ld.1824958

7 tagesanzeiger.ch/abstimmmung-kanton-zug-kommt-mit-dem-geldausgeben-nicht-nach-408224289854

8 nzz.ch/schweiz/in-zug-fragt-man-sich-wieder-einmal-wohin-mit-all-dem-geld-ld.1821617

9 srf.ch/news/schweiz/riesige-ueberschuesse-dank-geldsegen-sollen-im-kanton-zug-krankenkassenpraemien-sinken

10 srf.ch/news/wirtschaft/korruptionsaffaere-in-kongo-bundesanwaltschaft-verurteilt-glencore-zu-millionenstrafe

11 rotary.de/was-ist-rotary/grundsaetze/das-ist-rotary-a-5298.html

12 tagesanzeiger.ch/ehemaliger-zuger-svp-fraktionschef-wird-der-geldwaescherei-beschuldigt-443204952067

13 zentralplus.ch/politik/busse-von-50000-franken-fuer-hoechsten-zuger-765339/

14 aargauerzeitung.ch/schweiz/fall-spiess-hegglin-Weltwoche-redaktor-muss-wegen-ubler-nachrede-vor-gericht-ld.1127433

15 luzernerzeitung.ch/zentralschweiz/zug/zug-ein-wilder-abend-mit-bitteren-folgen-ld.106937

16 tagesanzeiger.ch/zuger-svp-praesident-bestreitet-missbrauchs-vorwuerfe-526588006516

17 zentralplus.ch/politik/vom-potenziellen-opfer-zur-taeterin-gestempelt-682533

18 weltwoche.ch/archiv/?2015-7

19 weltwoche.ch/story/spiess-spiess-hegglin-huerlimann-taennler-fehr-affentranger-lustenberger-stahl-leuthard-bourgeois-buttet-lontzek-kurz

20 weltwoche.ch/story/jolanda-spiess-hegglins-opfertheater

21 tagesanzeiger.ch/keine-klaren-grenzen-830495229702

22 telezueri.ch/zuerinews/zuger-sexskandal-ist-auch-teil-der-fasnacht-133494522

23 appenzellerzeitung.ch/zentralschweiz/zug/fasnacht-thematisieren-was-die-leute-bewegt-ld.129762

24 20min.ch/story/spiess-und-huerlimann-fuer-humor-preis-nominiert-447045709371

25 nzz.ch/meinung/kommentare/ein-kanton-uebt-sich-im-fremdschaemen-ld.760741

26 tagesanzeiger.ch/das-klageweib-309847124844

27 agotalavoyer.ch

28 Agota Lavoyer: Jede_ Frau. Über eine Gesellschaft, die sexualisierte Gewalt verharmlost und normalisiert, S. 30

29 epaper.tagesanzeiger.ch/date/20/2019-05-11

30 trz-media.de/podcast-boys-club

31 tagblatt.ch/schweiz/prozess-weltwoche-vize-erneut-verurteilt-ld.925045

32 watson.ch/schweiz/interview/197300910-reto-spiess-meine-liebe-zu-jolanda-ist-eher-noch-staerker-geworden

33 tagesanzeiger.ch/die-sprache-ist-mitschuldig-720298902037

34 kleinreport.ch/news/entschuldigung-entschuldigung-spiess-hegglin-argert-sich-uber-ewigen-sexistischen-bullshit-92498

35 persoenlich.com/medien/keystone-sda-korrigiert-agenturmeldung

36 netflix.com/title/81219887

37 theguardian.com/tv-and-radio/2024apr/18/i-was-severely-stalked-and-severely-abused-richard-gadd-on-the-true-story-behind-baby-reindeer

38 tagblatt.ch/schweiz/ueble-nachrede-frauen-solidarisieren-sich-mit-jolanda-spiess-hegglin-ld.925053

39 dorisbussmann.ch/mobbing-narzissmus

40 narzissmus-mobbing-selbsthilfe.ch

41 the-sun.com/news/11217811/baby-reindeer-stalker-fiona-harvey-threatens-netflix

42 Ausübung von psychischer Gewalt, durch die das Opfer manipuliert, desorientiert und in seiner Realitäts- und Selbstwahrnehmung stark verunsichert wird. duden.de/rechtschreibung/Gaslighting

43 zackbum.ch/2021/06/14/wird-der-blick-ganz-anders

44 luzernerzeitung.ch/zentralschweiz/zug/zug-jolanda-spiess-hegglin-erhaelt-den-somazzi-preis-2021-ld.2113430

45 zentralplus.ch/news/zugerin-spiess-hegglin-gewinnt-preis-fuer-dickpic-tool-2182191

46 republik.ch/2021/08/06/die-zerstoerungs-maschine

47 tagesanzeiger.ch/spiess-hegglin-publiziert-kampfansage-trotz-mahnung-des-bundes-282890478444

48 aargauerzeitung.ch/schweiz/medien-kontroverse-um-jolanda-spiess-hegglin-verlag-tamedia-krebst-teilweise-zurueck-ld.2167984?reduced=true

49 jolandaspiess.ch/tamedia-tx-group-ag

50 woz.ch/2201/jolanda-spiess-hegglin/unter-druck

51 woz.ch/2201/jolanda-spiess-hegglin/unter-druck

52 republik.ch/2021/08/06/die-zerstoerungs-maschine

53 tagesanzeiger.ch/unter-falschem-verdacht-619916841876

54 shop.oberauer.com/medien/schweizer-journalist-in/456/schweizer-journalist-in-2021-04

55 jolandaspiess.ch/tamedia-tx-group-ag

56 weltwoche.ch/daily/zuger-sex-affaere-journalistin-michele-binswanger-ueber-ihr-neues-buch-dessen-bedeutung-fuer-die-schweiz-und-wem-sie-grundsaetzlich-eher-glaubt-einer-frau-oder-einem-mann

57 insideparadeplatz.ch/videos/jolanda-spiess-hegglin-hatte-das-beduerfnis-sich-reinzuwaschen

58 zentralplus.ch/gesellschaft/buch-ueber-landammannfeier-verlage-lassen-finger-davon-2298839

59 zentralplus.ch/justiz/buch-ueber-zuger-landammannfeier-hat-eine-grosse-schwaeche-2517073

60 nzz.ch/schweiz/die-zuger-affaere-dreht-weiter-und-weiter-ta-media-journalistin-binswanger-wegen-verleumdung-von-spiess-hegglin-verurteilt-ld.1739259

61 srf.ch/news/schweiz/wegen-verleumdung-journalistin-binswanger-geht-gegen-urteil-in-berufung

62 jolandaspiess.ch/schriftlich-begruendetes-urteil-verleumdung-tagesanzeiger-journalistin

63 srf.ch/news/schweiz/wegen-verleumdung-journalistin-binswanger-geht-gegen-urteil-in-berufung

64 woz.ch/2037/kommentar-zu-pressefreiheit-und-grundrechten/die-gefaehrliche-frau

65 republik.ch/2024/01/31/am-gericht-von-screenshots-und-anderen-unsittlichkeiten

66 republik.ch/2024/01/31/am-gericht-von-screenshots-und-anderen-unsittlichkeiten

67 obergericht.zg.ch/?dec=51264c943c064d53a3fddc8938cb9aca&index=TRI&locale=de

68 impressum.ch/details/65-millionen-dividenden-bei-der-tx-group-impressum-fordert-investitionen-in-den-journalismus

69 persoenlich.com/medien/tamedia-baut-stellen-ab-und-schliesst-druckereien

70 twitter.com/mbinswanger/status/1751173038249246790

71 sueddeutsche.de/medien/prozess-schweiz-jolanda-spiess-hegglin-markus-huerlimann-blick-1.4404601

72 zugerzeitung.ch/nachrichten/zentralschweiz/zg/zug/Stadt-Zug-soll-100000-Franken-an-Hilfswerke-spenden;art93,320678

73 zugerzeitung.ch/nachrichten/zentralschweiz/zg/zug/Milliardaer-empfaengt-Zuger-Links-Politikerin;art93,328002

74 blick.ch/news/ringier-ceo-marc-walder-entschuldigung-jolanda-spiess-hegglin-id16057527.html

75 republik.ch/2019/06/21/das-zoegern-und-zaudern-um-eine-medienaffaere

76 presserat.ch/presserat-zu-smd

77 republik.ch/2021/08/06/die-zerstoerungs-maschine

78 woz.ch/2201/jolanda-spiess-hegglin/unter-druck

79 sueddeutsche.de/meinung/jolanda-spiess-hegglin-gruene-schweiz-schmutzberichte-klage-ringier-verlag-1.5511089

80 derstandard.at/consent/tcf/story/2000104704457/ehemalige-schweizer-politikerin-spiess-hegglin-geht-im-rechtsstreit-mit-ringier

81 nzz.ch/schweiz/spektakulaeres-urteil-blick-muss-wegen-sensationsluesterner-artikel-gewinn-an-jolanda-spiess-hegglin-herausgeben-ld.1691220?reduced=true

82 ted.com/talks/monica_lewinsky_the_price_of_shame

83 bazonline.ch/finger-weg-klappe-zu-418579093670

84 time.com/92989/monica-lewinsky-slut-shaming-feminists-media-apology

85 nytimes.com/2021/09/01/arts/television/monica-lewinsky-impeachment-american-crime-story.html

86 archive.vanityfair.com/article/2014/6/shame-and-survival

87 ted.com/talks/monica_lewinsky_the_price_of_shame

88 tagesanzeiger.ch/sarah-akanji-hoert-auf-weil-sich-die-angriffe-auf-ihre-person-haeufen- 194642477445

89 toponline.ch/news/winterthur/detail/news/zu-wenig-kandidaten-fuer-exekutive-in-zuercher-gemeinden-0079401

90 nzz.ch/zuerich/zuerich-von-gezwungenen-und-last-minute-kandidaten-ld.1724070

91 parlament.ch/de/services/news/Seiten/2024/20240606123823201194158159026_bsd101.aspx

92 cui-bono.podigee.io/t9-trailer-cui-bono-wer-hat-angst-vorm-drachenlord

93 zackbum.ch/2020/08/08/der-buettel

94 blick.ch/politik/wegen-verleumdung-journalistin-michele-binswanger-schuldig-gesprochen-id18605676.html

95 republik.ch/2021/08/06/die-zerstoerungs-maschine

96 netzcourage.ch/mitgliederversammlung-2022

97 weltwoche.ch/daily/die-kaempferin-gegen-den-hass-im-netz-hat-dort-selbst-hass-verbreitet-die-hate-leaks-enthuellen-eine-chatgruppe-die-eine-journalistin-fertig-machen-wollte

98 beobachter.ch/gesetze-recht/gericht-verpasst-stalker-von-jolanda-spiess-hegglin-einen-maulkorb-621128

Dank

Danke für alles, Reto und Kinder. Für euch habe ich das alles aufgeschrieben. Ihr habt mitgelitten, mitgefiebert und gewusst, dass wir es schaffen. Ich liebe euch über alles. Glaubt weiterhin ans Gute und macht aus jeder Situation das Beste.

Einen riesengroßen Dank für die jahrzehntelange Unterstützung in allen Belangen meinen Eltern Josy & Albert und meinen Schwiegereltern Mirjam & Jürg.

Danke, Higi & Christoph, Roman & Denise, Matthias & Clarissa, Claudia & René und Martin & Priska. Ihr wart eine unfassbar wichtige Stütze in schwersten Zeiten. Eine Umarmung auch für Claudia, Moudi, Andrea, …, …, Tante Frieda und meine Göttibuben Kuno & Jeremias.

Einen ganz speziellen Dank fürs An-mich-Glauben, fürs Zuhören und fürs tägliche Mutmachen, Aushecken, Lachen, Mitfiebern und für dein Vertrauen: Hansi Voigt. Ohne dich wäre ich verschwunden, wie schon alle vor mir.

Merci, dass ihr für mich da wart und seid und für euer Vertrauen: Manuela Weichelt, Kathrin Staubli & Hanspeter Uster, Antonia Küng Degelo & Guido Degelo, Ramona & Franz Sieber, Yvonne & Beni Schudel mit Mama Elisabeth, Elke & Riccardo Romano, Heidi & Dani Steigmeier, Barbara Wissler & Philipp Muchenberger, Aldo Caviezel, Manu Marra, Andy Hochstrasser, Nina Fröhlich-Hohler, Zita Küng, Raquel Herzog, Brigitte Marti, Angela Mattli, Anja & Marc Schaub, Brigitte & Heiri Trümpy, Rose Marie Gasser Rist. Ihr seid Vorbilder und Felsen in der Brandung.

Für die unfassbar wertvolle und professionelle Unterstützung und den unkomplizierten Austausch zu jeder Tages- und Nachtzeit: Rena

Zulauf und Manuel Bertschi von der allerbesten und auf Medienrecht spezialisierten Anwaltskanzlei Zulauf Partner.

Larissa Waibel, Erwin Künzli und all den unterstützenden und vor allem geduldigen Menschen vom Limmat Verlag.

Esther Hürlimann & Reto Wilhelm von der Agentur PantaRhei, ohne euer Dranbleiben gäbe es dieses Buch noch lange nicht.

Danke, Selina, Lena, Audrey, Ina, Esther & Mona von #NetzCourage und eine Verneigung vor den Beirät:innen Cornelia Diethelm, Malte Polzin, Claude Longchamps, Sibylle Forrer & Martin Steiger.

Ein aufrichtiges Merci für eure fachliche, kompetente Unterstützung: Bea Knecht, Marianne Seidenberg, Doris Bussmann und Dr. med. Thomas Paly.

Weil ihr euren Job gemacht habt, seid ihr selbst ins Visier der Aggressoren geraten, danke, dass ihr standhaft und neutral geblieben seid, ihr Leuchttürme der Medienbranche: Nadja Brenneisen, Seraina Kobler, Rosanna Grüter, Dominic Dillier, Lena Berger und Pascal Hollenstein.

Danke, Aline Trede, Samira Marti, Sibel Arslan, Kafi Freitag, Franziska von Grünigen, Ewa Luxemburg, Brigitte Pérez-Frei, Maggy Ritz, Susan Dolma, Anja Mosima, Ronny Mäder, Janine Minou, Tania Schellenberg, Rahel Ramseier, Andreas Cadosch, Heinz Schärer, Ursina Anderegg, Patrick Frey, Boni Koller, Marc Schinzel, Fabio Albanese, Olaf Ohl, Judith von Rotz, Julia Hofstetter, Dimitri Rougy, Büne Huber, Ueli Leuenberger, Valentine Vogel, Alan David Sangines, Perica Grašarević, Anna Rosenwasser, Agota Lavoyer und Franziska Schutzbach. Ihr musstet euch einiges anhören, aber ihr habt euch nicht beirren lassen.

Auch einen großen Dank allen Lehrpersonen unserer Kinder für ihre zusätzliche Aufmerksamkeit, wenn wieder eine Berichterstattungswelle im Anzug war.

Und liebe Grüße ins Dreiländereck an die Frauen von www.diffamierung.net, danke für eure wichtige Arbeit.

Danke, Fairmedia, für die großartige und wichtige Unterstützung.

Und unendlich viel Liebe in den Himmel für Susanne Heinzelmann, Miriam Flückiger, Ralf Baumann und Endo Anaconda, man sieht sich, irgendwann! <3

Danke,
dass Sie bis hierhin gelesen haben.

«Es Glas uf d Liebi und eis ufs volle Läbe.»

Diese Geschichte ist noch nicht zu Ende geschrieben.
Wie es weitergeht, können Sie auf *www.jolandaspiess.ch* lesen.

Die Autorin

Jolanda Spiess-Hegglin, geboren 1980, ist Journalistin, Beraterin und ehemalige Zuger Kantonsrätin der Grünen Partei. Einer großen Öffentlichkeit bekannt wurde sie im Dezember 2014 durch persönlichkeitsverletzende Kampagnen in mehreren großen Schweizer Medien, die auf die bis heute ungeklärten Ereignisse an der Zuger Landammannfeier folgten. 2016 gründete Spiess-Hegglin den Verein #NetzCourage, der Betroffene digitaler Gewalt unterstützt und sich für Aufklärung und Prävention einsetzt. Mit der Winkelried & Töchter GmbH berät sie Betroffene von Medienkampagnen. Für ihr Engagement erhielt sie 2021 den Ida-Somazzi-Preis und den FemBizSwiss-Award in der Kategorie Innovation. Sie lebt mit ihrer Familie in der Nähe von Zug.

Dieses Buch wurde mit finanzieller Unterstützung
durch den Förderverein des Limmat Verlags realisiert.

Im Internet
› Informationen zu Autor:innen
› Hinweise auf Veranstaltungen
› Links zu Rezensionen, Podcasts und Fernsehbeiträgen
› Schreiben Sie uns Ihre Meinung zu einem Buch
› Abonnieren Sie unsere Newsletter zu Veranstaltungen
  und Neuerscheinungen
› Folgen Sie uns Ⓧ Ⓞ Ⓕ

Das *wandelbare Verlagslogo* auf Seite 1 zeigt verschiedene Blumen,
Linoldruck von Laura Jurt, Zürich, laurajurt.ch

Der Limmat Verlag wird vom Bundesamt für Kultur mit einem Struktur-
beitrag für die Jahre 2021–2024 unterstützt.

Umschlaggestaltung: Trix Krebs,
mit einer Fotografie von Gian Marco Castelberg © 2024
Typografie: Clerici Partner Design, Zürich
Druck und Bindung: Friedrich Pustet, Regensburg

Auszüge aus dem Roman «Die verlorene Ehre der Katharina Blum»:
Heinrich Böll. Werke. Kölner Ausgabe. Band 18. 1971–1974.
© 2003, Verlag Kiepenheuer & Witsch GmbH & Co. KG, Köln.

ISBN 978-3-03926-083-6
© 2024 by Limmat Verlag, Zürich
© 2024 Jolanda Spiess-Hegglin
www.limmatverlag.ch